亦近亦遠的東南亞

夾在中印之間，非線性發展的多文明世界

東南アジア 多文明世界の発見

石澤良昭（上智大學特任教授）————著

東南亞各國的興衰

九至十三世紀的東南亞，是由以海上中繼貿易為基礎立國的室利佛逝（三佛齊）和占婆等王朝，與以內陸水利設施完備的農耕技術為基礎立國的吳哥、蒲甘、諫義里、李朝等兩種類型的國家，重複循環著興起和衰亡的歷史。其中吳哥在十二世紀中葉時版圖擴張到東至占婆、西至蒲甘、南至暹羅灣的最大範圍。

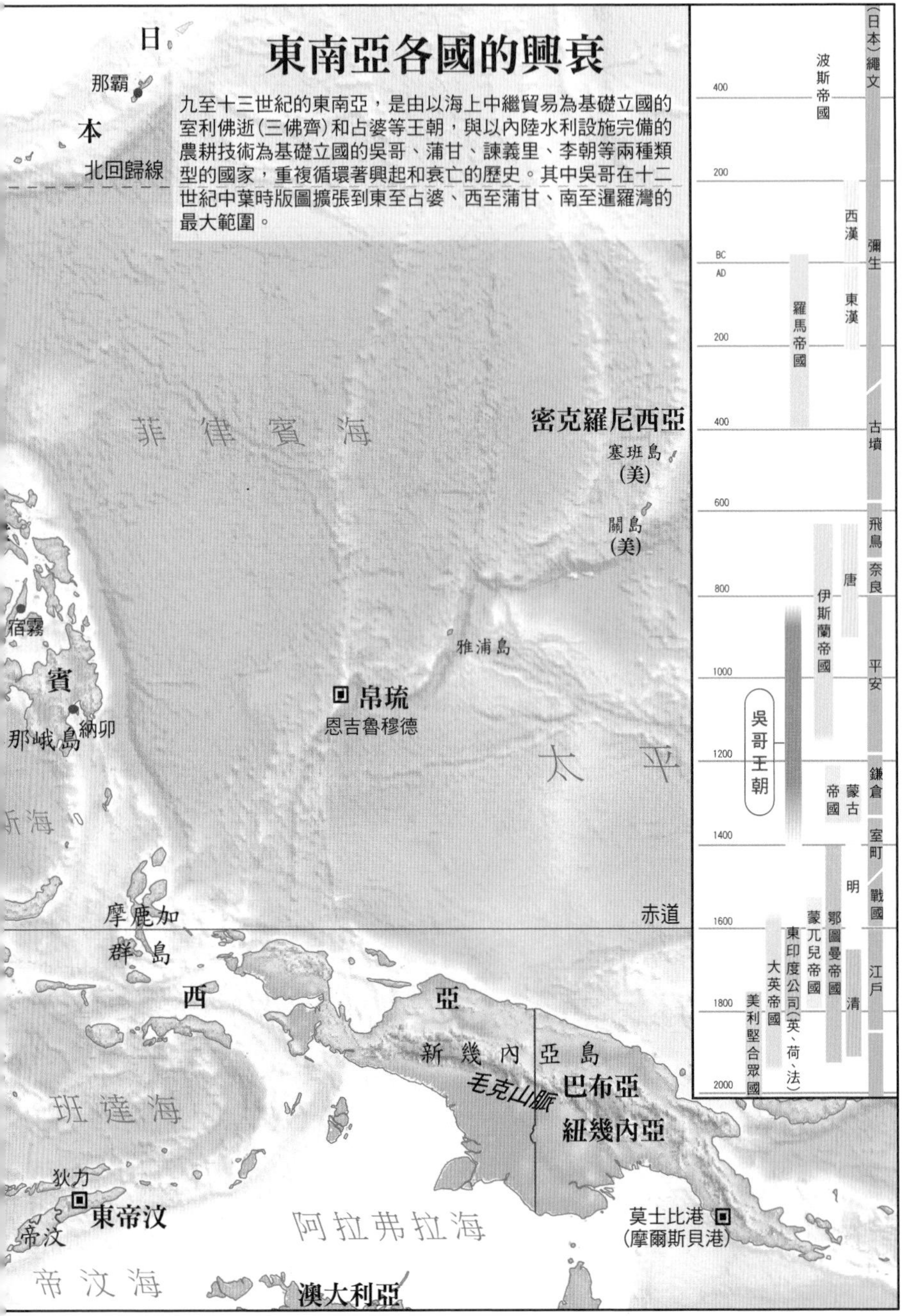

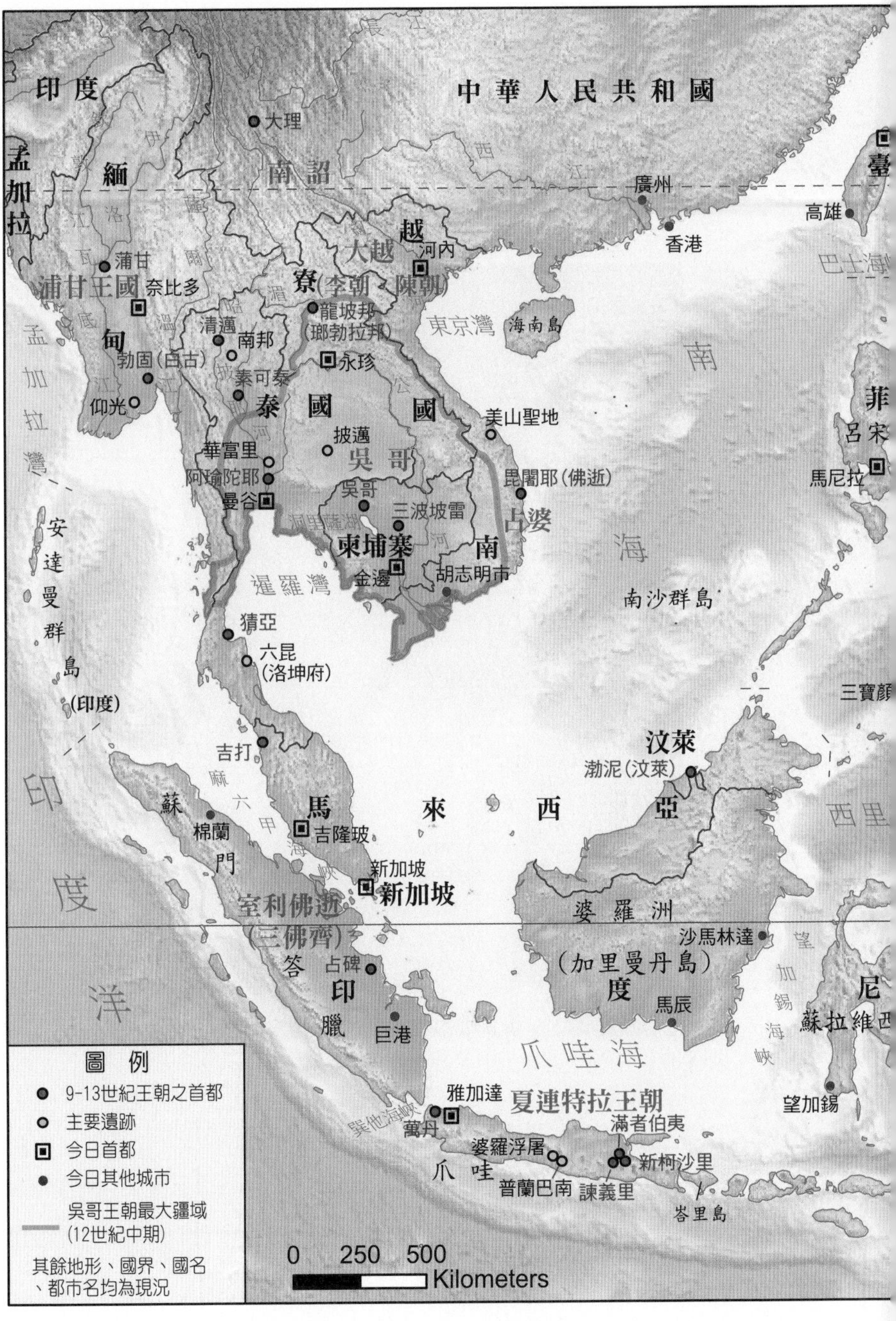
印度
中華人民共和國
大理
孟加拉
緬甸
南詔
廣州
高雄
越
大越
河內
香港
蒲甘
蒲甘王國
奈比多
寮
(李朝、陳朝)
龍坡邦
(瑯勃拉邦)
東京灣
海南島
清邁
南邦
永珍
勃固(白古)
素可泰
仰光
泰國
南
國
美山聖地
菲
呂宋
孟加拉灣
披邁
吳哥
華富里
阿瑜陀耶
昆闍耶(佛逝)
馬尼拉
曼谷
吳哥
三波坡雷
安達曼群島
(印度)
洞里薩湖
占婆
柬埔寨
南
海
暹羅灣
金邊
胡志明市
南沙群島
猜亞
六昆
(洛坤府)
三寶顏
汶萊
吉打
渤泥(汶萊)
印度洋
蘇門答臘
馬來西亞
棉蘭
吉隆玻
麻六甲海峽
新加坡
新加坡
婆羅洲
室利佛逝
(三佛齊)
沙馬林達
占碑
印度尼西亞
(加里曼丹島)
巨港
馬辰
蘇拉維西
望加錫海峽
爪哇海
雅加達
夏連特拉王朝
望加錫
萬丹
巽他海峽
滿者伯夷
婆羅浮屠
新柯沙里
爪哇
普蘭巴南
諫義里
峇里島
圖例
9-13世紀王朝之首都
主要遺跡
今日首都
今日其他城市
吳哥王朝最大疆域
(12世紀中期)
其餘地形、國界、國名、都市名均為現況
0 250 500
Kilometers

目錄

序章

「東南亞」的再發現

吳哥寺　吳哥遺跡群中保存狀態最好的建築，其形狀為柬埔寨國旗中的象徵圖案。

多文明世界的知識土壤

◎吳哥寺[1]：等待救援的石造大伽藍[2]

東南亞屬於熱帶雨林氣候，乾濕分明，雖然雨季來臨時水量豐沛，但乾季時不但滴水不下，還有著足以使草木枯萎的炙熱陽光帶來的高溫。但儘管居民必須在酷熱的環境中生活，卻不需擔心食、衣、住等基本生活問題，受惠於濕熱的氣候，作物生長容易，只要沒有戰爭就沒有缺糧的危機，是一個讓人得以安心生活的世界。

我對東南亞的調查始於一九六一年。進行調查時，心裡一直存在著疑問，為什麼這裡會興建吳哥寺？這是一個極大的謎團。

一九八〇年八月內戰最激烈的時刻，我再度來到柬埔寨，著手進行吳哥寺及其他遺跡的調查。當時我就在波布[3]和韓桑林[4]兩方人馬交戰地附近，對人身安全感到緊張的同時，如何將這些大型文化遺跡從戰亂中救出，讓它們得到保護的難題也讓我同感焦慮。在我來到此地之前，它們已經整整十一年乏人問津，剝落頹圮，任憑大自然的力量無情地侵襲，安靜地矗立著等待救援。大寺院是昭示著輪迴轉世的存在，通往極樂淨土入口，祈求來世的夢想和希望的神聖場域，往昔曾經被大批的信徒包圍環繞，被盼望著能永遠地存續，如今卻傷痕累累，可憐地被遺忘在熱帶雨林深處。

不顧內戰還在進行，當時我對遺跡進行了第一次的預備調查，調查持續了十天，結果發現破壞遺跡群的三大元兇是雨水、植物及苔蘚，它們導致了遺跡群的傾倒和劣化。以莊嚴壯麗的容顏自豪的吳哥寺，其建築和地基竟然受到如此嚴重的損傷，卻沒有被發現，任憑時間經年累月地流逝，想到這點真令人心痛。

在過往的歲月裡，寺院緊緊牽引著大多數人的心思，就像一帖精神特效藥，給予人們活著的喜悅，暗示著來世的美好。

受創的吳哥寺　波布時代的內戰時期遭到槍彈襲擊的彈孔。

幾經時光變遷、世代交替及戰爭侵襲，即使寺院的任務已被遺忘，卻因是石造建築而得以在風雨侵蝕下留下原貌，持續沉沈默地矗立著。無法說出自己痛楚的巨大遺跡群，是不是也在期待著被世人發現的那一刻呢？

◎東南亞：既非中國也非印度的世界

一聽到「東南亞」這個名詞，馬上讓人聯想到柬埔寨吳哥寺的輪廓、印尼傳統的人偶劇、峇里島的民族舞蹈、穿著黃色僧服的緬甸僧侶等……，是一個具有異國情調，充滿魅力的世界。

東南亞指的是位於中國和印度之間，既非中國也非印度的廣大地域，由中南半島與大陸連接的「陸域地區」和海洋上的「島嶼地區」組合而成，總面積相當於日本的十二倍大，居住著各種各樣的民族。其中包括居住在內陸深處或山岳地區的未開化民族，他們可能是在新一波民族大遷徙發生時，從平原地區被迫遷到當地而就此定居。

陸域上有一條來自中國雲南的大河[5]及多條細長的溪谷，不僅運送雨水流向大海，也是數千年來民族遷徙的主要路徑。有許多民族，例如苗人、高棉人、越南人、馬來人、緬甸人、泰人、寮人、占婆人等民族就是透過這條路徑通往大海；而中國人和印度人也在很早以前靠著這條路徑來到此地。以下概略地介紹一下東南亞的歷史。

從西元前後開始，來自印度或中國夢想一夜致富的人們陸續到來；最初來的是鄰近地區的海洋民族，或許是搭乘小船的島民及冒險家。他們帶來了印度文化和中國文化，也有人就此定居下來。十一世紀開始，伊斯蘭教徒來到此地，十六世紀時歐洲人隨之而來；到了十七世紀前半，搭乘朱印船[6]的日本人也來到此地，四處建立日本人村。這些外來者來到東南亞可能是為了交易，也可能是為了傳教，目的皆不相同，至十七世紀時更開始利用武力優勢占領地盤。接著沒多久歐美在當地的殖民也開始了。

今日的東南亞大約有五億八千萬（二〇〇八年的數據）人口，不管村落或是都市都有寬廣的居住空間。再用一種說法形容東南亞，這裡充滿異質性，境內存在各種集合體，有少數民族社會，也有國家聯合體制，進而發展出各種各樣的政治制度，有王國、軍事政權、共和國及社會主義國家，所有的社會組織和政治型態在這裡都看得見。

從宗教的觀點來看，伊斯蘭教從印尼、馬來半島開始，到民答那峨島為止，在島嶼上擴散。陸域地區的人們大部分（緬甸、泰國、寮國、柬埔寨）信仰上座部（小乘）佛教，僅有越南信仰大乘佛教。菲律賓則有百分之九十的人口是基督教徒。在峇里島，往昔傳來的印度教融入了當地社會產生質變，至今仍然存續。不過在大宗教之外，村落的日常生活中也殘存著傳統精靈信仰的痕跡。

像這樣儘管各種多元族群和異文化社會在東南亞各地存續著，但不論是生活型態或文化精神價值仍然潛藏著共通性。例如當地隨處可見的稻作文化，即是從史前時代一路繼承下來。即便自然、人種、宗教、語言等等都各有不同，但在其核心深處仍可以發現共通的關聯。

首先是氣候風土的一致性，東南亞境內幾乎都是乾季和雨季分明的熱帶雨林氣候，因此各地可見到類似的生活型態。例如：平原地帶有飽水的水田，利用小山的斜坡設計而成的梯田彷彿從谷底向天空延伸一般，人們就在那裡耕作。在兩頭牛或者水牛後方押著犁的是男人們，插秧的則

哇揚（皮影戲）　印尼著名的傳統民俗技藝。

是少女們，這樣的風景在東南亞隨處可見。

東南亞位於中國和印度之間，同時接收來自兩個世界的文化，選擇性地接受外來文化，改造成對自己有利的形式，開發出獨特的「文化」。東南亞人創造了人類和自然協調共生的生活方式，成為多元文化和特有文化兼具的地域，若說多元集合又兼具共通性是東南亞文化的風格，那麼不同於東亞世界或南亞世界的「東南亞文明世界」就成立了。

◎誇示權力的巨大建築

讓我們用時間和空間來認識東南亞各地的村落社會。首先，這裡舉目可見複雜的生活環境，數千種的語言及數百種的民族或部族建立在山岳地、河階地及平原三角洲上，形成自給自足的大小地方村落。這些村落的生活文化和產業型態始終沒有改變，累積成特有的生活核心精神，在村落的習俗中被延續且深化，成為凝聚地域社會的重要共識。

這裡多數的民族社會曾歷經過興亡。這麼一說，整個東南亞世界究竟歷經了怎樣的興亡故事呢？東南亞的民族社會在歷史形成的漫長過程中，固有的傳統核心持續地累積和深化，受到外來的文化核心精神改造的同時，又納入自我特色的文化要素，以自己獨特的拼湊技巧進行技術改良，在新舊並陳的狀態中持續地前進。

隨著時間的流動，屬於東南亞世界獨具一格的精神文化悄悄地醞釀著。人民生活在這樣特殊的地域社會中，持續地擁有悠閒而快意的生活，緩緩地展開歷史前進的道路……若以這樣的觀點來思考，東南亞獨特的歷史模式是如何發展出來的呢？

以我的研究領域——約六百年的吳哥王朝歷史來考察，在前吳哥時期[7]（一世紀左右到八世紀末左右）的六世紀左右，甚至在更早以前，就從印度傳來了畜力犁耕：吳哥寺的浮雕中繪出了被認為是印度犁的農具。在此同時，長粒種的秈米開始普及，當時可能是以撒種的方式播種。

根據碑文史料，前吳哥時期各地存在著被稱為「普拉」的村單位組織，應該是用防衛性的竹柵等圍居而成的部落，是自給自足的地方性村落，由普拉長負責管理並徵收稅金；到了吳哥時代，普拉擴大成「普拉曼」（郡、州），是建立在中小型河川沿岸或湖邊的大村落。

不論大村或是小村皆是憑藉著自然經濟維生而形成，並實施著某種程度的產業分工。當人口增加，耕地和居住空間不敷所需，會開拓森林擴大耕地面積，並且進行分村。大村具有經濟基礎之後，會在村落某處設立木造的小廟，供奉傳統的精靈信仰（例如「本頭公」〔Neak ta〕，柬埔寨傳統信仰當中守護地方的神靈）。之後統治者為了讓財物和權力更為集中，會建設石造的寺院，向住民們誇示王的統治威嚴。

東南亞的統治者們被描繪成神聖的君主，當時的統治者們力量薄弱，必須透過宗教儀式偽裝神明降臨來取信於人民。因此，他們會建立巨大的建築，誇張地宣示權力，塑造君臨世界的超凡王者形象。

統治者出巡各地時使用的道路稱為「王道」，是用石橋架設而成；王道連接各地，如果地方發生叛亂，統治者可出動象軍利用王道前往鎮壓；王道也使物資流通和文化核心精神的傳布更為容易。國家的經濟基礎擴大之後，統治者更頻繁地建造各種大小寺院，待技術改革和人力資源更為集中，進一步建造更大規模的國廟。統治者的政權基礎薄弱，必須利用這種非日常的建築或是盛大的祭儀來吸引人們的目光。寺院的華麗圖像和浮雕成為文化核心精神的基礎，幾乎不可能出現在這個時代的豪華大型寺院，展開一個又一個新穎的美術樣式。

通常來說，支撐歷史發展的基礎，會根據地域的經濟如何開展，而呈現出發展的可能性，或者說侷限性。以東南亞世界為例，自然環境和氣候狀況整體上是處在相當優渥的條件之下。特別是以糧食來說，人民只要付出基本限度的努力就可以獲得收成，只要沒有戰爭，就不會有糧食的危機。東南亞地區存在著許多受惠於自然環境而得以自給自足的小型獨立村落，各據一方的村落首長們爭奪著地域的霸權，日復一日地上演著興亡的故事。

表一　東南亞世界各種政治型態、語言及宗教

國名	獨立時間	首都	人口（百萬人）	政治體制	語言	宗教(%)
汶萊	1983	斯里巴卡旺	0.39	立憲君主制	馬來語、英語及中國語等	伊斯蘭教（67）、佛教（13）、基督教（10）
柬埔寨	1953	金邊	14.44	立憲君主制	高棉語	佛教（95）、部分伊斯蘭教
印尼	1945	雅加達	228	共和制（大總統制）	印尼語	伊斯蘭教（88）、新教（6）、天主教（3）、印度教（2）、佛教（1）
寮國	1953	永珍	5.8	人民民主共和制（人民革命黨）	寮國語	佛教（65）、精靈崇拜（33）
馬來西亞	1957	吉隆坡	27.17	立憲君主制	馬來語、中國語、泰米爾語、英語	伊斯蘭教（60）、佛教（19）、基督教（9）、印度教（6）、儒教／道教（3）
緬甸	1948	奈比多[8]	57.29	軍事體制	緬甸語	佛教（89）、基督教（5）、伊斯蘭教（4）
菲律賓	1946	馬尼拉	87.96	立憲共和制（大總統制）	菲律賓語、英語	天主教（83）、新教（5）、伊斯蘭教（5）
新加坡	1965	新加坡	4.68	立憲共和制	英語、中國語、馬來語、坦米爾語	佛教／道教（51）、伊斯蘭教（15）、基督教（15）、印度教（4）
泰國	1932（立憲革命）	曼谷	63.88	立憲君主制	泰語	佛教（95）、伊斯蘭教（4.6）
越南	1945、1976（南北統一）	河內	87.83	社會主義共和制	越南語	佛教（80）、天主教（7）、高台教[9]（3）
東帝汶	2002	狄力	1.15	共和制（議會內閣制）	德頓語[10]、葡萄牙語、印尼語、英語	天主教（99.1）、新教（1）、伊斯蘭教（0.79）

十六世紀開始，歐洲人為了尋求香料等特產來到東南亞，從此展開了殖民統治。十七世紀前後，儘管日本因為鎖國政策退出東南亞，但來到此地的西歐人與當地的傳統社會發生衝突，帶來無比的混亂，導致十九世紀之後，各地展開反對西歐帝國主義侵略的大規模排外運動，但地方勢力與西歐帝國主義實力懸殊，抗爭最後逐一被壓制。

這樣的結果，導致當地較為落伍的傳統技術與生產活動逐漸喪失機能，地方經濟逐漸被別有用心的殖民地經濟體制取代，變成為宗主國服務的經濟型態，最後導致古老的村落社會因此衰敗，轉變為在政經上受宗主國支配的狀態。

與自然同行的人們

◎自然環境與獨特的生活文化

讓我先向各位說明東南亞的自然環境。

中南半島境內雖然沒有高聳的山岳，但地表高低起伏，地形縱橫交錯。境內各條規模不的河川大多由北方流向南海，途中流經許多深邃的溪谷、湍急的瀑布及平緩的淺灘。靠近海岸的平原地區被幾條山脈分割成數個區域。

三大島嶼蘇門答臘、爪哇及婆羅洲相互鄰接，與中南半島隔著淺海相望；馬來半島呈南北向長長延伸，位於印度洋到太平洋的通路上；南洋群島多為火山島地形，至今仍然持續噴發中的島嶼不在少數。

廣闊的大海包圍了東南亞各地，受惠於內陸海洋的優越地理條件，居民們得以利用海洋聯繫，各地傳統文化相互交錯，居民們的日常生活中可看到許多共通性。

東南亞的住民們利用雨林氣候特有的風向交替特徵，駕駛著單側或雙側架有腕木的

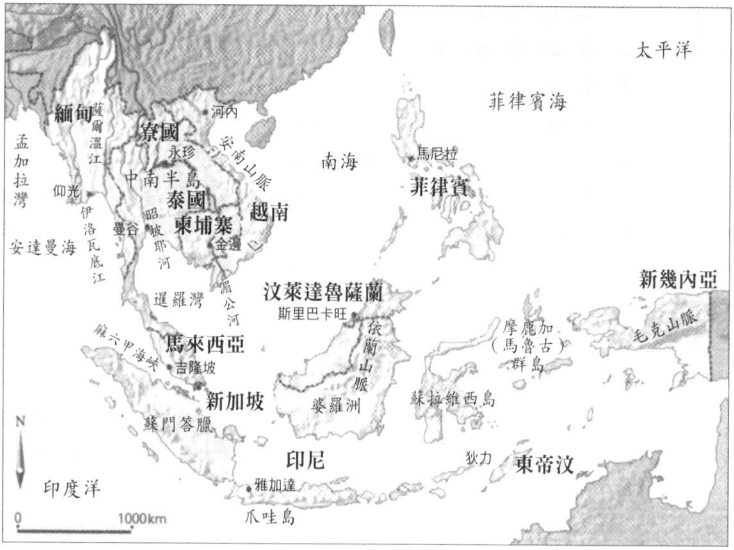

ASEAN 各國與東南亞的自然環境

獨木舟（Outrigger canoe）往來各地。其後，開始利用帆船或中式帆船（戎克）前往中國、印度、波斯灣及阿拉伯海等地進行貿易。交易活動使地區與地區間愈加活絡，沿岸逐漸形成港市，一些港市甚至發展成為地區性的小國家。

以這些港市的歷史發展來看，柬埔寨的扶南國（約一世紀～七世紀左右）位於中南半島南部湄公河三角洲，同時擁有經營農耕的腹地；室利佛逝[11]（約七世紀～十一世紀左右）位於蘇門答臘中部，靠近麻六甲海峽；滿者伯夷（一二九三～一五二七年）位於爪哇島東部，以上三者皆是受惠於熱絡的海洋貿易與交流活動形成的港市國家。各國的商人陸續來到這些港市進行貿易，穆斯林商人駕駛著阿拉伯帆船（Dhow）來到東方，繼之唐代（六一八～九〇七年）後期到宋代（九六〇～一二七九年）以後，中國商人也利用中式帆船前來進行貿易。

如同前文裡介紹過的，中南半島的山岳地帶有著深邃溪谷，由北方流向南方大海的大型河川與匯流的中小型河川在溪谷中不斷地沖刷，形成河階和平原，甚至是廣闊的三角洲，帶進了肥沃的土壤和豐富的礦源，不但可用來栽培穀類、油性植物、甘蔗、橡膠等作物，也是石油、石灰、鐵、鋁礬土、錫、鎢等珍貴礦物的礦床。

東南亞全境炎熱潮濕，最熱的月份甚至可能超過攝氏四十度，平均氣溫約二十八度，年雨量在一千四百到一千八百毫米之間，即便如此有時降雨量差異甚大，特別是雨季和乾季分明的地區常有降雨不規則的情況。稻田耕作是居民的生活中心，更具體來說，居民的生活是以農業為中心，有地理學者甚至將東南亞地區評為「植物文明」的世界。居民們以自己種植的農作物作為糧食，住在用木材、竹、秸稈、土等材料製作而成的木造家屋中，過著自給自足的生活。除了越南，大多數的民宅皆為高架屋。

在這裡日常生活可見到男女緊密共同作業，就經濟活動來說，女性負責主要的家庭事務，從育兒到稻米收割皆一手包辦，實質上具有相當充分的決定權和自主權。

村落建立在河岸的沙洲和平原上，構成基礎的經濟和社會單位。村民們擁有有私人土地，也共同持有土地，維持著相互扶持和共同生活的傳統習慣，直到現在的農村仍然具有這樣的機能。

東南亞各地的宗教信仰同樣地具有共通性，在接受佛教、伊斯蘭教、基督教等大型宗教之餘，地方上的精靈信仰、祖先崇拜、土地精靈、地母神信仰、山岳信仰仍未消失，各種祭禮的場合常看到這些信仰的影子。特別是在舉辦與農業有關的祭典時，很多村落會根據陰曆舉行祈求雨季到來或是農作物收成的祭典，祭典時會有板羽球、跳繩、男女的歌唱或舞蹈等慶祝活動。

◎東南亞的生活史故事

那麼，了解這樣的東南亞歷史的意義究竟在那裡呢？

以歷史的觀點思考現在的東南亞世界如何形成，這個地域，這個國家，或是這個民族，究竟歷經過怎樣的時空才形成現今的樣貌？答案必須透過一步一腳印的史料挖掘和歷史建構才能求得。而若要思考東南亞人民的生活史是如何被形成，雖然是理所當然的事情，但還是有必要一提：傳統是長年累月的累積下建立的，有傳統作為根基，才能形成今日所見的日常生活的樣貌。這個形成傳統文化的地域迎來了外來文化，在擷取外來文化的同時，仔細地推敲著這些文化對自己是否有好處，然後做出取捨。

農業是支撐東南亞居民生計的基礎。例如：柬埔寨在六世紀左右引進印度的犁，當時也已經存在著用畜力犁耕的技術，居民們引進外來的農具加以改良，讓它們適應東南亞的土地後持續使用至今。當地基本上是以雨水為主的水田稻作和儲水灌溉為主，也有少部分的火耕農業。這樣的耕作型態一直維持到帝國主義國家引進熱帶農業栽培後，才有大幅度的改變。

讓我們跟同一時期，也就是西元一〇〇〇年左右的世界人口比較看看。中國正是在宋朝時期，擁有印刷術、火藥、羅盤等三大發明，是首屈一指的文明先進國。在西方，誕生於七世紀的伊斯蘭教已經擴展到伊比利半島，形成伊斯蘭文化圈；各大都市中學者和文人們聚集，研究希臘的古典文獻；當今世界的「主角」歐洲當時還僅是落後的地區，甚至還沒有開發出讓家畜過冬的技術呢。日本又是什麼情況呢？世界最早的小說《源氏物語》（十一世紀初完成）在京都問世，象徵著優美的宮廷文化開花成果。根據推估，西元一〇〇〇年時世界人口約有二億五千萬人（根據二〇〇〇年一月三日的《讀賣新聞》報導）。其中，世界最大的都市哥多華[12]（Córdoba）約有四十五萬人，中國北宋的首都開封約有四十萬人，君士坦丁堡（今日的土耳其伊斯坦堡）約

水利都市吳哥寺　不僅是大水庫巴萊，南北長一千三百公尺、東西長一千四百公尺的護城河也蓄滿了水。

有三十萬人，吳哥城約有二十萬人，京都約有十八萬人左右。

為什麼在吳哥都城附近會出現這樣的數字呢？法國學者格羅利爾的〈水利都市論〉（一九九二年）指出，全盛時期的吳哥王朝使用雨季時儲存在巴萊湖（人工貯水池）的水，實施二期稻米的集約耕作，可灌溉農業用地面積廣達八萬六千公頃。吳哥寺建設時的十二世紀前半，吳哥城的稻米產量已經足以供應五十萬的人口食用；西元一〇〇〇年的一百四十年後，吳哥城人口增加了一倍，龐大的人力足以支持大型的寺院建設，吳哥寺和大吳哥城皆在此時興建。他們就在不需要手持刀槍的士兵的情況下，一步步擴大其領域。

◎東南亞史是一部自我成長史嗎？

以宏觀的視野來看，東南亞史或許未必是一部進步與發展的歷史。讓我們從人民的日常活動來檢視這個地域的歷史發展。我們所認知的世界史，應該是一段應付接踵而來的國內外各種課題的記錄，可能是該如何對應自然環境，或是克服國內外政治、經濟及文化等難題，或是基於改革使社會發展及擴大的歷程。但東南亞也是遵循這樣的的歷史模式發展嗎？

簡單來說，日本從奈良時代到平安時代，進而到鎌倉時代，這樣的時代區分某種意義上是以發展史作為基礎。換一個說法，所謂的歷史，就是在各種改變發生的同時，伴隨而來的進步、發展或革新。

然而，東南亞的歷史卻不是這樣理所當然地展開。我們要問，綜觀東南亞史，真的是一部發展的歷史嗎？舉例來說，在東南亞各地，口傳故事在歷史的建構占有重要地位，例如王朝年代記或是地方史等，皆是以說故事的風格被書寫，這些故事帶給村民安定感。

以我在柬埔寨的研究經驗來說，我曾經在遺跡附近村落的小寺廟本堂中，在四周只有燭火搖曳的微光包圍下，與村落裡的老人們聊天，當老人緩緩地用「在以前啊～」作為開場白時，接下來如何發展相當地令人期待。雖然談話內容交織著不實際的空談，但許多關於附近地區、包羅萬象的故事就此登場。主角可能是村民，也可能是動物，聊著聊著，不知不覺間兩、三個小時就這樣過去了。講白了，對村民而言，比起整齊排列時間的編年史，口傳故事更令人喜愛。這樣的經驗讓我不禁感嘆，以整齊的時間順序排列所建構的歷史，真的是真實的歷史嗎？

東南亞歷史基本上並非是此種「進化論式」的進步與發展的歷史，真要說的話應該是一部自我成長的歷史、精神文化的深化史。它不是以時間為主軸的文化史，而是一部與自然環境共生的長篇生活史故事。雖然不是以勤勉和嚴守時間為主軸的生活文化，卻是一部持續延伸、令人感到舒適的生活史。或者應該說，是一部滿溢著人情味，以及親和的生活、文化連綿不斷的歷史。

我雖然主要從事吳哥王朝時期的研究，但一千年前的寺院浮雕中所表現的農村風景，在現今社會的農村中仍然到處可見。例如：浮雕中兩頭牛並立的三角幌牛車，仍然在農村中被使用；因應自然環境而實施的粗放農業也依舊持續著，至少在今日的農村，人們的日常生活並沒有大規模改變的跡象。怎麼看也不像發展中的社會史，也不是全球化規模的、或是呼應鄰近地區的變革而產生競爭關係或是戰鬥關係的歷史。吳哥寺的誕生就是自我成長史展開過程的其中一個成果。

用另一種說法來形容，將東南亞史放在世界史的脈絡中解釋，就是東南亞借用了印度和中國的技術和思考模式，將這些文化或制度當作拼布似的，補強了在地既有的文化核心，強化了自我表現及自我文化。在建造大型寺院時加入了特有的文化、信仰及技術，產生了有點相似卻又不太相似的東西，創造出與印度風格迥異的另一種世界文化遺產，這就是東南亞風格的國風文化創造活動。

另一方面，東南亞本身是否有帶給外部世界巨大歷史影響的行動呢？東南亞是否有因海外遠征等活動，而對外部世界發揮強大影響力的歷史模式呢？嚴格來說，東南亞的政治、社會及文化的獨特性並沒有積極地向外部世界擴散。櫻井由躬雄在近來著作（《東南亞的歷史》，放送大學教育振興會，二〇〇二年）中已經提出此點，促使我們再思考東南亞史觀的問題。

舉幾個以往所知的東南亞歷史再思考：雖然各地常有大、中型王朝攻打鄰近王朝使其滅亡的例子，但並沒有特定的王朝軍隊為了尋求霸權遠征東南亞以外地區的史實。一〇一七年南印度的朱羅王朝（八四六年左右～一二七九年，中國古史稱「注輦」）攻打位於蘇門答臘島的三佛齊，一〇二五年時更派遣大艦隊搶奪並帶回該國鉅額的財貨；中國元朝的遠征軍在一二八二年到一二九三年間，總計五次攻打東南亞各地（緬甸、爪哇、占城、越南等地），導致當地王朝的滅亡、或是對之產生重大的打擊；日本也有兩次元寇之役（一二七四年、一二八一年）的歷史。但東南亞並未發生類似的歷史事件。

東南亞儘管蘊含著多樣環境，以及獨特且固有的文化，但與外部世界聯繫或向外發聲的機會卻很少，至今並沒有史料顯示東南亞曾經為了展現實力，以所具有的獨特文化向鄰近中國或印度發聲的歷史，只有頻繁地利用特產進行交流。

從結果來說，東南亞從史前時期開始歷經數千年，持續著自給自足的村落型態，是一個受惠於大自然的恩澤，不用煩惱衣、食、住等基本生活的地區，但也因長期對外保持靜默，導致始終不被其他地域所熟悉。

◎沒有颱風也沒有地震的「世外桃源」

東南亞地區跨越赤道的雨林氣候，有著豔陽、雨水及高溫，蓊鬱茂密的叢林供應了生活所需的食物、藥草、水果及燃料，人民只要花最小的努力，就可以讓日常生活順利運作。

從前關於東南亞的入門書中，將華人稱為「熱帶的螞蟻」，將當地住民稱之為「蟋蟀」。東南亞的居民只需最小的努力就可以生活，只需雨水就可順利栽種水稻，沒有戰爭就不會有飢饉和災荒。並且，除了內陸山地，這裡不需要特別準備防寒衣物，也不須布置住屋，只要襯衫、褲子及一條毛巾，就可以安穩地生活。

他們利用在叢林砍伐的木材架設高架式房屋，用椰葉製作牆壁，屋頂的話只要有茅草就可以了。高架屋的地板鋪設了竹製的蓆子，在酷熱的夏季相當涼快且通風，雖然並不特別舒適，但可以生活的很愜意。糧食生產也相當輕鬆，不用辛勤工作，也不需特別除草，稻穗也能順利收成。

一九六一年我前往柬埔寨進行遺跡調查，對於在途中內陸地區看到的種田景象相當震驚：農民搭著牛車前往耕地，那是一片彷彿盡頭在地平線另一端似的廣闊稻田，飽水的田中央有兩頭水牛在翻著土，農民用橫木連結兩頭水牛拖曳著犁——這是印度傳來的耕作技術。婦人和女兒先將未脫殼的米放進篩子，再把米灑向田中央。現在回想起來，這就是依靠雨水灌溉稻田的播種方式。

這場景就像日本童話中的花開爺爺把灰灑在枯木上一般神奇，在我的認知裡，種田應該就跟日本一樣，是將秧苗一束一束地種植在田中，沒想到迥然不同。當地播種時已經進入雨季，稻田裡充滿水，當我回程中再去看時，田中雖然長出一些雜草，但稻穗已經冒出頭來了。

我曾經詢問過同行的村民，為什麼稻田不必除草，不料，卻被村民們反問，為什麼一定得除草不可？因為稻田相當飽水，水可以抑制雜草的生長，稻穗得以冒出頭。這裡收割的方式也很不一樣，同樣是母親和女兒等家裡的娘子軍，只摘取稻穗放進篩子或籠子中碾穀。從各種各樣的訪談內容中，得知在柬埔寨的農村，只要能夠收割家族一年間食物和稅金的量的收成，對他們而言就已經足夠。

◎在發揮機能的人際關係中感受到的平衡感

親眼見識到與日本農村截然不同的水田風光後，我終於明白了究竟柬埔寨是如何承受上天的恩澤成為世外桃源。不除草的柬埔寨人絕對不是懶惰鬼。柬埔寨的農民白天會到田野工作，直到天黑才返家，收成時一定全家出動幫忙。農家的女性尤其特別勤奮，家事、育兒、小買賣、農事等一手包辦。我對默默工作的柬埔寨婦女特別感到佩服。

這裡過著傳統的生活，村長等人是村莊裡富裕的地主階級，必須照顧貧困的村民，貧困的村民則認為這是理所當然之事，並不感到心理有任何負擔。這樣的關係僅止於相互扶持，並沒有金錢等對價關係。那裡的人際關係有著相當平衡的機制，讓人有一種：「原來如此啊！」的恍然大悟感。

我在柬埔寨進行田野調查時是在一九六〇年代，在一個有一百戶左右的村落中，其中有一戶是中國的華裔家庭在那裡開店。這個華裔家庭相當勤奮，販賣村民的日用品、肥料，也經營租賃事宜；有時也會購買還沒長出稻穀的青田。他們也將村民生產的米賣給其他商人，促進經濟流通。這些華人過著與柬埔寨人迥然不同勤勉及儲蓄的生活，也影響了當地村民。這是我在約五十年前在柬埔寨內陸地區的田野經驗，現在已經無法再看到這樣的景象了。

柬埔寨既沒有颱風，也沒有地震，雨季和乾季分明，雖然有大量的雨水引起的洪災，也有日照過於強烈引起的旱災，但絕對是受惠於大自然的恩澤易於居住的生活環境。如果可以忍耐酷暑，就是會一個世外桃源。這裡到處可見寬闊田地與高聳佛塔交錯的景觀，對人類友善的生活步調緩慢地前進著。距離嚴守時間和勤勉文化相當遙遠的柬埔寨，人們卻每日幸福的生活著。

1 吳哥寺亦譯吳哥窟又稱小吳哥，是十二世紀蘇利耶跋摩二世興建的毗濕奴廟。十三世紀闍耶跋摩七世時佛教大盛，吳哥寺成為大乘佛教寺院。到了十五世紀因暹羅入侵，帶來上座部佛教（小乘佛教）的影響，吳哥寺自此成為上座部佛教寺院。因此作者在第八章提及「此時期佛像的外貌為矮而厚實」，又在第十一章提及十七世紀初有日本人到吳哥寺參拜禮佛，並把吳哥寺視為祇園精舍，是一個相當莊嚴的千佛洞。故稱吳哥窟為石造大伽藍，也就是說，吳哥窟不但是一個毗濕奴廟也是一間佛寺。

2 原意係指僧侶們聚集的清靜場所，後來成為寺院建築的代名詞。

3 波布（一九二八～一九九八年，另一說為一九二五年出生），是紅色高棉共產黨政權的最高領導人。一九七五至七九年間曾經對柬埔寨進行種族滅絕，據估計造成一百五十到三百萬柬埔寨人死亡，被稱為紅色高棉大屠殺。

4 韓桑林（一九三四年～），曾經加入紅色高棉共產黨，後因政治迫害流亡越南，從事推翻紅色高棉運動。一九七九年一月在越南扶持下建立柬埔寨人民共和國，二〇〇六年時成為柬埔寨國民議會主席至今。

5 即瀾滄江，流入中南半島之後稱為湄公河。
6 十七世紀時，攜帶幕府將軍發行的朱印狀從事海外貿易的日本船隻，朱印狀也就是海外渡航許可證。
7 前吳哥時期是指扶南時代，國都位於毗耶陀補羅城（Vyadhapura），位於金邊附近。
8 二〇〇五年之前緬甸首都在仰光。
9 一九二六年創立於越南的新宗教，融合儒、佛、道、民間信仰及基督教，民族主義性格相當強烈。
10 東帝汶的官方語言，由於東帝汶曾經被葡萄牙殖民，德頓語有相當多的詞彙係借用自葡萄牙語。
11 室利佛逝位於蘇門答臘南部巴鄰邦（Palembang），自六七一年至七四二年以室利佛逝（Srivijaya）之名來唐中國朝貢。及至九〇四年才改名為「三佛齊」入貢，宋元至明初皆稱三佛齊，一三七八年為爪哇攻擊而滅亡。明中葉開始此地史稱巨港或舊港。
12 位於西班牙南部，是由信仰伊斯蘭教的摩爾人建立的哈里發王國的首都。

第一章

東南亞史的形成與展開

婆羅浮屠　印尼爪哇中部的大乘佛教遺跡，為世界上最大的佛教寺院。

東南亞世界的形成是「由北向南」

◎從西北的印度、東方的中國及日本開始

東南亞世界的歷史形成與自然環境關係特別密切。住民們過著自給自足生活，不需仰賴他人或是其他地域，除非戰爭發生等特殊原因，否則不會發生災荒，不需煩惱衣、食、住等生存問題；各地獨立營生的趨向頗強，因此民族、語言、文化等傳統能被保存，多樣文化也得以延續。讓我們以此視角試著重新審視東南亞歷史的發展，根據實證研究概述東南亞兩千年的歷史發展。

西元前五百年之後，東南亞全境受到早期金屬文化的影響，從這時候起也出現了鐵器文化。受惠於易於生存的自然環境，境內有數百個以上大小不一的民族割據一方，運作著各自的生活圈，構築了東南亞世界的多樣性風格。

東南亞世界裡的族群各自以獨特的文化模式生活，境內有數百種不同的語言和方言。若要問這些族群是否有共通的文化要素，那就是以農耕為基礎的植物文化、二元宇宙論的思想、女性優先的社會制度、水稻犁耕，以及普遍使用金屬等特色。

東南亞四周被大海環繞，冒險家、航海家及漁民們得以利用海洋，從西北方的印度、西亞，東方的中國、日本，或是東南方的南太平洋來到這裡。例如：印度人在西元前後從西北部來到此地，在中南半島沿岸和南洋群島大量買進地方特產，運回印度轉賣獲利。當時住在中南半島沿岸的孟族人、高棉人和占婆人，以及居住在南洋群島的爪哇人長期與印度人往來，受印度文化影響頗深。另外，西元前二世紀時，中國人經華南和越南北部來到此地，越南因此契機，擷取了中國文化的精華並據此建國。

◎前往印度和中國的航路

說明一下西元前後時東南亞的航路與交流概況。

從印度出發的船越過孟加拉灣抵達馬來半島後，有三條路徑可以選擇：一、利用水路橫越馬來半島；二、利用陸路橫越中部陸地；三、也可以利用麻六甲海峽迴轉，這三條路徑各有代表的輝煌時期。船隻在各港市補給淡水和糧食之後，可以在位於湄公河三角洲的扶南港市喔吠[1]稍做休息，也可以寄泊在越南中部沿岸的林邑之後再出發，一面遠眺著海南島一面抵達廣州。

航程途中經過的各個港市是貨品的採買和交換地，特別是南洋群島盛產西方世界夢寐以求的高品質胡椒、丁香等香料。焚香料和龍腦、白檀及沉香等香木則是運往中國的宮廷和佛教寺院。印度人以香料交易為主，也將金、銀、珍珠、財寶、象牙、犀角、龜殼運到世界各地販賣。中國人則是將絲織品和工藝品帶進東南亞。

印尼人很早就有搭乘舢舨船航行到非洲馬達加斯加

西元前後的東南亞與貿易路線

婆羅浮屠遺跡裡雕刻的船　完成於八世紀至九世紀的遺跡裡描繪的船，據推測主要往來於非洲和印尼之間。

島的記錄，往來於印度和東南亞間的船隻與婆羅浮屠遺跡（七七〇～八二〇年左右）迴廊浮雕中所雕刻的船隻是同一種類型。二世紀中到四世紀時「海上絲路」已經建立，四世紀到五世紀時，船隻利用季風往來於孟加拉灣和南海之間。

中國人僧侶法顯（三三九年左右～四二〇年左右）在四一二年時搭乘往來於印度、東南亞及中國的定期航班回到中國，當時船上約有兩百位乘客。[2]從二世紀中葉到四世紀，在這片海域已經形成了所謂的「海上絲路」。東南亞就在這種交流過程中，將外來文明放入在地社會之中消化，然後形成屬於自己的地域文化。

對中國朝貢與接受「天竺律法」

◎漢武帝的南征與從印度來的定期航班

西元前三世紀時，在中國南部到越南北部之間，也就是現在的廣東省附近，有一個稱為南越國的地方政權，在西元前一一一年時被漢武帝所征伐。因為漢武帝的南征，加速了中國和印度的相互接觸，結果帶來了兩地海上航路的開通。

隨著印度與中國通商規模的擴大，在海上貿易路線的沿岸各地產生了等待順風的港口、轉運港、物產集散港、淡水補給港等具有中繼機能的港市以及內陸的河港。從港市的興衰史來看，沿著航路從西邊開始，代表性的港市有：緬甸南部孟人建立的國家、馬來半島西岸和東岸的中小型港市、昭披耶河（俗稱湄南河）流域的港市、面向暹羅灣的扶南，以及中南半島東岸的林邑等。這些港市及周邊地區原本是自給自足的農耕型社會，海上絲路帶進了耕犁水稻和灌溉、宗教禮儀和王權觀念，以及農具、文字、美術及武器等各種印度及他國文化，至於越南則是傳進了中國文化。當時的東南亞社會是以傳統文化為主，在地方發揮了相當的機能，宗教等外來文化到來之後，經年累月地與在地傳統文化共存，卻逐步地覆蓋在傳統文化之上，最後使東南亞進入了文化的融合期。

◎中國與印度的使節在「扶南」相會

據傳，西元一世紀初時，柬埔寨的扶南國（國名係根據中國的史料記載）在湄公河三角洲建國。喔㕭遺跡（位於越南南部的安江省）中可以發現二世紀的羅馬銅幣、青銅製佛像、印度教神像、刻有印度梵文的錫板和戒指、珠玉、受到伊朗和貴霜王朝等西方世界影響的工藝品、精細的寶石、沉雕、護身符，以及來自中國漢代的銅製夔鳳鏡等。二二九年時，三國時期（一九〇年代～二八〇年）的吳國派遣使者來到扶南，同一時間印度貴霜王朝（一～三世紀左右）也派遣使者到訪。

扶南國的盛世從三世紀持續到六世紀中葉，領土範圍從湄公河三角洲延伸到中游、最廣達到昭披耶河流域及馬來半島北部東海岸。扶南國的內陸地區受惠於拓墾和水路工程，沼澤和濕地變成肥沃的耕地。根據中國史料記載，扶南有二十六次向中國朝貢的記錄。四世紀末時，從印度來的婆羅門僑陳如（Kaundinya）即位為王，使用天竺法改革扶南的政治制度（《梁書》卷五十四，〈扶南傳〉），天竺法的內涵包羅萬象，不僅帶進了宗教禮儀、王權概念、文字、美術、武器，也一併帶進了犁耕水稻、灌溉方式、農具等農業制度，滲透了當地的社會。

◎以貿易立國的占婆

中南半島東岸的南部有占婆人的存在。占婆的國土被安南山脈的山頂和隘路守護著，雖然易於防衛外敵，也因腹地過少，國力和資源有限。占婆是海洋性格強烈的民族，他們在東南亞沿岸各地和內陸河川旁建立許多小型據點，收集並運回各地的特產品。占婆的地理環境位處聯繫印度、東南亞、中國三地的海上中繼路線上，扮演著交易和運送從暹羅灣到中國貨物的角色。在三至四世紀左右，占婆的政權有實力製作印度梵語碑文，那是東南亞最古老的武凱碑文（Vo Canh），年代推測是在四世紀後半。占婆在擴張勢力時常與鄰國發生衝突，在北方與中國地方政府發生過戰役，在南方與扶南的戰役也不曾中斷，同時也與中國朝廷保持通商關係，並向中國朝貢（參見《晉書》、《梁書》、《隋書》等）。

「占婆」國名的由來係受到印度文化影響，它大約在七世紀左右時出現在碑文中，中國將這個國家稱為「林邑」（玄奘曾談及是「摩訶瞻波國」）。至八世紀後半到九世紀前半時，中國將林邑改稱為「環王」，八七七年之後改稱為「占城」（占婆城的簡稱）。

◎從馬來半島到緬甸方面的港市國家

五世紀左右開始，利用季風的航海技術更為發達，遠洋航海用的船舶造船技術也更為進步。在此背景之下，東南亞往來印度的定期航班開航，航班連結了東西世界的海上貿易，開啟了東南亞與印度正式的交流。七世紀之後，中國唐朝的登場及西方伊斯蘭帝國的出現，貿易活動呈現益發活絡之景象。印度的船（師子舶、天竺舶）及東南亞的船（崑崙舶）在遠洋航海相當活躍，伊斯蘭商人的木造帆船（波斯舶）和大食船不久也加入行列。此時期亞洲地區的貿易活動蓬勃，先是穆斯林商人操縱著木造帆船來到東方世界，中國自唐朝後半期到宋朝年間，商人的中式帆船（戎克）也趨之若鶩地來到此地，繁華的盛況延續到之後十五世紀的貿易時代。

馬來半島西岸面相孟加拉灣的下緬甸一帶很早就是孟族人的居住範圍；同時間沿著伊洛瓦底江流域從下緬甸到上緬甸的內陸地帶，有驃人居住其中。發展中心在伊洛瓦底江流域的卑謬（Pyay）地區，則有一個稱為達耶其達亞城（Thaye khittaya，玄奘稱其為「室利差呾

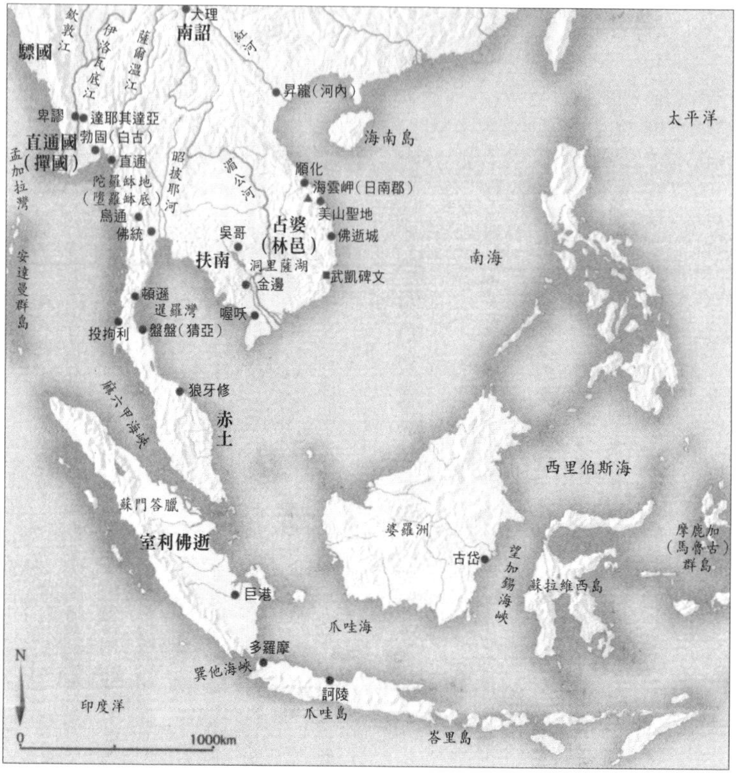

東南亞古典世界的王朝與都城（四～八世紀）

羅國」）的強盛國家，但八三二年時受到來自雲南大理的南詔國侵略而滅亡。[3]

緬甸人在七世紀前後，從西北方的中國南下移住，九世紀中葉左右定居在伊洛瓦底江和親敦江的匯流地上緬甸。上緬甸原來是雨水稀少的廣大平原皎克西（Kyaukse），自古以來皆為引水灌溉的稻米耕作方式，皎克西也被認為是緬甸人的搖籃。

三世紀開始到七世紀時，昭披耶河下游的陀羅缽地國[4]（Dvaravati，玄奘稱為「墮羅缽底」）興起，六世紀末到八世紀時展開熱絡的通商活動，該國因貿易活動而繁盛，中心位於馬來半島的佛統府（NakhonPathom）和烏通（U Thong），離通往大海的出海口很近（《舊唐書》卷一九七，〈南蠻傳〉）。

佛土三千世界的大遺跡和大型中式帆船

◎從七世紀到九世紀：室利佛逝和夏連特拉王朝

印度和東南亞的海上交易路徑不但是地域和地域間的物品交流之路，印度的文化核心精神也是透過此路徑來到此地。以笈多王朝為主的印度古典文明的成熟及那爛陀寺的佛教教學的發展為背景，傳入東南亞的印度教和佛教不僅滲透了基層社會，取代了當地的傳統信仰，統治者階層的篤信者也相當多。東南亞各地紛紛建立與印度相似的寺院，借用印度文字製作碑文，地方工坊也開始製作神佛像。

東南亞各港市成為連接印度、西方世界和中國的海上貿易的中繼站。因為大型中式帆船的建造，季風的利用，艤裝和航海技術的發達，使得大量物產得以被運送，港市因海上絲路發達而快速發展。例如，室利佛逝（Srivijaya）受惠於東西通商，七世紀中葉左右從蘇門答臘島東岸溯穆西河而上，在內陸河岸巨港（巴鄰邦，Palembang）附近建國。中國僧侶義淨在六七一年從中國搭船來到這裡，這艘船據說是波斯船。

同一時間，占婆人因收集和運送香料，海上中繼貿易成就卓著，他們也劫掠航行到外洋的商船，取得巨大的利益（《嶺外代答》卷二）。

室利佛逝是一個怎樣的港市國家呢？在該國政治中心巨港，包含統治者，居民大多篤信佛教，根據深見純生氏最新的研究結果顯示，室利佛逝歷史發展可分為三期：第一期（七世紀後半～八世紀中葉）以蘇門答臘島的巨港為中心；第二期（八世紀後半～九世紀）時，雖然在爪哇夏連特拉王國（Wangsa Syailendra）的統治下，卻可同時進行以爪哇為主的貿易活動，並繼續過去的貿易活動；到了第三期（九世紀中葉～十四世紀後半）時，因夏連特拉王國急速衰微，以中國史料中稱呼的「三佛齊」脫離夏連特拉的控制再度躍上舞台，但該時期也有來自朱羅王朝的侵略（一〇二五年）。夏連特拉王國推論就是中國文獻中曾經被提及的訶陵國。

◎誇示王權的婆羅浮屠

聳立在距離日惹市西北方四十三公里處一座人工丘陵上的婆羅浮屠（約七七〇～八二〇年左右，有一說爪哇語代表「山丘上的僧房」），是一座展現佛土三千世界意境的佛寺。在一百二十公尺高的四方型基座上有五層方型壇和三層圓型壇，最上面一層聳立著大佛塔。從入口處開始綿延五公里，總共有一千四百六十個迴廊浮雕，淺顯易懂地將敘述佛陀前世故事的本生譚及華嚴經等佛教典籍圖像化，不論是造型或雕刻都相當具有獨創性，是一座相當壯觀的石造佛寺。

婆羅浮屠的存在代表著什麼意義呢？其中有幾個說法。一、根據大乘佛典「華嚴經」

婆羅浮屠遺跡　一百二十公尺高的高台上有七十二個舍利塔和大佛塔聳立著。

所說，呈現菩薩修行的十個階段；二、大乘佛教所謂的三界說（欲界、色界、無色界）；三、因為佛像整齊擺設為立體曼荼羅說；此外，最近還有，四、七世紀末形成於印度的《初會金剛頂經》（真言宗的經典）建立說。當時統治者的權力相當薄弱，建造這樣巨大的佛寺是為了強調和誇耀王權，至於為什麼會在這裡建立如此龐大的建築，請參照第九章的內容。

七至九世紀，是東南亞世界的人們細細地咀嚼來自印度的各種理論之後，再與舊有的地方社會結構和獨特文化融合，形成獨具一格東南亞文化體系的時期。這個時期建造了獨特的建築，創造出民族語言的碑文，以及與印度迥然不同的美術作品，是一個使用自我語言在碑文上書寫歷史，自我宣揚，同時作為連結東西兩世界的貿易中繼站，世界史重要樞紐地而華麗登場的時期。

◎九世紀到十一世紀：內陸型農業社會的發展

九世紀到十一世紀左右時的東南亞，各王朝以農業為經濟基礎，一面擴張耕地，確保人力資源，一面摸索著建國之路。文化上承接了來自印度、中國的精神價值體系，內涵卻逐漸改變。例如，獨特的王宮或寺院建築、反映地方色彩的當地美術、圖像及工藝品、創設本國文學，以及以民族語言編製王朝年代記等，可看到國風文化的發軔。

十世紀時越南驅逐了中國的官員尋求獨立，但地方土豪的割據勢力不停地抗爭。一〇〇九年時李朝（～一二二五年）建立，此時期的社會氛圍雖然不是中國式，皇帝們卻端出從中國來的佛教傳統，誇示政權的神聖性，以越南獨特的方式理解中國式的統治原理並加以利用。

麻六甲海峽連接印度、西方世界與中國，是海上絲路的要衝地帶，九世紀中時室利佛逝結合其他港口城市建立國家，獨占印度和中國的海上中繼貿易，十世紀後半到十一世紀初時進入盛世。

南印度的朱羅王朝（Chola dynasty，九世紀～十三世紀）一〇一五年時開始派遣朝貢使節到中國朝貢，這個使節卻看上了三佛齊的富裕和繁榮，一〇二五年朱羅王朝派遣大型艦隊攻擊三佛齊位於蘇門答臘島和馬來半島的主要港市，掠奪了大筆的財富，使三佛齊遭受打擊，走向衰亡之路。

另一方面，以東爪哇為根據地的諫義里王朝（Kerajaan Kediri），因強敵三佛齊受到朱羅王朝侵略，遂將貨物集散地的據點轉移到東爪哇的海港，各國商船紛紛來此交易，貿易蓬勃，丁香和肉荳蔻等香料尤其受到歡迎。諫義里王朝的政治中心位於遠離海岸的諫義里盆地，腹地實施灌溉稻作，土地肥沃，是人口密度相當高的內陸型農村社會。宮廷裡綻放著爪哇語的國風文藝氣息，至於在建築和雕刻等各方面上，殘留在中部爪哇地區、色彩相當濃厚的印度文化的原型，替換成了爪哇本身的文化。

中南半島上此時登場的是緬甸蒲甘王朝，都城位於伊洛瓦底江中流東岸，傳位至阿努律陀王（在位期間一〇四四～一〇七七年）時，遠征各地，兼併了多數地方勢力，統治地域擴展至下緬甸。遠征使得上座部佛教和磚造的佛塔，以及孟族文化傳入緬甸。根據記錄緬甸王活動的繆札帝（Myazedi）石柱碑文可知，十一世紀末時，蒲甘王朝除了緬甸語、巴利語，也使用孟語和驃語，不僅借用孟族語的音韻書寫緬甸文，巴利語更因成為上座部佛教的用語而被確定下來。

十二世紀前半，從斯里蘭卡傳來的上座部佛教大寺派

蒲甘王朝的遺跡與馬可波羅（左）　《東方見聞錄》中提到的蒲甘是緬甸第一個統一王朝的所在地。右圖遺跡為蘇拉瑪尼寺院（Sulamani Temple）。

在緬甸建立穩固基礎，並以緬甸為起點，經由陸路和水路抵達暹羅、柬埔寨、寮國等地，獲得當地王族和高階官員的支持和信仰，並進一步滲透到地方村莊。[5]

蒲甘王朝末期時，君王們皆篤信佛教並且皈依，而有蒲甘王朝「因建造佛寺而亡國」的說法。當時中國的元朝政府吞併了雲南，四度要求蒲甘王朝納貢及臣服，被蒲甘所拒，遂在一二八七年時派遣軍隊進攻緬甸。元朝軍隊進入蒲甘的過程，在馬可波羅的《東方見聞錄》（或稱《馬可波羅行紀》）中有詳細的介紹。

榮耀的東南亞世界與新興泰系諸民族

◎十二世紀到十三世紀：新舊勢力交替的東南亞

對於東南亞而言，十二到十三世紀是一個地方首長政權或小國家群在海上的貿易路線周遭、或是內陸河畔不斷上演興亡和覆滅的時代。這些國家以經濟活動可以分為兩類：其一，是以海上中繼貿易或地域交易為基礎的三佛齊王朝和占婆王朝；其二，是以內陸農耕和水利

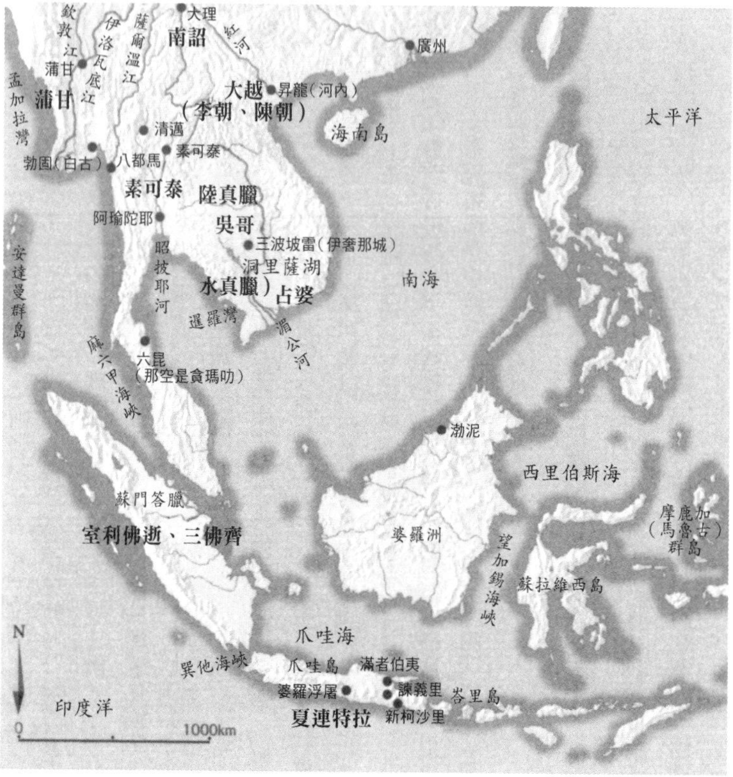

東南亞古典世界的展開（九～十三世紀）

為基礎的吳哥王朝、蒲甘王朝、諫義里王朝及李朝等。這些王朝各有其歷史發展，不斷地重複著上演著興衰的華麗篇章。

並且，西元初年左右開始，當地傳統文化不斷地被從外部滲透進來的印度和中國的各種原理所影響，經過長年累月消化的結果，在十二世紀時各自發展出具在地特色的民族文化。像是柬埔寨的吳哥王朝以印度教和大乘佛教為媒介發展；緬甸的蒲甘王朝篤信上座部佛教；越南的李朝受到大乘佛教和儒教影響；爪哇的諫義里王朝則是印度教等，創造出閃耀著各種光輝的東南亞古典世界。建立起不管那種宗教都與本國原本的宗教相異的東南亞式的架構。

十三至十四世紀則是東南亞世界新舊勢力交替，發生一連串變動的時代。此時中南半島的吳哥、蒲甘、占婆、孟族；南洋群島的三佛齊、諫義里、新柯沙里等王朝逐漸走向衰亡之路，取而代之的是越南的陳朝、泰系的素可泰和清邁、下緬甸的勃固（又譯白古、庇古），以及東爪哇的滿者伯夷等新王朝崛起。[6]經濟和社會的變化使以往曾經是立國思想的印度教及大乘佛教走向衰微，被上座部佛教和伊斯蘭教取代。上座部佛教在中南半島先是從孟人到緬甸人，接著擴散至泰系和柬埔寨各族；伊斯蘭教則是在南洋群島滲透至各個鄉村。

從外部的衝擊來看，中國元朝的遠征軍進攻東南亞各地，導致緬甸的蒲甘王朝（一〇四四～一二九九年）和爪哇的新柯沙里王朝（一二二二～一二九二年）覆滅，占婆王朝也遭到打擊。越南的陳朝三次擊退元軍，因為對元軍的抵抗運動使得民族覺醒，將往昔自中國傳來的文化轉換成越南式文化，儒教官僚體制的中央集權更為成熟，以本國文字書寫的文學誕生，也發展了寬闊的農耕地輪中（用提防圍起的耕地）。

◎十三世紀到十四世紀：泰系諸族的興起與政治空白

據傳泰系諸族的故地在雲南，暹羅[7]是泰系諸族其中一個分支。十一世紀的古占婆語碑文和十二世紀前半吳哥窟的第一迴廊南面浮雕圖像和碑文中記載了關於暹羅人的活動。由碑文中可知，暹羅人十二世紀左右抵達昭披耶河流域。從東南亞歷史的發展來看，十三世紀後半正是中國元朝軍隊對東南亞各地造成衝擊的時代。

十三到十四世紀可說是泰系諸族的世紀，許多小國或地方政治勢力趁著政治的空白各自擴張發展。例如：北部的清邁王國、中部的素可泰王國、湄公河上游的南掌王國[8]、以及稍後興起，十四世紀後半位於昭披耶河下游的阿瑜陀耶王國，還有在蒲甘王朝滅亡後掌握上緬甸霸權的撣人的阿瓦王國（Ava）等，這些國家在廣義上來說皆屬於泰系諸族建立的國家。

素可泰王朝的建國者是首長室利．膺沙羅鐵，一二二〇年時建立了泰系最早的獨立國。都城素可泰繁華一時，被東西一點六公里、南北一點八公里的環濠及三重城壁包圍，東西南北皆有城門，榮光持續約兩百年，至今仍留有王宮和許多的寺院的遺跡。第三代統治者蘭甘亨（在位期間一二七九～一二九八年，又譯拉瑪甘亨，中國史稱敢木丁）將領土從原來的昭披耶河流域向外擴展，東北到湄公河流域的龍坡邦，西至緬甸的八都馬和勃固，南至馬來半島的六昆（洛坤，泰語：那空是貪瑪叻）。從勃固通過來興、夜速抵達八都馬，形成一條和印度、孟加拉灣交易的通道。蘭甘亨篤信上座部佛教的大寺派，從六昆招來高僧，使上座部佛教成為素可泰的立國文化核心。一三五〇年時素可泰被阿瑜陀耶的拉馬鐵菩提王降伏，並於一四三八年時歸順，成為一個地方政權。

華僑與伊斯蘭勢力的到來

◎十三世紀至十四世紀：多層化、多樣化、複雜化的東南亞

十三世紀到十四世紀的東南亞，藉由從事海上貿易的中國商人和當地華僑與中國世界產生連結，並透過穆斯林商人與印度世界產生連結。附帶一提，旅行家伊本・巴圖泰（一三〇四～一三六八？年）也曾經由東南亞旅行至中國元朝的大都。

新柯沙里王朝（一二二二～一二九二年）在爪哇島上建立，十三世紀後半時掌握了印尼海域的貿易，國力達到頂峰。這個王朝繼承了前王朝的爪哇文化，建築、文藝皆發展出獨特

的風貌，此一文化風格後來被滿者伯夷王朝（一二九三～一五二七年左右）所繼承。

越南的陳朝（一二二〇～一四〇〇年）受惠於紅河三角洲的治水，農業生產力大為提高，國力也因此充實。陳朝因民族向心力強，元軍進攻時全民戰鬥而三度擊退元寇，但即使如此，最後仍然遭受痛擊。[9]接著至黎朝（一四二八～一七八九年）時朝向小中華國家體制發展，將中國的制度全部越南化，最後發展成獨樹一格的文化。

一四二八年統一越南的黎朝，在一四七一年再度攻打占婆，不過占婆並未因此滅亡。[10]占婆人在中南半島和馬來半島沿岸及內陸河岸擁有根據地，持續利用這些據點囤積貨物，進行海上交易，最後受到伊斯蘭文化影響成為伊斯蘭教徒。

此時越南的政治實權掌握在黎朝再興派[11]武將鄭氏之手，後來阮氏脫離了黎朝再興派，將據點轉移到越南中部的順化。鄭氏和阮氏南北分立，從一六二七年開始，五十年間雙方交戰不休。越南南北對立時期，阮氏繼續向南部擴張。以農民在擴張過程中取得新田地為基礎，「南進」創造出了越南史的主要架構。

◎上座部佛教的滲透：從緬甸到東南亞陸域各地

上座部佛教滲透到中南半島（越南除外）時，得到諸王的信仰和皈依，並逐步滲透到地方村落，但並沒有破壞原來的在地信仰。泰系諸族一派的寮人十一世紀左右在湄公河的河谷平原、多數的山間盆地及山巒的平緩地帶，建立了幾個小國和地方勢力。一三五三年以龍波邦為中心，建立了第一個王朝：南掌王國（意思為一百萬頭象），十七世紀時一代英傑索林那旺薩王（又譯蘇里亞旺薩）登位，為這個國家帶來了安定與繁榮。[12]

另一方面，緬甸東部邊陲屬於泰人其中一支的撣人掌握穀倉皎克西，一三六三年在曼德勒近郊建立阿瓦王朝（～一五五五年）。下緬甸則是以孟族為中心建立勃固王朝，與印度、馬來半島、印尼海域及中國等地定期通商，為八都馬、勃固及勃生等港市帶來了繁榮。

這時緬甸主要有三個據點，第一是以撣人為中心的上緬甸；第二是以孟族人為中心的下緬甸；第三是蒲甘王朝覆滅後，緬甸人的集結地，位於東南部的東吁。在一五三八年時德彬瑞蒂王（中國史稱莽瑞體）攻陷勃固王朝，平定全緬甸，第三代勃印曩王（中國史稱莽應龍）統一全國之後，征服清邁、阿瑜陀耶及永珍，國家版圖空前擴大，首都勃固盛極一時，繁榮的景象成為旅行家口耳相傳的對象。

民族國家雛形的形成

◎十四世紀到十六世紀：上座部佛教和伊斯蘭教的在地化

東南亞歷史形成的過程中，來自印度和中國的政治、經濟及文化等皆有其影響。例如：伊斯蘭教在南洋群島，上座部佛教則是在中南半島，這兩個從印度傳來的文化核心精神各自在當地社會紮根及發展，兩宗教都沒有破壞在地原來的精靈信仰，而是取代印度教及大乘佛教滲透進當地社會。

地域的統治者或有力者們為了能被賦予新的權威，接收了各種信仰並加以利用，在村莊中建設新的寺院或是清真寺。十三世紀到十四世紀左右，以繁榮誇耀於世的東爪哇海洋王國滿者伯夷因王位繼承問題發生內鬥，國力衰退，勢力範圍縮小。十四世紀末期，則是麻六甲王國興起。[13]

十五世紀時，麻六甲王國進入明朝的保護傘，展開巧妙的外交政策，發揮了連結印度、爪哇、中國等海上貿易中心的功能。中南半島的緬甸勃固王朝因位處連結麻六甲海峽和孟加拉灣的中繼貿易要衝，輸出稻米等物產而興起，首都勃固聚集了來自各地尋求佛法的人們，上座部佛教因此大為擴張。

一三五一年建國的阿瑜陀耶位於三條河川交匯的三角洲，是河港同時也是都城所在地，是集結政治和經濟功能的港市。阿瑜陀耶是一個位於三角洲的內陸河港，昭披耶河、帕薩克河及華富里河等三條河川連接北泰和中泰，陸路與孟加拉灣相接，具有相當良好的建國條件。

十四世紀的東南亞世界

阿瑜陀耶連結南海和孟加拉灣，來自孟加拉灣和南海兩地的物產皆在此地配送，商貿雲集，王國執行王室管理貿易，[14] 阿瑜陀耶王被稱為商人王，投資孟加拉灣和南海的貿易，獨占輸出用物產的買賣。對內則實施絕對王權，任何政策皆以王為依歸；對居民則課以六個月的賦役，繳納實物的話可免除賦役。

十七世紀前半時，阿瑜陀耶的日本人村居住了一千五百位以上的日本人，山田長政（？～一六三〇年）受到頌探王信任，獲得高位，但最後遭到暗殺。發展到十八世紀，阿瑜陀耶開始對外國具有強烈戒心，朝著鎖國方向前進，一七六七年時，緬甸貢榜王朝（一七五二～一八八五年）創立者雍笈牙（Alaungpaya，又譯雍籍牙）派遣遠征軍包圍並攻打阿瑜陀耶，阿瑜陀耶都城遭到攻陷，被破壞殆盡，全數化為瓦礫。這個國家之後被達信將軍[15]（在位期間一七六七～一七八二年）解救，拉瑪一世（一七三五～一八〇九年）時遷都到曼谷。

◎柬埔寨的後吳哥時代

一三五二年時，建國不久的阿瑜陀耶王朝攻擊了當時屬於柬埔寨領土的東北泰地；一三七一年間再度攻擊並攻陷吳哥都城；一四三一年間再度耗時七個月圍攻，吳哥都城再度陷落。

吳哥都城陷落的情形因史料不足狀況不明，但阿瑜陀耶堅持繼續對柬埔寨出兵，迫使柬埔寨於一四七〇年承認泰對柬埔寨具有宗主權。吳哥城陷落之後，首都從金邊、桑多、隆維克、烏棟等地不停地轉變；一七九四年時，柬埔寨的馬德望、暹粒及詩梳風等三州土地被阿瑜陀耶併吞。泰對柬埔寨的宗主權持續至一八六三年。

至於柬埔寨的東部地域，越南人在此時逐步地往柬埔寨東部地域的湄公河三角洲地帶入墾。一六二三年時越南李朝來到柬埔寨所屬的西貢（現在胡志明市附近），使柬埔寨在十八世紀後半處於同屬越南和泰的狀態，柬埔寨的後吳哥時代就是夾在暹羅和越南雙重宗主權之下，危機四伏地存續著，並於一八四一年時被越南（阮朝）併吞。

一八四五年，越南統治下的柬埔寨爆發民眾的抗爭事件，這個抗爭成為柬埔寨再興的契機，從曼谷回國的王位繼承者安東提出了和平的主張，在泰和越南的承認下於一八四七年即位，但因是得到兩國認可而即位，安東也不得不承認兩國的共同宗主權。

◎麻六甲王國的繁榮：亞洲大航海時代

十三世紀左右開始，爪哇化的濕婆派印度教和大乘佛教成為東爪哇新柯沙里（一二二二～一二九二年）和後繼滿者伯夷的立國核心價值。滿者伯夷王國在十五世紀初的王位繼承戰爭（一四〇一～一四〇六年）顯露衰象，導致附屬的地方政治勢力開始脫離。

十六世紀初，滿者伯夷被爪哇北岸的新興伊斯蘭教[16]國家淡目國征服，都城諫義里的殘存勢力也在一五二七年時被擊潰。十二世紀到十三世紀左右海上交易的主導權被來自中國的集團掌控，印度的伊斯蘭商人也慢慢對海上貿易施力。十五世紀初，藉著滿者伯夷朝退出舞台之機，麻六甲王國在馬來半島中央的麻六甲海峽附近建國。

麻六甲王國一開始臣服於阿瑜陀耶，在明朝鄭和七次來航時（一四〇五～一四三三年）也是提供物資的補給基地；另外，搭上歐洲對香辛料擴張需求的時代浪潮，作為連結歐洲—印度—中國的國際貿易港而繁榮，並成為東南亞伊斯蘭教的傳播根據地。蘇菲派（伊斯蘭神秘主義者）進入了伊斯蘭商人的活動地區，麻六甲的當地社會最終信仰了伊斯蘭教。身為交通要衝的麻六甲王國在一五一一年被葡萄牙占領。

島嶼上的伊斯蘭教及陸域上的上座部佛教在民眾間逐漸深根，他們都沒有破壞既有的在地傳統信仰，而是融合之後再加以替換。伊斯蘭教蘇菲派的導師們和上座部佛教的禁慾僧侶們在各地倡導靈魂救贖，並且在大眾面前實施修行。地方的統治者們為了維持地位和權威，積極地擷取具有嶄新及明快教義特色的兩宗教，作為自己政權的後盾。

特別值得注目的是，十五世紀前後開始，各地的民族開始使用自己的語言撰寫法典和記錄歷史。例如，古代有宮廷年代記的《爪哇史頌》（*Nāgarakĕrtāgama*，一三六五年）、古馬來語寫成的《馬來紀年》（*Sejarah Melayu*）與馬來古典文學《漢都亞傳》（*Hikayat Hang Tuah*）一類流傳後世的文本、越南的《大越史記全書》（一四七九年）；完成時代較遲的有柬埔寨《王朝年代記》（*Phongsawadan Khamen*，一七九六年）、與泰國的《三印法典》（一五〇八年）有關而存在的傳統法集成，以及各個王朝史相關的王朝統治史（Phongsawadan）、古文書（Tamnan），或是像緬甸王朝的年代記《琉璃宮大王統史》（簡稱《琉璃宮史》；*Hmannan Yazawin*，十八世紀前半）之類的著作等等……，不勝枚舉。這些史書的完成促使各民族的覺醒，召告著新時代的到來。十五世紀左右開始，東南亞被夾在交易網絡之中，成為南中國到南印度諸港市的東西交易連接道路。

◎國王就是大商人的中世紀東南亞

我們已經對東南亞世界的歷史展開過程，包括特殊的王朝、民族及地域做了介紹，不過這些都是片段性的概論，僅是小菜一碟的記述也說不定。那裡到處都有超越空間及時間的農村或漁村存在，不知其名的小民族在某處生活著，這些住民並沒有在我們所見的歷史敘述中登場過。

十五世紀開始，又是怎樣的東南亞式的時代特色形成，成為歷史發展的重要脈絡呢？我們用世界史的脈絡大致地提示一下。不管現在或以前，東南亞各國皆是以農業作為經濟基礎。概要地說，擁有一定範圍統治領域和統治民眾的王朝在三角洲的岸邊誕生，因在腹地實

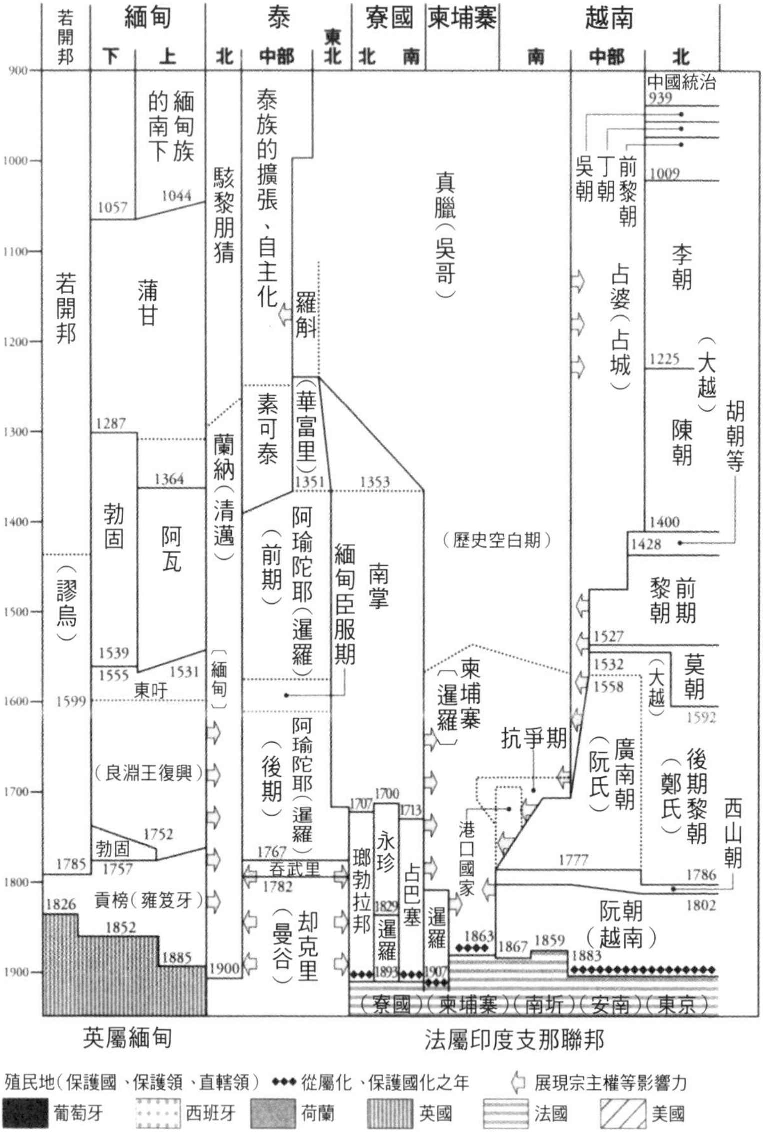
若開邦
緬甸
下
上
泰
北
中部
東北
寮國
北
南
柬埔寨
越南
南
中部
北
900
1000
1100
1200
1300
1400
1500
1600
1700
1800
1900
緬甸族的南下
1057
1044
蒲甘
若開邦
1287
1364
勃固
阿瓦
（謬烏）
1539
1555
1531
東吁
1599
（良淵王復興）
勃固
1752
1785
1757
1826
貢榜（雍笈牙）
1852
1885
駭黎朋猜
蘭納（清邁）
（緬甸）
1900
泰族的擴張、自主化
羅斛
素可泰
（華富里）
1351
阿瑜陀耶（前期）（暹羅）
阿瑜陀耶（後期）（暹羅）
1767
吞武里
1782
却克里（曼谷）
緬甸臣服期
1353
南掌
1707
1700
1713
永珍
琅勃拉邦
占巴塞
1829
暹羅
1893
暹羅
1907
真臘（吳哥）
（歷史空白期）
柬埔寨（暹羅）
抗爭期
港口國家
1863
1867
1859
1883
中國統治
939
1009
吳朝
丁朝
前黎朝
李朝
占婆（占城）
1225
（大越）
陳朝
胡朝等
1400
1428
前期黎朝
1527
1532
1558
莫朝（大越）
1592
廣南朝（阮氏）
後期黎朝（鄭氏）
西山朝
1777
1786
1802
阮朝（越南）
（寮國）（柬埔寨）（南圻）（安南）（東京）
英屬緬甸
法屬印度支那聯邦
殖民地（保護國、保護領、直轄領）
從屬化、保護國化之年
展現宗主權等影響力
葡萄牙
西班牙
荷蘭
英國
法國
美國

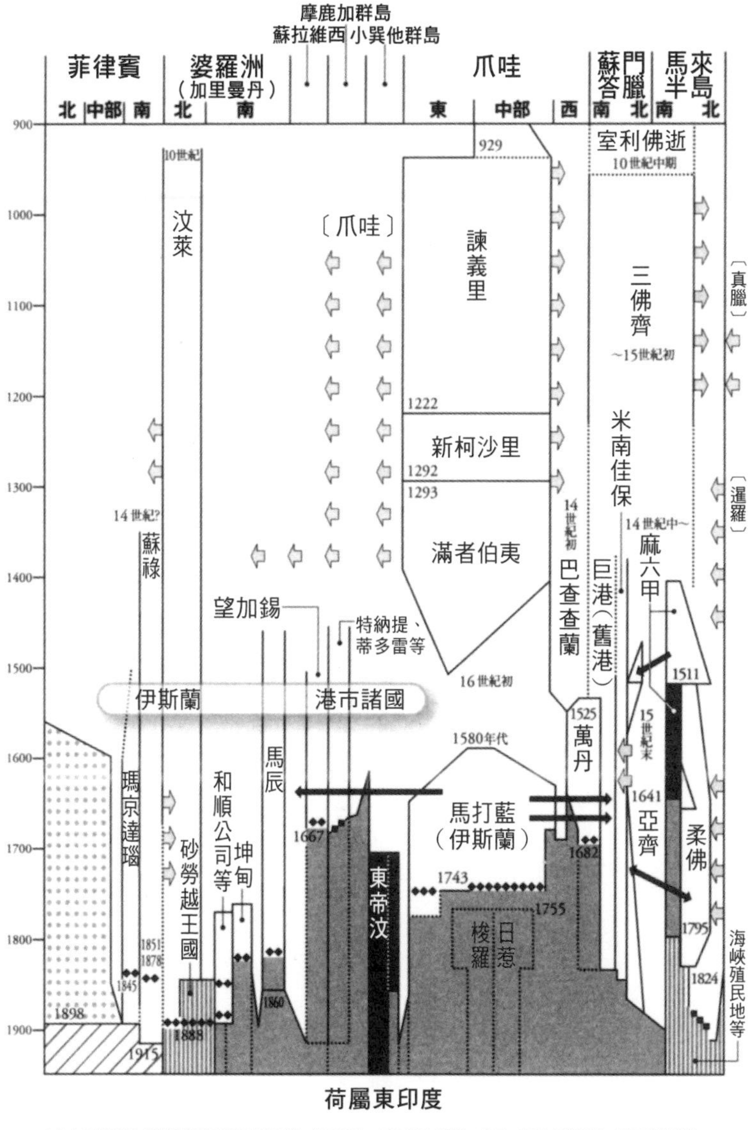

由桃木至朗等編《新版 認識東南亞的事典》（平凡社，2008年）增補、修正。原圖由富田曉、岡田雅志製作。

東南亞各國的興亡（900~1945年）

施農耕使得人口增加而繁榮，王朝的盛衰由此開展。

農業生產創造出高密度人口，歸因於水稻耕作，以及藉助地域居民之力建造堤防、運河、儲水池、輪中等灌溉設施，這些設施超越地域範圍，統合各人力集團的同時，灌溉工事帶來的另一個效果，就是確立地方王權的基礎，並進一步發展。

王朝的發展不管如何都會加重住民的負擔，他們必須承受全部的租稅和徭役。如果王朝要求的租稅和徭役過重，住民就會群起反抗，但住民的反抗沒有成功過。

十五世紀開始到十七世紀，新的王朝在東南亞各地依序建立，這與經濟基礎的擴充，以及因大航海時代而興起的交易網絡擴大有關。例如：在阿瑜陀耶王朝的君主制度統治下，自然經濟比貨幣經濟來的有利。國王掌握了所有的財富和軍事；商業長官是庶民，只有特定權限；商人資本儲備額不夠，無法獨立活動，只能位居社會底層，從事貿易的被統治者無法形成中產階級。

王權過度強化帶來的規則和限制妨害了通商自由，統治者創造了特定商品的專賣制度，增加租稅和關稅的稅額，獨占原料的輸出權。在這樣的情勢之下，經由通商活動所賺取的巨大財富，無法蓄積成資，最後只能轉化成統治者和貴族的奢華生活和華麗王宮，以及用金箔建造的大伽藍。

那麼，十五世紀的歐洲是怎樣的呢？對比於亞洲世界，確實物質文明發展相當遲緩，但是大約從十七世紀到十八世紀開始，歐洲致力於發展產業革命，技術累積的同時，棉織品機械化成功帶來了經濟的爆發成長。這是掠奪印度等國家的資源帶來的成果。

相對於歐洲，東南亞則是持續存在舊體制的專制保守主義，對技術開發和新思潮施加諸多限制而導致停滯不前。技術低落和思維裹足不前正是導致東南亞無法前進的主要因素；加之，人口增加和開墾用地也達到臨界點。在接下來的十七世紀到十九世紀，歐洲以武力鎮壓亞洲諸國尋求利權，不停爆發爭奪戰爭，企圖徹底掠奪當地資源。歷史絕對不等人，這是東南亞的人們在歷經殖民地經驗後才體認的現實。

歐洲人的到來

◎十七世紀到十九世紀：尋求市場

十七中葉時歐洲人在南洋群島尋求的物產主要是胡椒、肉豆蔻及丁香。荷蘭東印度公司等殖民勢力利用強權，與地方統治者（蘇丹）簽訂專賣契約，確保能夠獲得安定且便宜的價格。在南洋群島到手的香料用來交換印度的織品和棉布及中國的瓷器和絲織品。

荷蘭以強權統治柔佛、麻六甲及巨港，將雅加達改名為巴達維亞，作為在亞洲地區的根據地，一六八〇年代時確定了在東印尼及爪哇島、西部島嶼地區海域的交易獨占體制，不僅如此還握有領土統治上的實權，一七七七年起確立了包含爪哇東部的爪哇島全島的統治權。十八世紀後半開始，為了與歐洲其他國家競奪利益，更強力實施強奪專賣契約制度。

美國獨立戰爭使荷蘭東印度公司遭受打擊，支持美國的荷蘭海軍遭到毀滅性的敗北，失去了船舶和通商活動的機能，導致英國藉機得到制海權。一場產業革命使歐洲和亞洲的關係產生與上個世紀截然不同的根本性變革，英國大量生產的商品轉賣到印度各國得到莫大利益，確保了在亞洲的市場。

持續進行產業革命的英國和法國向巨大的中國市場尋求商品銷售通路，兩大勢力在中南半島建立根據地，使東南亞開啟了帝國主義時期的序幕。英國從戰略考量出發，為了保證印度的東北邊境安全，鎖定緬甸作為發展的目標，在第二次英緬戰爭時（一八五二年）併吞下緬甸地域，從位於內陸的宮廷奪取了通往海洋的出口。

結果，英國對泰國施加壓力，於一八五五年簽訂了《鮑林條約》（Bowring Treaty，又稱《英暹條約》），使英國的治外法權受到認可。因此，泰國便在近代國際秩序之下，被納進了世界貿易體制當中。法國關心的是對越南的權益。一八六九年時蘇伊士運河開通，此後不必經由巽他海峽，只要利用麻六甲海峽就可抵達中國和日本，成為一條重要的航路。

十九世紀末期，新的帝國主義美國在東南亞登場，美國從西班牙得到了菲律賓諸島的委讓權，動用了七萬名士兵，歷經四年戰爭才完全征服菲律賓。二十世紀初期的東南亞，是英國、美國、法國和荷蘭分割的局面，僅有泰國能夠保有獨立的地位。

◎十九世紀到二十世紀：反外國運動的展開

歐洲帝國主義入侵促使王朝高階官員奮起，在地域住民的支援下展開大規模的反外國運動。然而，抵抗勢力與帝國主義的戰力有著明顯差距，也不是民族全體參加，終究一個一個被擊潰。二十世紀為止，無可動搖的歐美殖民地統治鎮壓了多數的反抗和叛亂，帝國主義國家確定統治權的同時，為了進一步榨取，開始進行投資開發事業，朝向謀求政治安定和有利可圖的殖民地建設邁進。

特別是資本的投入和經濟作物的開發，創造了以往未曾有過的新社會階層，這個新社會階層可能從事商業或家庭工業，或是輔助殖民政府當局的小官吏、教員、技術員，也可能是熱帶栽培業或礦山的勞動階級。他們站在反歐美帝國主義運動的前端，不停地進行民族運動，體悟到為了與歐美對抗，必須學習歐美的理論及手法。

亞洲民族運動的先驅們熱心鑽研歐美科學，「近代化」的精神讓他們拒絕回顧以往落伍的時代。日本在一九〇五年於日俄戰爭中獲得勝利；在中國有康有為和梁啟超的變法、自強運動，乃至於一九一一年爆發辛亥革命，孫中山的「三民主義」等，莫不將其影響力滲透到東南亞。在印度國民會議派強力地推進獨立運動，新的社會階層們默默的研究歐美偉大思想家的學說，醉心於美國獨立宣言、法國大革命的精神、承認民族自決，甚至是馬克思列寧主義。

當地人對知識的渴求與誕生不久新的社會階層者相呼應，隨著貿易發展，舊型態的低技術生產方式失去機能，終於使東南亞在歐美市場中被淹沒。

第一次世界大戰使西歐列強疲弱，東歐民族國家登場及一九一七年十月的俄國革命帶來了民族主義政黨的大幅崛起。一九三〇年則是經濟大恐慌影響亞洲的一年。

1 「喔呋」又譯「奧埃奧」（OcEo）位於越南迪石市附近，這裡曾出土東羅馬銅幣、印度神像等物。但是「OcEo」不是在湄公河出海口的三角洲地區。在扶南、真臘或吳哥時代，進入金邊、洞里湖或吳哥地區，古代的帆船都是從湄公河河口進入，其他地區沒有大河口可進入高棉內地。

2 據法顯《佛國記》所載，當時在船上的乘客都是婆羅門商人。法顯是在三九九年從長安出發，去印度留學十二年後，於四一二年從師子國（斯里蘭卡）坐船到東南亞的耶婆提（大概在蘇門答臘南部或爪哇西部）候船回廣州。法顯說：「其國外道，婆羅門興盛，佛法不足言。停此國五月日，復隨他商人大船，上亦二百許人……趣廣州。」也就是說此時已有定期航班從耶婆提至廣州。

3 達耶其達亞城即是卑謬古城（在卑謬東南八公里），是驃國六至八世紀的首都，該國在中國史中又稱室利差呾羅（Sri Ksetra）。驃國早期（一～五世紀）的首都是在毗濕奴城（卑謬北部的馬圭縣）。九世紀後，驃國已往北遷至曼德勃以北的汗林（實階省瑞波縣），最後為南昭攻滅而亡國。

4 陀羅缽地國又譯「墮羅缽底國」。中國史稱「墮和羅」或「投和」。

5 一〇七一年緬王阿奴律陀派孟族僧人去錫蘭學習。自此，錫蘭上座部佛教（小乘佛教）進入東南亞地區。

6 素可泰在中國史中稱「速古台」。清邁亦稱蘭那王國，中國史稱「八百媳婦國」或「女王國」。滿者伯夷在中國史中稱「麻喏巴歇」。

7 暹羅一名是明洪武九年（一三七六年）明太祖賜予其國，之前暹羅是以「暹羅斛國」來明朝貢。在元朝羅斛國和素可泰（暹國）分別來中國朝貢，而羅斛國首都在烏通（Uthong），烏通王為了制衡素可泰，將女兒許配與北方清邁泰王族一名王子。這名王子其後繼位為烏通王又征服了素可泰，遷都阿瑜陀耶城，自稱「暹羅斛國」向明朝入貢。

8 南掌王國，中國史稱瀾滄王國，越南史稱哀牢，即今之寮國。

9 陳朝為胡季犛篡位建立胡朝，引起明朝干預，出兵占領了越南二十一年，因反抗不斷，明軍於一四二八年退出越南，越南抗明英雄黎利建立新王朝，史稱黎朝或後黎朝。

10 因為明朝干預，越南允許歸還邦都郎（賓童龍即今潘郎）一縣之地給占婆人，保留占婆王朝的香火傳承。

11 黎朝一度為莫登庸篡位自立，鄭阮二家扶持黎朝後裔進行復國戰爭。復國後，大權掌握在鄭氏手中，史稱鄭主。阮氏藉鎮壓順化動亂，長駐不歸，自稱廣南國，以會安為國際貿易中心。

12 寮國在一七〇七年後分裂為三王國：鄉勃拉邦、永珍（萬象）、占巴塞。

13 麻六甲又譯馬六甲，中國史稱滿剌加。自三佛齊給爪哇滿者伯夷滅亡後，三佛齊王子拜里迷蘇剌輾轉流亡至麻六甲定居。剛遇上鄭和下西洋，以麻六甲為外府（基地），自後麻六甲成為國際貿易中心。

14 暹羅王室委託華商從事對中國的朝貢貿易，以及代理皇家對東南亞各國的貿易。也就是說，自十六世紀後華商壟斷了暹羅的對外貿易。

15 達信又稱披耶達信。有華人血統，父親是華商，自幼送入皇宮當衛士，長大後出任達府太守。緬甸攻佔阿瑜陀耶城，王族淪亡。達信號召及組織軍隊攻回阿瑜陀耶城，將緬甸軍驅逐出境，恢復國家獨立，遷都曼谷湄南河左邊，建立吞武里王朝，成為中南半島霸權。晚年在一場動亂喪命，手下大將軍却克里乘勢而起建立却克里王朝，將皇宮遷往湄南河右邊，史稱曼谷王朝。又向清朝入貢，自稱鄭昭（鄭信）之子鄭華，日後歷代泰皇都有一中文姓名。如二〇一六年新泰王拉瑪十世瓦吉拉隆功，其中文姓名為鄭冕。

16 新興伊斯蘭教是指蘇菲教派，具有神秘主義色彩，透過冥想及導師能與阿拉接觸，十六世紀後甚受馬來群島人民歡迎。

第二章
吳哥王朝的發現故事

吳哥寺的門廊　由博物學家亨利・穆奧（Henri Mouhot）所繪。

再問一百五十年王朝研究史

◎該如何解釋吳哥寺的歷史？

不管是誰站在吳哥寺面前都會不自覺地湧起疑問，是誰蓋了吳哥寺？什麼時候蓋的？為什麼要蓋？這是很自然的事情。那麼，關於吳哥寺，史料上記載了什麼資訊？讓我們從這裡開始說明。

首先，當時的柬埔寨並沒有紙，是用一種椰葉製作成的「貝葉」作為紙的功能。貝葉從印度傳來，典籍、王的命令或各種記錄都會書寫其上，至今上座部佛教的經典也會使用貝葉書寫。當時的人使用這種貝葉書寫任何事物。然而，貝葉的缺點在於不易保存，因為貝葉是由椰葉所製成，容易被小蟲啃食。為此，當時的人們不斷地重複謄寫副本，即使如此仍因為戰爭及長年的蟲害，書寫的內容還是全部佚失，並未留下任何記錄，後人也就無從得知那究竟是個怎樣的時代。

其次，當時許多人因慘烈的戰爭失去生命，這段歷史卻完全被忽略遺忘。東南亞陸域的戰爭，通常是誰有力量誰就是正義，每場戰役都是攸關王朝或民族存亡的激烈消耗戰。不僅以統治者為首的高官、官吏及神職人員各個死於戰爭，村民也因被徵用作為兵員而戰死沙場，存活者則被敵軍俘虜。當時人力相當珍貴，戰俘會被帶去從事興建寺院、開闢運河等勞役工作，許多人因此一去不回。特別是一三五三年起，阿瑜陀耶王朝和吳哥王朝爆發數次大規模交戰。一四三一年時阿瑜陀耶包圍吳哥都城，雙方展開近距離肉搏戰，這場非死即活的戰事將吳哥王都化為一片瓦礫。不過因吳哥寺位於距離都城一點七公里外的南方，並未受到戰火波及。

第三，當時的碑文史料雖然不能說相當充足，但某種程度上卻成為開啟這段被遺忘歷史的鑰匙。所謂的碑文就是雕刻在寺院、祠堂的石板、石柱或側壁上的石刻文字，是由王或高官用梵語或高棉語所書寫的一種奉獻記錄。碑文中記錄了怎樣的歷史呢？歸納來說，有對神佛的皈依、奉獻，以及對王的讚辭，文末會用咒文做為總結，內容充滿宗教色彩。詳細地解讀碑文內容，可以抽絲剝繭地理出往日柬埔寨的概況，可惜內容幾乎沒有提到當時社會。碑文又常僅有片段文字或是特殊文書，難以全面解讀；加以碑刻面剝落處甚多，使得解讀工作更為困難。

第四，中國的文獻將吳哥寺的歷史作了部分的補充，對解讀古代、中世時期柬埔寨的歷史發揮了很大的功能。中國以前稱東南亞為「南蠻」，正史中收錄不少相關的現地見聞錄和傳聞情報等。特別是有許多關於前吳哥時期「扶南」和「真臘」的記錄，這些史料以中國人的觀點看東南亞當地社會的日常生活，作為第三者觀察的史料，發揮不少功用。雖然將東南亞稱為南方的蠻族具有偏見色彩，但其中也不乏以外國人觀點客觀地點出足以令人信服的記錄和論述。特別是跟隨元朝使節在十三世紀末訪問吳哥王朝的周達觀所撰寫的《真臘風土記》，是理解當時柬埔寨社會的一手資料，本書對於柬埔寨歷史的理解上也引用了許多《真臘風土記》的內容。

◎西歐人的最早發現

阿瑜陀耶王朝在吳哥都城陷落後仍數次出兵柬埔寨，一四七〇年柬埔寨方面終於承認了阿瑜陀耶的宗主權。

十六世紀時葡萄牙人柯德有這麼一段記錄：

剛好是一五五〇年還是一五五一年時的事，柬埔寨的王為了狩獵一頭大象闖進入茂密樹林的深處。（中略）王的隨從們一面劈開茂密的樹林一面前進，無意間撞見了巨型建築。建築連內部都長滿了繁茂的樹木，想進也進不去。（B・P・葛羅利耶，《從西歐發現吳哥王朝——水利都市吳哥的繁榮與沒落》，聯合出版，一九九七年）

因為這樣，高棉人首次發現了自己祖先遺留下來的痕跡。

關於這段「發現」吳哥的歷史，當時的西班牙人和葡萄牙人有更詳細的報告：「讓人更吃驚的是，沒有任何當地人住在這座都城裡，裡面只有野獸和猛獸而已。」

根據當地的中世紀碑文史料記載，一五四六年開始到一五六四年間，安贊一世下令在未完成的吳哥寺北迴廊和東迴廊上繼續進行浮雕工程。此階段的高棉雕工明顯地受到來自阿瑜陀耶王朝的暹羅美術影響。

一五六九年到一五八四年的十五年，是緬甸東吁王朝君王勃印曩攻占阿瑜陀耶都城的階段。這段期間對東埔寨來說，剛好對暹羅停戰，是一段難得可以享受和平的時光。

安贊一世的孫子哲塔王（又譯薩塔王）在位時（一五七九～一五九五年）移居到舊吳哥都城，有時也會在吳哥城停留。中世紀的碑文中，記載著王「將這些寺院依照以前的模樣復原」，然而這些修復作業以現今的標準來看，進行的相當粗糙，令人無法接受。不過，哲塔王為了恢復吳哥地區以前繁華的景象，下命進行水利灌溉的工程。根據柯德的記載，這樣的措施使吳哥城內的小運河逐漸地恢復了功能。

後吳哥時期的君王們將首都遷往金邊等幾個地方，但國勢愈來愈弱，對他們來說，重要的課題就是如何擺脫來自阿瑜陀耶王朝的壓力，連思考如何奪回偉大的吳哥帝國並重建的時間都沒有。但十六世紀開始，吳哥寺作為上座部佛教的聖地及巡禮之地，在國內外的評價又高了起來。不知何時開始，在朱印船時代的日本人航海者中，流傳著吳哥寺是祇園精舍的說法，甚至傳到了遠方的日本。祇園精舍是指西元前六世紀左右，興起於印度恆河中游拘薩羅國之僧侶起居的住所，據傳佛陀曾在那裡講過佛法。當時的日本人時空錯置，將吳哥寺過度想像成是祇園精舍的遺跡。

在發現吳哥寺的過程中，還發生一件觸動人心的故事。十九世紀中葉左右，當時在馬德望的法國人神父布易孚（Charles Emile Bouillevaux）曾經在他的遊記中提起

亨利・穆奧（左）與吳哥寺　將吳哥寺介紹給世人的亨利・穆奧，被稱為是「吳哥的再發現者」。右圖為一八六〇年時所繪。

吳哥窟的存在。但事實是神父雖然知道遺跡的存在，但並沒有公諸於世，也不知道這個遺跡的歷史價值。

同樣是法國人的博物學者亨利．穆奧從泰國的尖竹汶搭乘小船抵達貢布，經由金邊到訪吳哥。他在一八六〇年一月二十二日抵達暹粒並停留三週，親自來回考察附近遺跡。特別是對於以尖塔、迴廊及樓梯組合而成的莊嚴吳哥寺，他根據遺跡精巧的楣石和破風[1]，以及秀麗的浮雕和雕刻，推斷當時的文化水準相當高。穆奧以其學識看出了吳哥遺跡的重要性，而向世界介紹這批壯麗的石造建築群和美術作品，被稱為是「吳哥的再發現者」。對此引來布易孚的抗議，他宣稱自己才是最早向西歐世界介紹這批遺跡的發現者。

◎著迷於吳哥的男人們——以碑刻學開始

穆奧來訪四年之後，德國學者巴斯提亞也來到吳哥，他立刻察覺吳哥遺跡是古代柬埔寨帝國重要的舊都，尤其關心牆上雕刻的碑文可能傳達當時歷史，他嘗試解讀並翻譯裡面的內容但功敗垂成。儘管如此，他是第一位認為碑文可以利用來作為解明柬埔寨歷史的學者。

法國對柬埔寨懷有帝國主義的野心，原因之一是想貫徹對法屬交趾支那（現在的越南南部）的統治，柬埔寨正是其腹地，為此，法國派遣軍艦到湄公河，並對柬埔寨施壓，兩國終於在一八六三年締結了保護條約。

法國還企圖經由湄公河開拓對雲南的通商道路。一八六六年到一八六八年，法國的拉格雷海軍上尉擔任隊長，展開對湄公河流域的大規模調查，結果雖然因為沿線佈滿淺灘和瀑布，放棄了原本打算溯湄公河而上的通商路線，調查隊卻帶回許多重要的調查報告，成為日後成立法屬印度支那的契機。

該調查團是世界第一批以黑鉛拓印柬埔寨碑刻史料，製作成複本並帶回國的研究團隊。因拉格雷（Doudart de Lagrée）海軍上尉驟逝，最後由安鄴（Francis Garnier）完成歸納，將結果出版成報告書。報告書記錄了從吳哥寺、巴戎寺、羅雷廟及聖劍寺等五處遺跡拓印下來的碑文，那是柬埔寨碑文首次出現在西方世界。德拉波特

拉格雷調查團所描繪的巴戎寺（引自 Delaporte, *Voyage au Cambodge,* 1880）

（Louis Delaporte）回想初次看到吳哥寺的情景，對高雅的吳哥藝術深深地感到著迷，稱那是：「超越最壯麗的夢境的存在。」

◎碑刻史料中記錄了什麼？

碑刻史料大多被雕刻在厚實的石板及石柱，或者是建築物入口側壁面及門柱上。碑刻石柱或石板大約高一至三米，橫幅有零點五至一米左右的大小，大多設置在寺院的塔門和入口處，此外楣石、鋪石、壁面、石柱、迴廊、重複使用的石材、雕像背面或基座上也可能刻有文字。

稱為柬埔寨碑文的碑文是以古高棉語、梵語、巴利語、近代高棉語及孟族語等語言由左上橫式書寫而成。一九七〇年時登錄在案的一千零五十個碑文中，半數高棉語碑文，其次為梵語碑文，以及高棉語及梵語兩語並陳的碑文。碑文短則一行，長則達五十行，最長的碑文是變相廟（Pre Rup）碑文（梵語，K．八〇六）多達二百九十八節。碑文年代約橫跨六世紀到十九世紀，大部分完成於吳哥全盛時期的九世紀到十二世紀左右。

碑文屬於孟族及高棉語族語系，碑文雕刻者為當時的王、貴族、高官、婆羅門、有力者，或地方首長。內容多是對諸神佛的歸依、事蹟及捐獻，也有對祖先的景仰和對王的讚詞。梵語的碑文主要是對神佛的祈求文，也有對王、高官的系譜或是其品德的描述，最後用咒語進行總結，不論是哪種內容都充滿了強烈的宗教色彩。

古高棉語的碑文記載著王的命令、捐獻財貨的目錄、捐獻者的名單、土地的界線、田地的交換、共有權或專有權等，主要為日常生活事項的記錄，內容卻常常前後不吻合，僅為隻字片語。不僅如此，因石面剝離或是破損之故，內容多難以判讀，關於當時社會的描述也很少。幾乎所有碑文都會談及宗教布施，或是統治者位於權力頂端，如何一手掌控天下。不管如何談論的都是王、王族，或是與王的政務直接關

吳哥王國與碑文、遺跡分布圖

連之人。

柬埔寨碑文的解讀作業開始至今已經一百六十年，為了建構正確的歷史，來自歷史、語言、考古、美術、建築等各個領域的專家相繼投入考證工作，針對發現提出假說，累積了可觀的研究成果，但不論是就王朝史、美術或是宗教等領域來解讀，僅能看到片斷而無法窺其全貌。

法國的東亞研究權威喬治・賽代斯（George Cœdès）是率先精闢柬埔寨碑文的泰斗，一九六六年時完成一千件碑文的解讀和整理；三十八年後的二〇〇二年八月，在暹粒由法國遠東學院舉辦了「柬埔寨碑文會議」，有來自法國（法國遠東學院）、柬埔寨（文化省和APSARA）、日本（上智大學）及泰國（泰國藝術大學）在內，約二十名的相關學者出席。會議上公開並介紹二百五十個新發現的碑文，並賦予與之前柬埔寨碑文一樣的K記號，多了到K・一二五〇為止的編號。從柬埔寨碑文發現數量的推移來看，一八九〇年有三百八十個，一九三七年增加了八百七十六個，至一九七〇年時總數為一千零五十個。不久的將來，法國遠東學院列出的追加清單和解題也會正式出版。

吳哥發現作業的故事

◎砍伐密林和除去土石，以及莫夏凱的奉獻

一八九八年，「印度支那考古學調查委員會」在印度支那總督府中成立。從這個名稱來看，該會的研究對象並非僅有考古學，也涉及遺跡、遺址，甚至文化財的調查研究。吳哥遺跡群更是重要的調查對象。一九〇〇年一月之後委員會改稱為「法國遠東學院」[2]，學院的創立在某種意義上，代表著對吳哥王朝的研究開始邁向組織化。

吳哥遺跡藏身在柬埔寨的叢林最深處，被深埋在地底者也不乏多處。這些寺院沒有一間例外，皆是在蓊鬱茂盛的叢林中被發現。法國的資料顯示，遺跡調查和保存修復作業並不徹底，預算和研究人員也不足，生活條件更是談不上優渥。

一九〇七年三月二十三日，在法國施壓下，根據《法暹條約》割讓給暹羅的馬德望、詩梳風及暹粒三地，又歸還給法屬柬埔寨。一九〇八年七月十四日柯梅爾被任命為吳哥遺跡首位保存官，他在一九〇七年來到吳哥，是殖民地政廳的正式職員，負責進行保護遺跡的必要作業，例如去除雜草等工作。柯梅爾也是探索建立吳哥寺的君主是誰，以及為了什麼目的而

建立的人之一。

柯梅爾最初的工作就是保存吳哥寺。當時在寺廟境內有幾戶耕作旱地的農家，迴廊旁邊有一個牛棚。比起其他遺跡，吳哥寺的保存狀況算好，因為至少是有八百五十年悠久歷史的壯闊寺院，來訪者和參拜者始終絡繹不絕。通過吳哥寺的第一塔門，對著本殿的參道途中被設置了兩座上座部佛教的寺院。柯梅爾首先挪開這兩座寺院，砍掉包圍寺院周圍的椰子林，創造一個沒有遮蔽物，視野良好的空間。接下來，他移除掉院內長期累積的大量土石。現在的參道和十字型的戶外空間，過去是被掩埋在與它們幾乎一樣高的土石中。

柯梅爾在當地的生活條件差強人意，辦公室兼住宅位於吳哥寺參道附近，是一

巴戎寺的四面佛尊顏塔　遺址的第一任保存官柯梅爾為其除去土砂，並且補強結構，使石材不再繼續崩落。

班迭絲雷廟　取代柯梅爾擔任第二任保存官的莫夏凱盡力將其復原。

間高棉式家屋，蒿草鋪成的屋頂，椰葉製作的牆壁，用樹液做成的油燈照明。夫人的琴藝高超，悠揚的琴聲常吸引周邊村民駐足欣賞。

柯梅爾接著將重心轉移到吳哥城的巴戎寺，剛開始同樣進行寺院土石去除作業，接著補強多處坍塌的四面佛尊顏塔，並且防止再度發生落石。一九一六年四月二十九日，柯梅爾在前往暹粒途中被強盜集團殺害，現在長眠在巴戎寺旁，有一個小小的紀念碑記錄著他的故事。

繼承柯梅爾遺志被任命為保存官的是莫夏凱，他將長達十七年的青春獻身於遺跡調查、保存、修復及研究工作，即使是熱帶氣候的酷熱天氣也沒有讓他放棄。莫夏凱是一位出色的保存官，窮盡一生歲月保存吳哥遺跡，雖因和夫人離婚而無法享受家庭生活，對保存吳哥遺跡卻當仁不讓，被世人稱譽為：「莫夏凱在哪裡，吳哥就在哪裡」。一九二三年時，一位年輕作家馬爾羅（André Malraux）盜取了班迭絲雷廟[3]的女神像。為此，莫夏凱之後從一九三一年開始耗費六年的時間修復班迭絲雷廟，他利用一九三〇年時在爪哇從荷蘭人遺跡保存官學到的「原物歸位法」，在兩個石材的破裂面上穿過鐵筋，成功地連接修復。因莫夏凱的努力，這座被稱為「華麗的吳哥至寶」的寺院才得以存留至今。

二次世界大戰之後暹粒治安敗壞，沒有人願意擔前來擔任保存官，一九四八年他再次前往柬埔寨修復吳哥寺，並擔任保存官長達數個月，那時他已高齡七十二歲。莫夏凱一直留在柬埔寨，在吳哥附近買了一個家，與柬埔寨女性再婚。我在一九六一年訪問吳哥遺跡時，八十五歲的莫夏凱仍然健在，他帶我探訪班提色瑪寺的遺跡，告訴我許多他的心路歷程。一九七〇年四月，莫夏凱以九十四歲的高齡辭世。

◎碑文解說和保存修復作業

一九〇七年時暹羅歸還給柬埔寨、包含暹粒的西北部三州，是古代柬埔寨王國的中心版圖，這三州的歸還使吳哥時代歷史的調查研究有了飛躍性的進展。不僅如此，上一個世紀末開始的梵語碑文解讀也累積了可觀的成果。法國遠東學院在當地的遺跡調查、發掘及修復作業，有數百位成員參與；隨著工作進行，碑文的發現量也增加，使得遺跡的年代和各君王在位時間更加被確定，年代不明的遺跡也從美術樣式的研究中估算了相對應的時代。

就這樣，隨著碑文的發現數量增加，眾多關於古代柬埔寨地理、歷史及宗教等各領域的假說也跟著建立起來。光輝的吳哥王朝，其神祕面紗漸漸地被撥開，屬於它的榮耀歷史已經被確定。

一九〇一年創刊的《法國遠東學院紀要》（略稱BEFEO）刊載了關於柬埔寨碑文研究的論著，也發表多篇關於柬埔寨古代史的研究成果。首先，它連載了奧古斯特·巴爾德的梵語碑文考察論文，以及法國遠東學院院長路易·飛諾的碑文註釋研究；進而，集柬埔寨碑刻學大成的泰斗賽代斯在大學入學考試剛結束的十九歲時，就投稿了他的首篇論文〈拔婆跋摩二世的碑文〉，一鳴驚人展示了他部分的才能。賽代斯在學成之後，花費長達六十年的光陰獻身於碑刻研究，努力地翻譯原本僅有少部分被解讀的古高棉語碑文，對古代柬埔寨歷史的復原和建構貢獻卓著。

延續上個世紀的研究成果，培爾蓋諾和巴特編輯的《占婆·柬埔寨梵語碑文集》和碑刻史料《柬埔寨碑文集》也出版了。賽代斯則撰寫了全八卷的《柬埔寨碑文》，第一、第二、第三卷是碑文的解題和轉寫為羅馬字的文本及法語翻譯，第四到七卷收錄新發現的碑文，第八卷則是索引和碑文清單。

◎安德烈・馬爾羅——從「盜挖」到「王道」的研究

如果要問柬埔寨的研究進展到哪裡，它的研究雖然終於迎向一百五十年歷史，但相對其他學術領域來說還是較為年輕，與超過一千年的佛學研究或中國研究仍存在著相當大的差距。

對柬埔寨和吳哥的研究始於一八六六年，從這年開始的三年間，拉格雷海軍上尉領導的調查團對湄公河流域展開調查，如同前面所提，調查團將柬埔寨的碑文以黑鉛製成拓本後，帶回法國。之後，長年著手進行主要遺跡的保存修復作業後，慢慢地發表考古現場得到的「新知識」，並提出幾個假說。同時也持續地進行碑文的解讀作業，逐一修正遺跡的建立年代。資料集成、調查報告、學術研究及刊物等不斷地出版，受到各界討論，各種假設得到歸納。法國遠東學院在考古現場得到的新知識不斷地累積，厚重的研究成果多數也成為定論，就結果來說，終於建構了百餘年的吳哥王朝歷史，卓越的學術貢獻獲得高度評價，許多建立的假說也維持至今。

在此，以法國作家同時擔任過文化部長的安德烈．馬爾羅（André Malraux，一九〇一～一九七六年）的事件來舉例說明：一九二三年時他盜挖了吳哥遺跡班迭絲雷廟的女神蒂娃妲（筆者曾經於一九八一年時為她取名為「東方的蒙娜麗莎」），因此遭判監禁，由於因為他積極上訴最後被判以緩刑。一九三〇年時，他將盜挖的經驗寫成小說《王道》公諸於世。小說中提到，吳哥王朝擁有交通幹道「王道」，縱橫在密林當中，村民們利用王道穿梭各地。這僅只是小說中的情節而已，但一九九三年的巴黎和平協定之後，關於柬埔寨的調查和研究有了飛躍的進

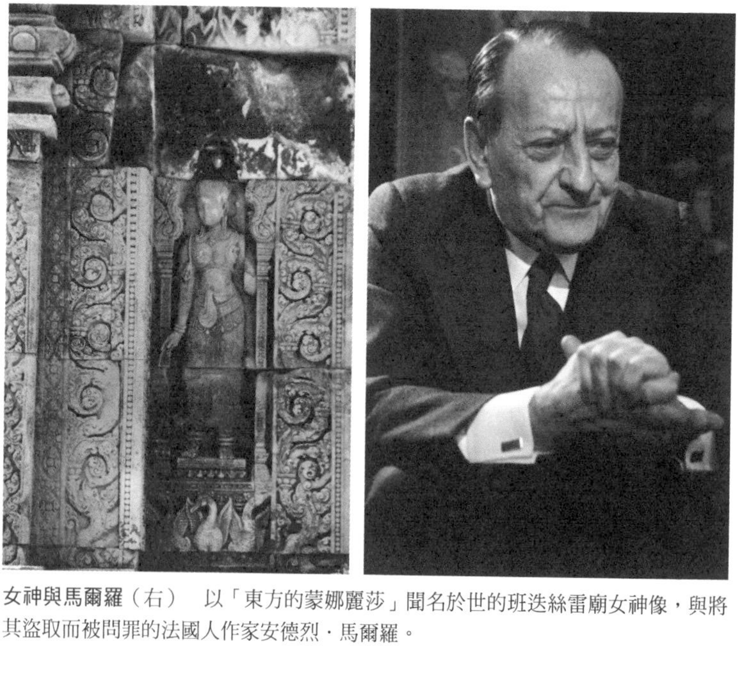

女神與馬爾羅（右）　以「東方的蒙娜麗莎」聞名於世的班迭絲雷廟女神像，與將其盜取而被問罪的法國人作家安德烈．馬爾羅。

展，以前的王道逐一被發現，證實了吳哥王朝全盛時期的十二至十三世紀，串連國土的王道使得東南亞陸域「條條大路通吳哥」。雖然小說是虛構的情節，但所有人都佩服馬爾羅的銳眼。

不過，關於連接王道的「石橋」的存在，其實很早就曾被提及。一八八〇年阿爾曼提到：「曾經有一座巨大建築物……（中略）……存在著長期致力於維護連結主要地方都市道路的時代。」他也提到了王道的存在。馬爾羅或許是因為在出版社幫忙編輯事務，所以才得到石橋和交通幹道的資訊也說不定。柬埔寨境內，現在約有六十五個地點被發現有石橋的存在。

◎七個假說的修正和科學的驗證

柬埔寨以吳哥寺為首的石造伽藍群規模非比尋常，所在地範圍廣闊，寺院、祠堂及蓄水池，全都密布在吳哥遺址的範圍當中。十九世紀中葉時吳哥遺跡群被世人發現而舉世聞名，人們開始解讀這座巨大的伽藍述說著什麼故事，新的傳說和假說及猜測此起彼落地不斷流傳。被擺放在遺跡裡的優美雕像、纖細的浮雕及裝飾也擄獲了人們的心，成為美術鑑賞的目標，但世人對遺跡開始懷有心思，竊盜也就增加了。

無論如何，研究團隊持續地批判之前關於吳哥王朝的異端邪說，並且訂正謬誤，同時也持續地對寺廟進行建立年代的修正，經過一番迂迴轉折之後，一九三〇年代時碑文史料終於陸續蒐集齊全，對王朝的科學性解讀終於得以開展。由於碑文解讀的進行，在此之前的臆測或假說逐一獲得修正。在此僅列舉幾個重要的修正及新學說如下：

一、扶南的衰亡和高棉真臘的興起（費諾的發現）

在柬埔寨南部茶膠州的吳哥博瑞中發現的六一一年吳哥博瑞碑文（K．六〇〇），是至今所見年代最古老的古高棉語碑文，它被刻在橫長直方體石碑的第三面中。這個碑文被雕刻的七世紀初期，柬埔寨南部的「扶南」和北部的高棉「真臘」兩國間持續上演著攻防戰。六一六年時真臘的第三任君主伊奢那跋摩即位為王，他以伊奢那城作為都城，並持續地征討扶南。一九一一年，費諾在磅同附近的三波坡雷古（Prasat Sambaur Prei Kuh）遺跡發現這個碑文，指出該遺跡就是七世紀前半伊奢那跋摩王的都城所在，也就是在《隋書》〈真臘傳〉（卷八二）中記載的伊奢那城。

二、前吳哥時期的美術發現（歸功於帕曼提耶的好眼力）

依據費諾的論文，亨利．帕曼提耶（Henri Parmentier）對伊奢那城的美術樣式進行了精密分析，結果發現與吳哥遺跡群有著相異點，於是他提出了創見，認定那是吳哥時代以前，也就是前吳哥時期的美術樣式。他的美術樣式論在一九一〇年代和二〇年代前半時，發揮了作為判定遺跡年代的功能，其洞見亦深獲肯定。

三、訂正塔堂建築樣式考察錯誤的碑文解讀（賽代斯的碑文解讀）

羅洛士遺跡位於因陀羅跋摩一世（在位期間八七七～八八九年）的都城訶里訶羅洛耶。一九一九年時帕曼提耶考察了遺跡，認為不論是基座或是金字塔堂上祠堂的配置，都與因陀羅跋摩時代的巴孔寺相當類似，故而將它與東梅蓬寺（九五二年）、變相廟（九六七年）、班迭絲雷廟（九六七年）一起歸納到因陀羅跋摩時代的建築分類中。但是這個分類完全是個錯誤，這些遺跡正確的建立年代直到碑文解讀之後才明朗。

四、對於吳哥城建設年代的不確定——九世紀→十一世紀→十二世紀、十三世紀初（賽代斯的碑文解讀）

一九二七年，集美亞洲博物館的菲利浦·史泰倫（Philippe Stern）對吳哥遺跡，提出新的美術樣式區分案。在那之前，以巴戎寺為中心寺廟的吳哥城遺跡被認為是耶輸跋摩一世

（在位期間八八九～九一〇年左右）的耶輸跋摩王都。帕曼提耶也將吳哥城的美術樣式歸類在因陀羅跋摩美術樣式之後。但史泰倫否定了此說法，他將巴戎寺和吳哥城的建設，歸類在比吳哥寺的建立（十二世紀前半）還要早的蘇利耶跋摩一世（在位期間一〇一一～一〇五〇年）的時代。這個美術論點在當時相當新穎且獨一無二，雖然理論成立，但以遺跡的美術類型推論建立年代始終缺乏關鍵性證據。其後，賽代斯解讀了帕沙青戎廟的碑文（K・五九七），終於確認巴戎寺及其建築樣式是闍耶跋摩七世（在位期間一一八一～一二一九年）時代的作品。

五、巴肯寺遺跡是第一次耶輸陀羅補羅都城的中心寺廟（戈鷺波的眼力）

並且，戈鷺波挖掘了巴肯寺遺跡，確定這裡是耶輸跋摩王時代的中心寺廟，第一次耶輸陀羅補羅都城的所在地，使得史泰倫不得不對曾經指出吳哥城的中心寺廟巴戎寺不是耶輸跋摩王的遺跡這個學說提出修正。

六、瑰寶班迭絲雷廟建立於吳哥王朝末期（其實是九六七年，根據賽代斯的碑文解讀）

接著，如同前面所提及，帕曼提耶將班迭絲雷廟歸類到因陀羅跋摩的美術樣式中，但根據一九二年帕曼提耶、費諾及戈鷺波三人共同研究的成果，又被分類到吳哥末期。這個分類仍然錯誤，三年後，賽代斯解讀班迭絲雷廟壁面的碑文，確定班迭絲雷廟的興建年代是九六七年。

七、巴蓬廟是優陀耶迭多跋摩二世所建立（賽代斯的碑文解讀）

進而，鄰接巴戎寺年代不詳的巴蓬廟遺跡是優陀耶迭多跋摩二世（在位期間一〇五〇～一〇六六年）的作品也得到論證。這也是賽代斯碑文研究的成果之一。

在一九二〇和一九三〇年代時，對於巴戎寺和班迭絲雷廟等吳哥遺跡的建立年代和歸屬論爭，在各種各樣的嘗試錯誤之後，透過組織

巴肯寺　已被認定是第一次耶輸陀羅補羅都城的中心寺廟。

性的遺跡整理和碑文解說，以及美術樣式研究，逐一地帶來了關於吳哥時代的新知識。以被發掘並獲得解讀的碑文為基礎，各種立論紮實的研究成果也相繼出爐，成為古代柬埔寨史再發現的年代。

之後的柬埔寨於一九五三年獲得獨立，施亞努國王斷然實施政治改革，成為世界矚目的焦點，之後柬埔寨捲進東西冷戰的漩渦，進入了波布恐怖政治和內戰的時代。

另一方面，關於這段時期的高棉研究在海外流行，碑文的正確解讀，漢文史料的再檢討，以及考古挖掘、保存修復活動等，各種專門研究有顯著的成果。可惜持續三十年的內戰成為研究活動的空白時期，波布政權使得大批年輕高棉研究者消失，是比任何事都要令人痛恨之事。

一九九三年柬埔寨和平建立時，國家是從零開始出發。具有進行大規模石製橋梁建設能力的吳哥王朝究竟是怎樣的國家呢？它所煥發出來的驚人能量，真實面目是什麼？柬埔寨版的印度教和佛教創造出怎樣的文化核心價值，對住民們進行怎樣的鼓吹活動呢？能夠進行大型建設的中心思想和行動價值的基礎是什麼？關於吳哥王朝的歷史，現在還存在著許多不為人知的謎團。

在這裡，我希望能夠解開這些謎團，同時為了進行更深化的歷史理解，一個一個以史實為例，將之仔細地說明。當中並加入對於在此之前各種學說的批判，並提出幾個足以取而代之的解說和解答。

此舉可能是畫蛇添足也說不定，但希望能使用如同解開謎團般抽絲剝繭的手法，引發各位興奮地討論吳哥王朝歷史的樂趣。從浮雕的斷片、碑文的記述，以及漢文典籍的隻字片語中發現從前人們的生活狀況，忠實地陳述當時柬埔寨的社會情形。首先，我想就從各位讀者所關心的，最近的研究成果及引起的各種問題點切入吧。

1 破風亦稱博風，是日本建築用語，指屋頂突出山牆的屋簷。
2 法國遠東學院原在西貢，一九〇二年後將總部遷往河內，至一九五〇年遷回巴黎。
3 班迭絲雷廟又稱女王宮，位於吳哥城東北的荔枝山，是一座印度教神廟，供奉濕婆神。由於廟宇牆壁上的浮雕都是精緻小巧的女神，其中有一位蒂娃妲女神，神態深邃而柔美，被稱為「東方蒙娜麗莎」。

第三章 吳哥王朝的宇宙觀和都市計畫

吳哥城南門的護城河

檢證自然、寺廟、貯水池與王道

◎吳哥都城的象徵性宇宙觀

柬埔寨從西元前後開始，接受了來自印度的文化、思想及農具等事物，宇宙觀的思想為其中之一。印度人認為，大陸矗立著須彌山，須彌山位於喜馬拉雅山脈的最深處；被稱為聖河的恆河流經須彌山麓，河畔旁的聖地則是都城的所在地。

柬埔寨長年接受印度的宇宙觀，也在吳哥地區打造柬埔寨版的聖山、聖河及聖都。像是，選中位於吳哥都城北部三十五公里處的庫倫山（即荔枝山，Phnom Kulen），作為濕婆神話中神的居住地須彌山；暹粒河則被視為聖河。就這樣，統治者窮盡六百年歲月（中間曾經一度遷都貢開），在吳哥地區持續建造神聖的都城。

當時在山上修行的印度教苦行僧們在河岸的岩石上雕刻毗濕奴的神像，兩條支流匯聚而成的河川落下成為瀑布，暹粒河從這裡開始流向吳哥的平原。瀑布旁刻有十一世紀時的梵語碑文，將這條河川記為：「魯特羅神（Rudra）的急流，濕婆神的河川，滔滔湍流的恆河女神。」這裡的河床被雕刻了一千多個代表著男性生殖器的林伽[1]，蛇神那伽[2]浮在水面，附近的河岸壁上雕刻著毗濕奴神像橫臥的姿態，更增添了聖河的形象。高布斯濱（Kbal Spean）附近有座廣闊的森林，萬籟俱寂，附近有一座岩窟，是以前苦行僧們修行的場所。

柬埔寨與吳哥遺跡的位置

毗濕奴神像　雕刻在庫倫山暹粒河旁的毗濕奴神像。

「吳哥」名稱來自於梵語的「都」（Nagara）訛音為「吳哥」（AngoKor）。吳哥都城位於庫倫山和洞里薩湖之間，暹粒河貫穿北方的水源地庫倫山來到南方之後，注入洞里薩湖。暹粒河西邊是布歐克河，東邊是羅洛士河，兩條河如同一雙翅膀，護衛著暹粒河，至今沒有乾枯過。這三條流向南方的河川為地方帶來經濟的繁榮，同時被賦予聖山、聖河及聖都的象徵標誌，宗教都城吳哥就是這樣形成的。

◎都城的形成和自然景觀

吳哥都城有一個寬廣的扇狀平原，緩緩地向西南方傾斜。南邊境界位於洞里薩湖北邊，地形因雨季和乾季而變動，減水期時可作為耕地使用。距離都城五百公里左右，最顯眼的地形是三個隆起的小丘和流經中央的暹粒河。虔誠的君主們將都城遷往吳哥後，歷經六百年的歲月，認真執行挖鑿運河和變更河道等都市計畫，朝著建置神聖都城而努力，原始的自然環境因土木工程而改變。

位於耶輸陀羅補羅都城中央的巴肯山、東北部的龍博山，以及可以俯瞰洞里薩湖的豬山三大山，是古代火山活躍時期隆起的山丘，每座山頂都興建了一座寺廟。隨著新都城的建

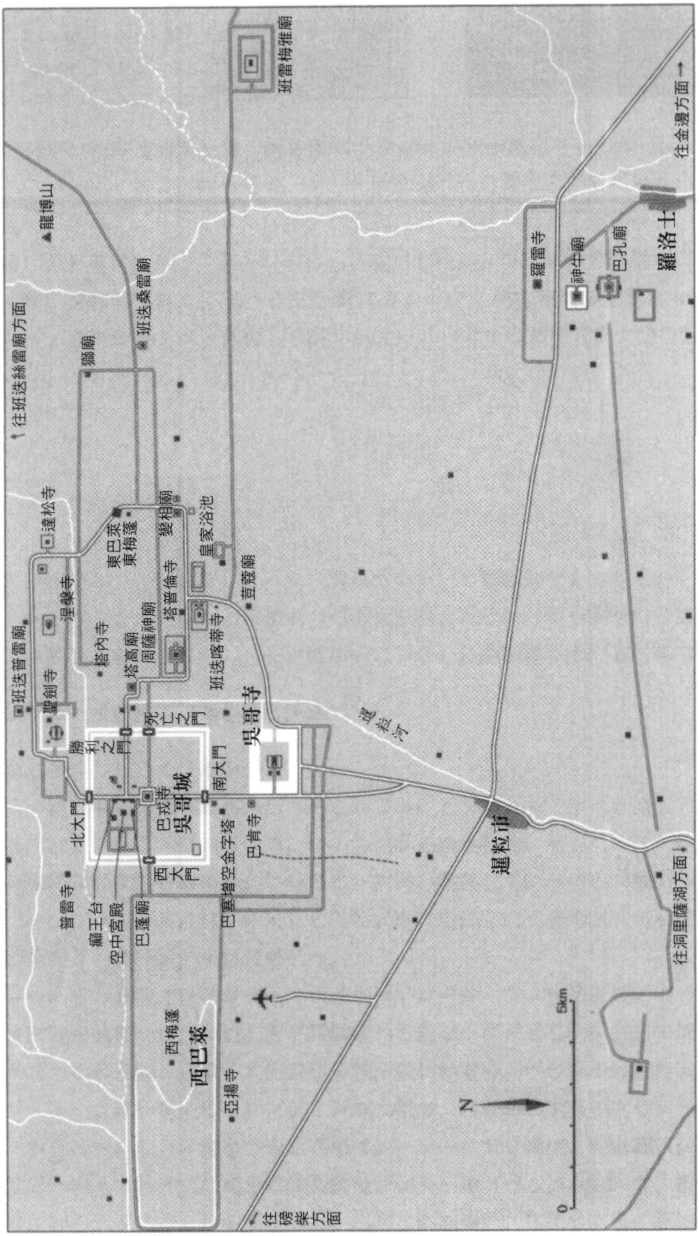

吳哥遺址與暹粒周邊地圖

設，也進行大規模的工程，例如：為數不少的護城河和貯水池的堤防；為了國廟進行的周邊環境整頓；吳哥城和吳哥寺[3]的周邊壁面；還有大小祠堂等。

吳哥地區共有九十九處被聯合國教科文組織指定的世界遺產，這九十九處遺跡沒有時代順序，要理解其相互關係頗為困難，只能用形狀、樣式及碑文內容來判斷。加之以前的王宮、高官宅邸、寺前聚落等建築皆為木造，如今已全部消失，只殘存著吳哥城內的主要道路和兩旁水路。

◎吳哥王朝國廟的變遷

在吳哥王朝的發祥地庫倫山上發現了中、小型寺院的遺跡和苦行僧修行的場所。如同摩醯因陀山城（Mahendraparvata）碑文所說，適合建設光輝都城的平坦地區很少，闍耶跋摩二世找來婆羅門祭儀官濕婆凱伊瓦利耶擔任國師，在庫倫山上建立山廟型的國廟龍鎮寺，執行由在地精靈信仰變化而成的「守護精靈的王中之王」儀式。

這個神在古高棉語中稱為「Kamraten Jagat Ta Raja」，梵語碑文記載為「Devaraja（提婆羅闍）[4]」（意味著神王崇拜）。不過後世的碑文中，記載著闍耶跋摩二世逝世於訶里訶羅洛耶都城。龍鎮寺建立在被視為須彌山的庫倫山最高處，但山上岩層露出，大型岩塊不停滾動，雖然或許是聖山，但生活相當不便，食糧和日用品全部必須從平地運上去。

君王必須在這樣不便的場所裡進行祭祀，因此庫倫山雖作為聖地被留存，但還是另外在靠近湖邊的平原區建造了訶里訶羅洛耶都城，繼任的王闍耶跋摩三世也是以這個都城為據點。至於三世王是個怎樣的君主，目前尚未明朗，他的繼任者是因陀羅跋摩一世。

吳哥在雨季來臨時，田地和道路幾乎都會淹水，乾季時卻滴雨不下，連飲用水都有問題。因陀羅跋摩一世為了防止雨季時的洪水，以及確保乾季飲用水不虞匱乏，建立了人工貯水池——因陀羅塔塔迦湖（面積：三點八公里乘以零點八公里，意味為「因陀羅跋摩的池」）。

因為人工貯水池（巴萊）的建立，大地變成豐饒的沃野，大多數的居民都能安心地生活和耕作；並且，因陀羅跋摩一世又著手興建國廟巴孔廟（Bakong），這是典型的山廟型建築，東西長八百公尺，南北寬六百多公尺，於八八一年竣工。最上層的中央塔供奉「因陀羅濕婆神」，是因陀羅跋摩王和濕婆神合體的特別神祇。

在他的都市計畫當中，先建造了確保乾季時飲用水和灌溉水的巴萊，並依照慣例興建祭祀祖先的神牛廟（Preah Ko），在寺廟後方蓋了木造王宮，然後興建象徵著至高王權來源的巴孔廟。因陀羅跋摩一世會從訶里訶羅洛耶遷都到耶輸陀羅補羅，並不是因為放棄舊都城之故。

當為了開通從羅洛士地區至另一個都城巴肯山（Phnom Bakheng）的路徑，當時還建造了一個堤防道，這個堤防道至今仍然可以清楚辨認，現在村民也常利用這個堤防道往來行走。僅只在這個地區，以巴孔廟為首，就建造了包含吳哥寺或巴戎寺（Bayon）等共八座國廟。

這些寺廟被包圍在護城河中，模仿須彌山位在都城的中心，也象徵著世界的中心。由於吳哥地區是一個完全平坦的地域，為此還特別建造人工丘陵，寺院的中心矗立著尖塔，國廟是宛若神境般的存在。吳哥的君主被稱為世界之王，他們有義務在王都中心營建新都城、山廟型的鎮國寺院及豪華的王宮，這樣三項一套的國家工程。

從碑文中可知的君主共有二十六位，每位君主皆投身於三項一套的建設，成為歷年吳哥王朝統治者們的競賽，但這樣的國家工程所費不貲，是一場與時間的賽跑，必須長期尋求強而有力的支持。

從結果來說，統治者們窮盡六百年的歲月建造都城和寺廟，成就了吳哥地區九十九個世界遺產。但觀光客們對這些年代複雜，各種各樣的寺廟無法理解也是事實。

表二　吳哥王朝的國廟[1]

現在名稱	建立者	落成年代	備註
巴孔廟	因陀羅跋摩一世	八八一年	於闍耶跋摩二世或者是三世時期開始興建。十二世紀初增建中央塔。濕婆派。
巴肯寺	耶輸跋摩一世	八九三年	基礎地基興建始於因陀羅跋摩一世。濕婆派。
貢開	闍耶跋摩四世	九三〇年左右	四十二公尺高的大廟（Prasat Thom）。濕婆派。
變相廟	羅貞陀羅跋摩二世	九六一年	濕婆派。
塔高廟	闍耶跋摩五世	九七八年以後	未完成。濕婆派。
巴蓬廟	優陀耶迭多跋摩一世	一〇六六年以前	蘇利耶跋摩一世時期開始興建。濕婆派。
吳哥寺	蘇利耶跋摩二世	十二世紀初	毗濕奴派。
巴戎寺	闍耶跋摩七世	十二世紀末	佛教。
*亞揚廟	不明	八世紀末	可能是濕婆派。
*空中宮殿	不明	八世紀末	十世紀時闍耶跋摩五世進行改築。
*龍鎮	闍耶跋摩二世	九世紀初？	可能是濕婆派。
*巴塞增空金字塔	曷利沙跋摩一世	九二〇年	羅貞陀羅跋摩二世時期裝飾完成。濕婆派。
*東梅蓬寺	羅貞陀羅跋摩二世	九五二年	以濕婆派的形式維持祖先祭祀的機能。

*以山廟型國廟的概念建造而成。[2]

◎四個大貯水池的配置和農業生產的發展

人工貯水池巴萊在四個地方陸續被興建（包含蘇利耶跋摩二世未完成的巴萊在內的話則有五處）。關於吳哥的都市計畫，根據葛羅利耶博士（Bermard-Philippe Groslier，一九二六～一九八六年）的說法，持續建設水利設施的理由是因當時在吳哥各地的貯水池和水路網失去機能，雖然一直在整修，但最後不得不宣告放棄，只能另外興建新的貯水池。

根據葛羅利耶的推算，吳哥都城曾經在四個地方建造巴萊，最初是在耶輸跋摩一世從羅洛士遷都到吳哥時，建造東巴萊以取代羅雷寺的巴萊；第二次是十一世紀初建造西巴萊；第三次是蘇利耶跋摩二世建立吳哥寺的時代，加上寺廟的護城河，在吳哥的東南方建立新的巴萊，但是沒有完成（在後來的空拍照獲得確認）。第四次是在吳哥城，不僅是都城的護城河，闍耶塔塔迦湖也被納入新水利建設的一環當中。

一九七九年，葛羅利耶發表《水利都市論》一書，指出有效的水利管理使吳哥王朝得以成功發展集約式稻作農業，為國家帶來繁榮與發展，他將吳哥都城定位為一座「水利都市」。

東巴萊和西巴萊是吳哥地區水利系統的中心，發揮了強大的功能。巴萊承接暹粒河的河水和雨季時的大量雨水；加上寬廣的庫倫山降雨量充足，每年可達兩千零五十公釐，加以與其連貫的暹粒河水量豐沛，即使乾季也不會乾涸，滿水位時每秒最高可供給四百立方公尺的水量，所以即使遇到乾季，也能提供相當豐沛的水量。

「巴萊」並非挖掘地面建造而成，而是在平地上用土構築堤防貯存水源，根據傾斜度給水，即使在乾季也能供應一年一作（至多三作）的稻米耕作，雖然是早熟稻，卻足以撫養相當高密度的人口。

吳哥王朝的富裕來自於農業生產基礎，卓越的灌溉技術則是重要因素，但是吳哥地方灌溉化的土地卻相當有限。據葛羅利耶統計，灌溉化的田地約七萬公頃（七十萬平方公尺），

西巴萊的岸邊　吳哥城西邊的大貯水池，可貯存一億五千萬噸的水。

如果考量因建設大型寺廟，必須長期穩定提供糧食給勞動人口，這是一個相當嚴峻的數字。

吳哥的遺跡中必定會有大大小小的水池和泉水，十世紀中葉時的碑文（K．二六六）寫道：「作為大海的聖池，在耶輸陀羅塔塔迦正中央（被君主）建造的山上，有著與須彌山頂相似的頂端，（在那裡）有祠堂和寺院。」這個大池是模仿大海建造的聖池，是象徵王的偉大紀念物之一。

吳哥王朝歷代的君主們在數次修建王都的同時，都企圖在印度文化的框架下，將那獨特的宇宙觀在地上重現出來更企圖在人世間重現自己獨特的宇宙觀，這樣的概念也存在於印度的內涵中。在都城中心建造有好幾層階梯的山廟型國廟，象徵宛如世界中心的須彌山，城牆則比擬為綿延不絕的喜馬拉雅山群，濠溝與大地則代表著以及無限寬廣的大海。

吳哥都城基本的構造是：國廟、城牆、池和濠、王宮，以及各個寺廟，表徵神佛存在的同時，也將王權神格化和普遍化，充分地表現轉輪聖王的降臨。象徵大海的大池（巴萊、塔塔加等），是當時柬埔寨人將世界觀具體化呈現的象徵，也是構成吳哥王都的基本要素；換言之，巴萊和水濠，乃是演出神聖王權的一大道具。

每一座巴萊和護城濠都導入流經附近的暹粒河的水源，這項事實，讓我們必須檢證吳哥時代的灌溉和水利問題。確實巴萊或許有作為一個大道具的抽象意味存在，但在此同時，這個巴萊灌溉了乾季的稻田，將其變成大水田，增加農作物生產成為吳哥的經濟基礎。如果能理解這個事實，就能理解國土發展和寺廟的建立背景。建造都城所需的大貯水池和水路網技術，被充分應用在村落所開墾的田地，擴大了耕地面積，促進農業生產，人口因此增加。在勞動力不虞匱乏下，興建更多寺廟也變的可能。

「雨水」的管理和灼熱的太陽

◎吳哥水利都市論——葛羅利耶博士的觀點

吳哥遺跡是宗教色彩濃厚的舊都城，王都和建立在那裡的伽藍或寺廟一定有並存或相對應的護城河或水池。今日這些護城河和水池仍然可以儲水，在種滿蓮花的水池另一端，眺望著崩落的祠堂和巨大的四面佛像，內心會湧出崇高的世界即將到來的感動。

吳哥地區最早期的王都在訶里訶羅洛耶（距離吳哥東方十三公里的羅洛士遺跡）。因陀羅跋摩一世（在位期間八七七～八八九年）讓城內的人建造貯水池，命名為「因陀羅塔塔迦」，意味著因陀羅跋摩的池（K．八五三）。因陀羅塔塔迦東西長三點七公里，南北寬零點七八公里，是矩形大池，池中心有一個徵用當時住民傜役建造的羅勒祠堂（K．六八二）。

繼任的君主耶輸跋摩一世（在位期間八八九～九一〇年）以巴肯寺為中心建設了方形的護城河都城，他導入流經附近的暹粒河，建造人工湖「耶輸陀羅塔塔迦」（耶輸跋摩之池，也就是東巴萊），東西長七公里，南北寬兩公里，深三公尺，並在池中央建造一座稱為梅蓬的祠堂。

之後，王朝局勢陷入混亂，闍耶跋摩四世（在位期間九二八～九四二年）離開吳哥都城，在距離吳哥北方八十公里處的貢開建立新都，並在城內建造一座大池。

其後，羅貞陀羅跋摩二世（在位期間九四四～九六八年）再次將都城遷回吳哥，重建了舊耶輸跋摩之池（東巴萊），並在池中央建造梅蓬寺。時至今日雖然池水已經乾涸，梅蓬寺仍然一如從前。十一世紀後半期建造的人工大池西巴萊位於舊都吳哥城西側，是一座東西長八公里，南北寬兩公里的大型水池，池中央也建造了梅蓬祠堂，至今池的西半部仍然有水，是吳哥遺跡中最大的水池。

進而，興建於十一世紀末到十二世紀前半的班梅雷雅廟，位於吳哥東四十公里處，寺院東側有一座池岸用砂岩砌成的大型貯水池；同時期興建在孔蓬思維（Kompong Svay）的大聖劍寺（Preah Khan，位於吳哥城東北八十公里處），是一座邊長五公里寬的方形護城河佛寺，規模與吳哥城幾可匹敵，相當著名。矩形的巴萊（三公里乘以零點七五公里）部分延伸至聖劍寺境內，中央建造了一座同名的梅蓬祠堂。

現在的吳哥城是闍耶跋摩七世（在位期間一一八一～一二一九年左右）時期建造的護城河都城。闍耶跋摩七世時期興建了許多寺廟，班迭喀蒂寺（Banteay Kdei）東方有一座稱為「皇家浴池」（Sras Srong，意味著水浴之池）的水池，東西長七百公尺，南北寬三百公尺，中央有一座小祠堂，周圍是砂岩建成，西邊裝飾了蛇神那伽欄杆的露臺伸往池底，從這裡可以通往池水下方，露臺池底鋪有紅土石，可以進行與水有關的

皇家浴池　與班迭喀蒂寺相連的大水池，欄杆裝飾了蛇神那伽，石獅鎮守的露臺延伸至池水中。

祭祀活動，也可以作為王的浴池。

吳哥正北方有一座聖劍寺（一一九一年），是闍耶跋摩七世為了祭祀他的父親所興建，寺院東側有一個以蟠蛇殿（Neak Pean，意味著纏繞的蛇）為中心建造的人工池。在吳哥的西北方一二〇公里處的班特清麻寺（Banteay Chhmar），東側有一個巴萊（一點六五公里乘以零點八公里），中心也有一個梅蓬祠堂。

以上為吳哥遺跡中，寺廟與貯水池互相對應的概況，這些水池的規模幾乎可以和遺跡相匹敵，池的堤防用土石建築而成，一部分水池的邊緣會用砂岩或紅土裝飾，水池形狀多為矩形，中央會用土石築起小島，並在其之上建立祠堂或寺廟，這些祠堂或寺廟大多被稱為梅蓬[5]。

◎從地形圖判明大型越田灌溉

接著，讓我們從表示池水的語句來檢討看看。首先，「因陀羅塔塔迦」（因陀羅跋摩一世的池）在梵語中，塔塔迦是「聖池」的意思；而貢開的貯水池「拉哈爾」，其語源則是來自在巴利語的「拉哈塔」（池、湖之意），意味著「神聖的池」。而「巴萊」一語據說是從梵語衍生而來，位於巴萊中心的梅蓬祠堂意味：「洋溢恩惠的母親」。因此，抵達梅蓬祠堂前必須先度過聖池，以洗淨俗世的汙穢，巴萊和梅蓬的組合也構成了宗教上水垢離的意味（意指立願於佛前，以清水沐浴，表示身心清淨）。

巴萊的興建及導水技術的使用，使各地的稻作及耕地得以被擴大利用。碑文（K．三四一）中記錄著堤防、灌溉用水路、川、阡陌等詞彙，雖然是小型水池灌溉，但可以推定是用於農耕當中。

一言以蔽之，吳哥王朝的興衰端視是否能有效地管理「水」來決定。吳哥地區位於乾燥的熱帶性氣候，年雨量約一千五百毫米。自古以來，對這個地域的人民來說，儲存用水是生活的基本日常，如何使短時間過度的降水順利排出，乾季時怎麼貯水備用等，是吳哥時代居民的生活課題。

總結來說，高棉人挑戰著自由調節河川水流和雨水的困難作業，這支撐著吳哥文明的經濟基礎。吳哥大地是從庫倫山流下的暹粒河水形成的寬廣扇形地所構成，全境幾乎是傾斜的平板地形，大約每一公里就有一公尺的傾斜。

一年之中必須不斷地進行田作，進行嚴密的貯水池管理是必要的。根據一九九八年在日本政府的技術支援下完成的吳哥區域五千分之一的地圖，西巴萊（東西長八公里，南北寬兩公里）東邊有一個幾乎同等規模的東巴萊，並且還有兩個大型巴萊獲得確認，若吳哥地域四個巴萊全部滿水的話，灌溉面積可達三萬公頃。

從這個地圖可發現更多的事實，間隔十五公尺的等高線可以看出微地形的痕跡，五千分之一的地圖可看到東西方向有幾個隆起物或堤防。東北到西南自然傾斜的直角方向建有土堤。與現存的西巴萊的南堤防平行，下方也可看到其他堤防或微高線。切斷上面的貯水池的堤防讓水往下流，下方的貯水池至堤防為止會浸在淺水當中，就可以用來種植作物。

這樣的作法必須削開部分堤防，推斷可以分配水源。歷代的統治者們建造巨大的貯水池並確實執行管理，用來滋潤乾涸的大地，讓大地生長出飽滿稻穗搖曳在風中，矗立在中心地的吳哥寺正是這個水帝國的象徵。

再用電腦影像確認一下這個地形。根據宇都宮大學農學部後藤章教授的分析，若將吳哥都城用地形圖的等高線數據立體化，可看出幾乎是沒有起伏的板狀地形。為了尋找吳哥時代的灌溉痕跡，進一步用四十倍的效果來強調並重現微地形圖的高低差，可看出與貯水池堤防並行的細線幾乎是以同樣的間隔並排著，這就是在地面建造人工堤防的痕跡。

這個地形圖使我們首次得以清楚看出古代的堤防和阡陌。吳哥地域的地形是從北到南些微傾斜，斜度是一千五百分之一，柬埔寨的人們利用這個些微的自然傾斜，取用了大池裡的水。

表三　吳哥王朝時代的大型巴萊（貯水池）

名稱	所在地	建設年代	長度(m)	寬度(m)
因陀羅塔塔迦	羅洛士（距離吳哥13公里）	880年	3800	800
東巴萊	吳哥地方	890年	7000	1800
拉哈爾	貢開（距離吳哥105公里）	935年	1200	560
班雷梅雅	班雷梅雅廟（距離吳哥40公里）	1075年	1450	680
西巴萊	吳哥地方	1020年	8000	2000
東南巴萊（未完成）	吳哥地方	1120年	4000	3000
皇家浴池	大聖劍寺（距離吳哥150公里）	1170年	3000	750
班堤奇馬	（距離吳哥150公里）	1180年	1650	800
闍耶塔塔迦	吳哥地方	1190年	3500	900

乾季時只要切斷貯水池的堤防，池水就會順著地形的傾斜慢慢流往下方，若再將下方的堤防切斷，池水又會朝著更低窪的地方流去。被堤防包圍的區域一部分作為耕地，留下稻米可以播種的最低限度水量，然後水再流到下一個區域，這就是大型的越田灌溉。柬埔寨的人們為了克服乾燥地區的惡劣條件想出的灌溉方法，在世界其他地方是沒有見過的。

吳哥王朝的人們在統治者的指示下切斷貯水池的堤防，在橫跨至少數公里的稻田中一起實施農耕，農耕結束後等待結穗，接著一起進行收割。一年三次的耕田作業成為維繫吳哥王朝繁榮的動力。如同之前所提到的，碑刻文中並沒有大巴萊和農業的相關記載；雖然不無疑問，但即使沒有記載，大型越田灌溉的存在仍是不可否定的。

◎在各個據點都有人工大貯水池巴萊

柬埔寨的耕地裡會有許多大小不一的貯水池，據說以前是以爪哇為典範建造的樣子，代表性的貯水池就是各個地方的巴萊，例如：班雷梅雅廟、聖劍寺、班提奇馬寺等都可以看的到。

這些巴萊在四周築起堤防，內側用台階狀的石頭推積起稱為「施拉」的小水池，通常被設置在寺院，例如像治療院附屬寺院旁邊。圍繞著寺院的護城河則是另一種貯水池的形式，不管是吳哥寺，甚至是吳哥城、聖劍寺，或是距離緬甸國境不遠的滿新（Mueang Sing）都有護城河。這些位於都市中的護城河不僅是神存在的象徵，真正的用途是確保農業用水的來源。

另外，還有一種儲水的方法，那就是闍耶跋摩七世時曾經建造的石造橋梁水壩。在石橋的橋腳釘上木板，擋住水流使水位上升，用來作為旱田的供給水源。此外，都城裡也存在著可以輸送貨物船隻的運河和水路，位於吳哥東方約四十公里的班梅雷雅廟到洞里薩湖間，發現了運送砂岩建材的水路痕跡，船隻可以利用水路，溯暹粒河將砂岩送往吳哥地域。

檢證吳哥王朝的歷史，可以發現王朝投下很多社會資本。最引人注目的基礎建設自然還是那些以東西南北為基軸，沿著平地展開的人工貯水池。他們興建長方形的土堆作為堤防，用來儲存雨水，堤防與水路一樣高，堤防內外挖兩條水溝，就可以從水路引水。

這個儲水法學習自爪哇，八世紀末時在寮國南部的瓦普寺首次被嘗試，九世紀初出現在吳哥，其後慢慢改善工法，各種規模不一的巴萊因而存在於吳哥都城。至於吳哥以外的地區，較為特別的貯水池是位於聖劍寺的巴萊，因地形限制不得不無視東西軸線，與遼闊的護城河組成一個水利系統。

柬埔寨南部的洞里巴帝（Tonle Bati）和奇梳山寺（Phnom Chisor）也以同樣的手法興建巴萊，由此可知吳哥時期的水路網灌溉應相當完備。進而，在王朝征服過的地域中，例如現在泰國的東北帕儂藍（Phanom Rung）附近，或是披邁石宮及 Mueang Chang Phasi 等地，也發現了巴萊的存在。後者的巴萊是尊重地理軸線的傳統高棉式巴萊，他們沒有破壞之前孟族人建造的圓形都城護城河，而是直接重疊在上頭打造新水池。

在大型的巴萊中央建造人工島嶼梅蓬，中間有可以測定水位的寺廟。對住民來說，貯存的雨水流往田地滋潤大地，這樣的灌溉行為是神的恩賜，因此會舉行祭拜水神那伽的祭儀。在吳哥寺，舉行將雨水從上往下流的儀式，則是要表現對毗濕奴神的感謝。

◎科學的水管理帶來的集約農業

完工於一〇二〇年左右的西巴萊取自暹粒河和雨季的水，現在仍保持一定豐沛的水量。在貯水池周邊，一〇五〇年時左右進行了十公尺高的築堤工程，堤防總長二十公里，花費了四十五年的時間建造完成。西巴萊中央有一座人工小島，島上有一個稱作梅蓬的祠堂，根據古碑文的記錄，國王很常蒞臨此地。祠堂中有一個像是石材建造而成的井洞，至今雖然有半數已經崩塌，但仍然可以看出洞穴的構造分為三段：底下是圓形，中間是八角形，最上方則是四角形。

一九六一年時，法國的杜馬爾塞教授（Jacques Dumarcay）挖掘到該祠堂，並在與井連接的地底發現一條銅製長管，從石造天井延伸到地底，尾端連接到小島外的貯水池。貯水池的水經由銅管進入天井，教授認為將井的構造分為圓形、八角、四角三類，應是一種水位測量計。根據教授的計算，井的水位下降到石造圓形部分的話，就是池水乾涸期；反之如果水位在四角形上，池水的水位就會高過堤防溢出。吳哥王朝的統治者經常蒞臨這座島嶼，主要目的即是為了確認貯水池的水位，根據水位計來決定耕作開始的時間。

如果一年耕作三次，就必須嚴密控管貯水池的水，教授認為井中有維繫吳哥王朝繁榮的

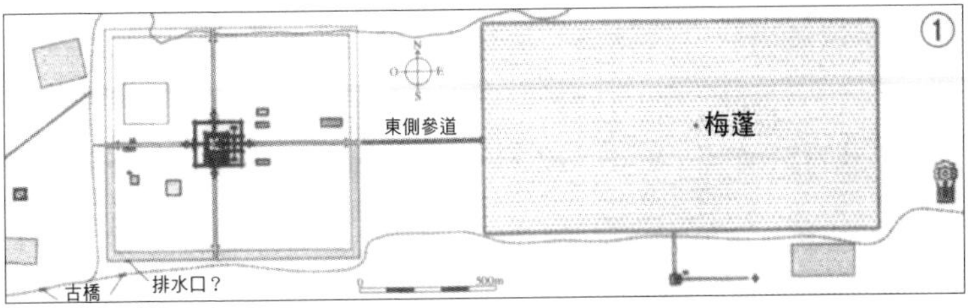

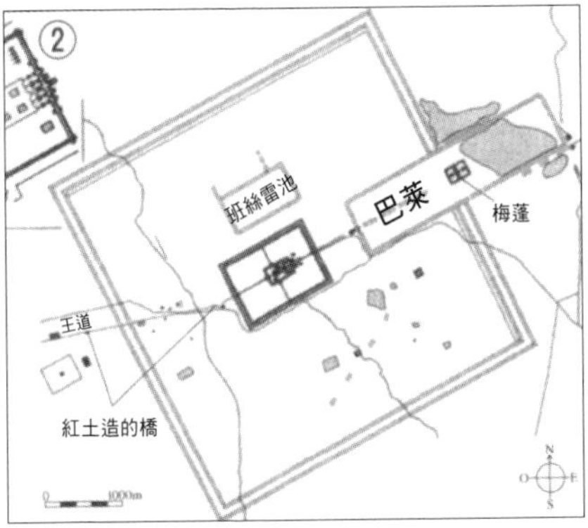

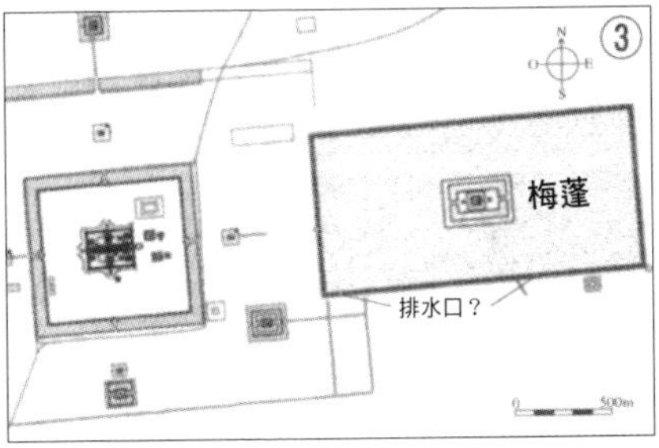

柬埔寨各地的巴萊構造圖
①班雷梅雅廟
②孔蓬思維的大聖劍寺
③班特清麻寺
④貢開
圖片來源：法國遠東學院（BEFEO, France）

重要水位計，但其他的遺跡中的巴萊並沒有發現埋設銅管的痕跡。

由碑文的內容可知巴萊在宗教和政治上的意義來自於與王權的連結，但關於巴萊在經濟上和農業上的意義並沒有被提起，這是為什麼呢？

第一，對於巴萊的機能和用途的記載，是碑文的主題範疇之外，因此沒有提到。

第二，碑文中有提到關於巴萊的梅蓬寺，但沒有提到此外的用途。西巴萊的梅蓬寺裝設有水位計，君王也曾經蒞臨此地，君王來到此地至少會是宗教上的參拜，除此之外的行為即使碑文的作者知道也不會記錄。

第三，雨水的增減，以及貯水、排水等在當時被認為是神的事業，碑文作者在心生敬畏下點到為止，因而未在碑文中記載。

但至少，碑文史料在宗教關係的範圍內，記載了水利關係的核心用語，這些水利關係用語被記錄在碑文當中，成為吳哥時期水利設施和水路確實發揮功能的證據。

◎吳哥王朝的統治領域——王道的檢證

闍耶跋摩七世在十二世紀末開始到十三世紀初，南征北討擴大統治領域，往東吞併占婆直達南海；往西擴大到現在的泰國領土滿新，往北則延伸到現在寮國的永珍。

高棉人往泰國東北的呵叻高原移住是在十一世紀中葉之後，他們在那裡大肆建造與柬埔寨同樣造型的巴萊，並定居當地，以前的小池和貯水池與高棉式的貯水池並存。十一世紀時闍耶跋摩七世建造披邁石宮，旁邊有許多各別的小型寺廟，闍耶跋摩七世也在當地設立治療院。

不論如何，在吳哥君主占領的土地中，為了讓高棉人移住而建造了巴萊，這樣的傾向在十一世紀初時併吞泰國的華富里或素可泰等地都顯著可見，城市周遭的氣氛也與高棉的地方都市類似；進而，西邊的滿新寺廟的雕像和壁畫也屬於高棉類型。這些地方在闍耶跋摩七世之後，都不得不放棄撤退。

◎吳哥時代的地方行政

關於吳哥王朝的地方行政一直以來都是個謎團，僅知羅貞陀羅跋摩一世時期開始著手進行確定地方行政單位的政策，例如：在碑文中使用具有州或直轄地意味的「威夏亞」，也開始在古高棉語碑文中使用「普拉曼」——比威夏亞更廣闊的地域，是王賞賜給高官的領地。

州、直轄地中有「馬利耶」（磅同地區）、「蘇雷蘇打普拉」（南寮的占巴塞地區）、「羅渦」（泰國的華富里地區）、「威邁」（現在的清邁、泰國東北地區）等地名被確定；進而，還有更低層級的行政單位「郡」的存在，數個「郡」成為一個「州」。根據周達觀的說法：「一個村中有寺也有塔，人數稍多的話，就會有管理的官吏。」根據塔普倫寺碑文的記載，與寺院相關的村落有三千一百四十個，住民有七萬九千三百六十五人，平均一村為二十五人。碑文也記載著：與治療院有關村落計八百三十八個，住民共八萬一千六百四十人，平均一村九十七人。另外，聖劍寺的碑文（一九一一年）指出，與寺廟有關的村落有一萬三千五百個，居民有三十萬六千三百七十二人，平均一村二十二人。

◎「明燈之家」和「治療院」

聖劍寺的碑文中顯示，當時吳哥王朝共有一百二十一處「明燈之家」（意味著佛法之家），那是用砂岩建造的小祠堂，沿著國內主要道路規則排列，其中已有十五處的遺址被發現（Lawrence Palmer Briggs, *The Ancient Khmer Empire*）。周達觀的《真臘風土記》中記載著：「在王都大路上有休憩的地方，就像是郵亭，名稱叫做森木（在柬埔寨語中意味著休息）。」有燈火的祠堂據說從蘇利耶跋摩一世時期開始設置，在高棉寺廟裡，點燈是一個重要的儀式，通常有官吏輪番駐守。設置「明燈之家」的範圍相當廣，從吳哥都城，遠達距離都城東方一百零五公里外的大聖劍寺；西則是經由一百五十公里遠的班提奇馬寺，越過扁擔山脈，直到披邁石宮。實際上，大聖劍寺和班提奇馬寺兩個遺跡境內有稱為塔馬夏拉（Dharmasala）的石造小祠堂，筆者曾經數次探訪過（二○○○年十二月）。

根據塔普倫寺碑文（一一八六年）記載，吳哥王朝總共存在著一百零二處「治療院」，現在被發現的有二十

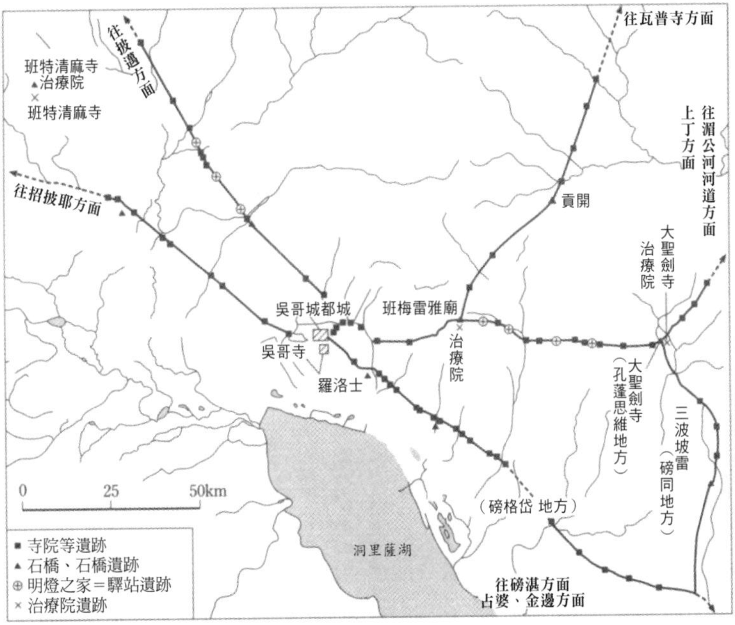

王道與寺院、石橋、明燈之家及治療院的分布

處。所謂治療院就是「無病之家」，耶輸跋摩一世時已經存在，闍耶跋摩七世時為了使治療院更能發揮功能，曾經進行組織再造。

關於治療院的碑文是用長文的梵語書寫而成，內容制式化，治療院究竟是醫院或僅是普通的診所，還不得而知。有四處治療院設立在都城門不遠處，遠一點的則遠及披邁石宮。碑文記載各處治療院平常約有兩百人在裡面工作，王一年有三次會前往慰問病人，並給予一定量的藥物。

「明燈之家」和「治療院」的宗旨雖然不同，但都是以全國性的規模在各地設置，為了讓這些設施發揮功能，王朝興建了連接都城的道路和橋梁，成為連結中央和地方的道路網。

這個道路網現在是，國道六號線通往占婆方面的街道、越過扁擔山脈的披邁石宮方面街道、以及經由班特清麻寺（Banteay Chhmar；一百五十公里），穿過亞蘭（Aranyaprathet）方面附近的阿瑜陀耶和華富里的昭披耶河方面街道、柬埔寨南部的奇梳山（Phnom Chisor）方面街道（舊扶南方面）等長距離的幹道。另外再加上一條向東方的捷徑幹道，是以班梅雷雅廟（Beng Mealea；四十公里）為起點，向東北往貢開（一百公里）、寮國南部的瓦普寺、向東往聖劍寺（一百零五公里），進而可抵達舊都三波坡雷（Sambor Prei Kuk；一百二十五公里）的四個遺址據點。

吳哥王朝的物資因王道得以貨暢其流，以「條條大路通吳哥」的論點重新檢視吳哥時期的經濟活動，近來也受到學界注目。除了陸路之外，周達觀指出，當時許多船隻從中國前來，是因洞里薩湖和湄公河連接，串起了暹羅灣和南海的聯繫所致。

◎密林中的巨大遺跡踏查——探索吳哥王朝的國內流通路

上智大學的吳哥遺跡國際調查團於二〇〇〇年十二月十五日起，對柬埔寨五處大型遺跡展開為期兩周的考古調查。柬埔寨最深處的密林地帶中，有五處比吳哥寺還要大四倍的大型遺跡被冷落著，包括：七世紀時曾經是王都的三波坡雷（Sambor Prei Kuk）；十世紀前半期的十六年間曾經是王都的貢開；被稱為東方的吳哥寺，十一世紀末建立班梅雷雅廟；還有建立於十三世紀初東部據點孔蓬思維（Kompong Svay）的大聖劍寺；距離泰國邊境不遠的班特清麻寺（Banteay Chhmar）等五處。

曾經擔任過文化部長的法國作家安德烈・馬爾羅（一九〇一～一九七六年）二十三歲時曾經到訪吳哥遺跡，一九三〇年根據自身經驗完成小說《王道》，虛構了一個主角在深埋在密林中荒廢的王道裡迷路的故事。

最近的調查顯示，以王道組織成的道路網並非只出現在小說裡，其實存在於現實世界。在吳哥王朝最繁華的十二世紀，以泰國中部的素可泰為起點，寮國的永珍、越南中部的峴港、馬來半島北部等地皆為吳哥王朝的版圖，這些地方皆有王道。王道全部通往吳哥都城，主要幹線在河川上架設石橋，即使雨季也不會淹水，附近村民往來，運送地方特產或香料皆利用王道。如果地方有叛亂，軍隊也是利用王道前往鎮壓。密林中的五大遺跡，以前就是利用王道連結。

一九九七年開始，柬埔寨迎來了和平，隨著地方的開發調查，吳哥時代的道路、石橋、貯水、護城河等各種遺址相繼被挖掘（參照後文一到七項），這些調查使吳哥帝國的輪廓逐漸清晰，從大型寺院吳哥寺興建技術來看，這個時期道路網的完備是當然的事。

一、從吳哥往東，通過班梅雷雅廟（Beng Mealea），往孔蓬思維的大聖劍寺的街道。

二、班梅雷雅廟（Beng Mealea）開始到貢開，往天空之城和瓦普寺（Wat Phu）的準街道。

三、從吳哥到南東，往三波坡雷（Sambor Prei Kuk）和「占婆首都」（應該指的是平定／佛逝城，也可能是更南方的濱童龍國）街道；途中經過羅洛士、磅格岱（Kampong

Kdei）、三波坡雷、磅湛（Wat Nokor）的街道（橋、土路、聖劍寺的碑文中五十七號驛站等）。

四、從吳哥到北西，通往姆安它姆寺（Prasat Muang Tam）、帕儂藍的街道（橋、土路、十七號驛站，在聖劍寺的碑文中有八處被確認）。

五、從吳哥往西，通往Phnom Srok以及在其之前的街道（可能是在詩梳風地區？）（橋、土路，聖劍寺的碑文中提及）。

六、未確認的街道。以耶輪陀羅補羅為起點，經由闍耶瓦地等地，再回耶輪陀羅補羅（根據聖劍寺碑文，此為四十四號驛站）。

七、最後是在室利佛逝城附近的奇梳山（Phnom Chisor）驛站，根據聖劍寺碑文，那是在卡爾亞那司帝卡。還有其他碑文中沒有提到的資訊，在聖劍寺、塔普倫寺及班特清麻寺（Banteay Chhmar）的碑文中也有記載。

1 林伽即男姓的陽具，是濕婆神的化身。國王生前會建築林伽廟供奉，死後會葬在林伽廟內。

2 那伽即蛇神。在柬埔寨那伽代表土地之神，象徵（女生）土地的主權。周達觀在《真臘風土記》（〈宮室〉）謂：「國宮在金塔……聞內中多有奇處，防禁甚嚴，不可得而見也。其內中金塔，國主夜則臥其上。土人皆謂塔之中有九頭蛇精，乃一國之土地主也，係女身。每夜（則）見國主，則先與之同寢交媾，雖其妻亦不敢入。二鼓乃出，方可與妻妾同睡。若此精一夜不見，則番王死期至矣；若番王一夜不往，則必獲災禍。」可見在柬埔寨蛇神的重要性。在扶南時代是母系社會，國王多是外來的婆羅門家族，王后必定是本地女性象徵土地的主權，而蛇神就是土地擁有者的象徵。

3 吳哥城亦稱吳哥通（Angkor Thom），是吳哥王國的都城所在。而吳哥寺（Angkor Wat）是一間毗濕奴寺，在吳哥城以南。

4 提婆羅闍（Devaraja）意思是指國王透過婆羅門僧侶主持的神秘儀式，國王與神合而為一，即國王化身為濕婆神或思濕奴神，強化無限的王權權威，即所謂「神王崇拜」，提婆羅闍本土意識較強。本書作者多用印度文化的「轉輪聖王」，轉輪聖王或轉輪王（Cakravartin）即使王成為宇宙的統治者或萬能王。轉輪王後來多用在佛教的神王崇拜。

5 吳哥王朝大概可分為二大階段。第一階段是闍耶跋摩二世從東部的商菩補羅往西遷往吳哥地區，這個王系發展至十世紀開始衰落。其後被馬來半島信仰佛教的單馬令（Tambraliga）或稱洛坤（Ligor）的高棉王室旁系血統的蘇利耶跋摩一世北上東征吳哥，經過十年戰爭，於一〇一一年成為吳哥王朝的新統治者。

6 山廟型即指須彌山（Jambudvipa）是宇宙中心。印度人的宇宙觀認為，須彌山是眾神居住的宇宙中心，而太陽、月亮和星星圍繞著它旋轉。須彌山是由八個守護神守護著，它的周圍環繞著同軸的七條山脈和八條海洋帶，這些海洋帶把它同四個位於指南針基本方位上的、有人居住的海島隔開。眾神之城居於山的中央最高峰。因此很多神王崇拜的國王把自己的廟建築在山上或以山的形態呈現如吳哥窟，象徵須彌山。

7 梅蓬即皇家祠堂或寺廟，大都是國王用來祭祀祖先的祭壇。

第四章

碑文史料所見王朝的政治與社會

巴孔廟　因陀羅跋摩一世建立的第一座國廟。

碑文述說的吳哥王朝實像

◎記載王朝成立的大薩多廓碑文的發現

王即位之後，為了強調他不凡的神秘性，會著手進行盛大的祭典儀式，這不僅是為了要確立王的權威，也是為了要誇示王具有超自然神祕力量而舉行的浮誇儀式。婆羅門及王師等宗教權威為了幫助王建立神秘和權威，會舉辦各種儀式來助長其聲勢，他們滿足了權力者的信仰心，並利用這個權威來維持自己的身分和地位。這一章，就是要來檢視有關政治權力和宗教權威間依存關係和互聯關係的碑文。

吳哥王朝第一任的王闍耶跋摩二世在庫倫山（荔枝山）上，以「轉輪聖王」（帶著正義治理世界的君主）之名即位為王，「守護精靈的王中之王」的「Devaraja」（意思為神王崇拜），創造了以高棉語來說稱為「Kamraten Jagat Ta Raja」（以下略稱為ＫＪＴＲ）的信仰，在都城的國廟中祭祀王和神合體的特別神祇：林伽（陽具）。林伽是王國中的新神祇，任務就是守護王國，只有特別被任命的婆羅門世襲家系才能擁有執行這項儀式的特權。王和神職事務世襲家系的關係可以從大薩多廓（Sdok Kok Thom）碑文（Ｋ・二三五）來考察。

完成於一〇五二年的大薩多廓碑文現典藏於國立曼谷博物館，原先位於距離柬埔寨東北二十五公里處的沙繳府（Sa kaeo Province），那裡正好是泰國和柬埔寨的國境線，從泰國那一側進入有一個同名的遺跡，外周東西一百二十六公尺，南北一百二十公尺，中央塔是赤土和赤色砂岩建造而成，東邊有一個正面開口，境內有一個六十公尺被一個二重迴廊包圍的中庭。

碑文是在遺跡內發現，被雕刻在高一點五公尺的四角柱（四十二公分乘以三十二公分）四面，A面六十六行為梵語，B面七十七行為梵語，C面上部五十五行為梵語，下部二十九行為古高棉語，D面上部二行為梵語，下部一百一十七行為古高棉語。

碑文的雕刻者是一〇五二年一位神職事務世襲家系的族長，名為薩達希夫。根據碑文，大約從兩百五十年前開始，這個家系獨占國家的祭典儀式，一直從事王家的祭儀及即位典禮等任務。一〇〇二年時薩達希夫執行了闍耶毗羅跋摩（在位期間一〇〇二年～一〇一〇年左右）的即位典禮，後來蘇利耶跋摩一世（在位期間一〇一一年～一〇五〇年）與闍耶毗羅跋摩爭奪王位，雙方在柬埔寨西北部發生戰役，闍耶毗羅跋摩敗走退位。勝利的蘇利耶跋摩一世沒有被王師薩達希夫認可，即位不具正當性，最後採用世襲家系的一支旁系替他執行即位祭典，才得以於一〇一一年順利即位。

在王位爭奪戰當中獲勝的蘇利耶跋摩一世進入都城途中，打敗了附近的敵對勢力，一〇一〇年順利進入吳哥都城。世襲家系的國師代代握有執行新王即位典禮的特權，這個儀式是使君主具有正當性的象徵，最終薩達希夫還是讓敵王即位了。

這個新王原本打算免除薩達希夫的聖職，讓他成為閒差，讓世人隨著時間的流逝將此人逐漸淡忘。知道此事的薩達希夫立刻向新王表明了，家族做為世襲家系的崇高地位，企圖挽回頹勢。但是，在握有絕對權力的君主面前，表達異議是不可能的。

薩達希夫想將世襲家系的歷史，從二五〇年前的八〇二年開始，服務十三代王的過程，透過在三四六行的碑文詳細地陳述，但直到蘇利耶跋摩一世去世兩年後的一〇五二年，這個偉大世襲家系的陳述書才得以曝光。

碑文上記錄著：本家是一個有歷史淵源的家系，在闍耶跋摩二世（在位期間八〇二～八三四年）的許諾下執行有關王的正統王權儀式。碑文中詳細地記載了該家系與歷代王共同走過的輝煌歷史，以及當時不管如何都想對蘇利耶跋摩一世陳述，卻被剝奪機會的理念，只能等到王去世之後才能細說分明。

這個碑文正是為了陳述這樣的政治意向製作而成，碑文中清楚地記載了往昔王位繼承及其年代，高位長官的職務，政治權力的構造，經過怎樣的歷史被繼承等，碑文發現前許多未能解開的歷史謎團因而變得清晰。並且，鎮守國家的主神是王和濕婆神合體的「神王崇拜」（Devaraja，外型是林伽〔陽具〕形狀），與新王一起轉移到新的國廟中安置，這個史實透過碑文也能夠判明。

◎「宇宙的主宰，即是王」——王權與宗教權威的共生

大薩多廓碑文詳載了闍耶跋摩二世的政治活動，但因該碑文是闍耶跋摩二世即位的二百五十年後才製作，在這裡，我想藉著批判幾條史料的同時進行考察。在此前提下，先介紹這麼一段記載：「闍耶跋摩二世從爪哇回來（此名稱可能與馬來半島的小王國有關），成為因陀羅補羅的王。」[1]

王從因陀羅補羅開始，一路朝著商菩補羅（Shambhupura，位於今日的桑博〔Sambor〕）、庫蒂、訶里訶羅洛耶、阿馬雷多拉普拉等地北進，幾經南征北討之後，回到可以眺望吳哥都城的庫倫山（即荔枝山，Phnom Kulen），八〇二年時宣示建立新政權。雖然這段記載如同一般王國創建時的強力宣言，但也不至於讓人完全沒有疑問。

王在南征北討過程中，數次轉換住所，同行者包含眾多的兵員、官吏及其家族，這種移

動被認為是一種征討作戰，對地方割據的土豪勢力進行軍事行動同時示威。王利用軍事和聯姻的兩面手法征服各地，為了糾合各地的歸順勢力，將各地村落中信仰的精靈信仰和他創立的「王即神的信仰」互相結合。碑文裡這個信仰用古高棉語記作「Kamraten Jagat Ta Raja」（KJTR），意味「宇宙之主宰，就是王」；梵語的碑文則稱為「Devaraja（提婆羅闍；羅闍〔raja〕指土王、酋長、國王之意）」。實際上，在二世的統治下，當時崇奉什麼樣類型的 Devaraja 神至今仍不清楚，推論可能是供奉一尊約八十公分高的普通林伽（陽具）。

創設「王的林伽」另一個理由是八世紀時，來自爪哇的夏連特拉王國大舉入侵中南半島，占領了柬埔寨南部的水真臘等幾個小國，主張握有宗主權並將其屬地化。創建轉輪聖王的信仰另一原因，就是為了阻止爪哇勢力入侵，確立唯一且絕對的王的威信。

林伽是吸收了各地信奉的土俗精靈信仰形成的神祇，象徵王是濕婆神的化身，是優先於各地信仰的國家信仰；反過來說，也可以說明這時王權尚不穩定，必須有神秘演出的華麗儀式助長王的威勢。宗教上如此，政治上亦然，實施祭儀是國家從地方分立轉向中央集權的象徵。

闍耶跋摩二世為了編纂新的四經典（屬於坦特羅教派的經典，也就是崇拜印度教濕婆神性力的經典）和建立國家祭典儀式的制度，任命了婆羅門的西拉雅達馬作為國師。

熟悉祭儀經驗的婆羅門將這些理論精心地確實抄錄，祈願這個時代能更加興隆，創立了稱之為Devaraja的祕法祭儀。（K．二三五）

梵語的碑文上如此記載著，這個祭儀是在八〇二年時的都城庫倫山執行。根據耶摩尼耶（Étienne Aymonier，一八四四～一九二九年）的研究，闍耶跋摩二世在國廟龍鎮寺供奉了象徵著Devaraja的林伽，也舉行祭儀，但祭儀的詳細內容至今仍不清楚。不過，其後的相關祭儀並非由婆羅門的西拉雅達馬執行。

婆羅門西拉雅達馬完成了KJTR相關祭儀，並將其傳授給濕婆卡伊維里亞。闍耶跋摩二世和婆羅門的西拉雅達馬執行祝福和咒語，命令只有濕婆卡伊維里亞一族有資格執行KJTR相關祭儀，嚴禁他人代為執行。祭司濕婆卡伊維里亞指示家族全員執行祭儀。（K．二三五）

◎世襲家系守護著神聖儀式和神王信仰

在這個重要的祭儀中被委以國師大任的濕婆卡伊維里亞，是闍耶跋摩二世在因陀羅補羅的根據地期間晉用的祭儀官，自此之後，數次的王都轉移中必定隨之前往。濕婆卡伊維里亞深受王的喜愛，即使是滿腹學識的婆羅門西拉雅達馬也無可取代他的地位。

王賦予給濕婆卡伊維里亞的特權是：一、「KJTR信仰」的事務由其後代子孫世襲的家系執行；二、這個祭儀無法由他人主持；三、在國師指揮下，家族全員執行祭儀和管理寺院等全部的宗教事務。自濕婆卡伊維里亞之後，歷經二個半世紀到蘇達希夫為止，國師這個宗教職務整整八代，皆由其家族成員繼承。歷代的世襲家族長執行王的即位儀式，守護並致力於擴大「KJTR信仰」，勸進王建造大型的伽藍工程，在國家寺院中供奉「王的林伽或王的神像」，盛大地舉行關於「Devaraja」的宗教祭儀。

在「KJTR信仰」當中，林伽是濕婆神經由婆羅門授予給王的王國守護神，也是土地的精靈，裡面寄居著一位纖細但看不到的靈魂。因此，王並非是單純的人類，他同時也是濕婆神的化身。

根據碑文，國師濕婆卡伊維里亞執行的闍耶跋摩二世和林伽合而為一的祭儀，在象徵須彌山的庫倫山上執行，從神王的思考模式來推論，王、林伽及國師三者之間，如同鼎一般，是切不斷的政教一致關係。

據說「KJTR信仰」為了守護永續的王權，王的都城搬遷到哪裡，居住地就遷移到哪裡，一直被供奉在王興建的國廟中。

總之，這個世襲聖職的家族掌握著王的即位典禮等，一切與國家相關的宗教事務，他們堅守著王位的神授，建造足以誇示王的威權的大神廟，經由演出神秘的祭儀鞏固神聖王權；在宗教上行使著祭儀特權的同時，政治上也同樣位居高位而掌握著權柄。

林伽　神王為陽具的造型。金邊國立博物館藏。

◎被命令還俗的國師的感嘆

現在金邊王宮中，還存在著負責執行特別祭儀的祭司官，稱為「八股」，這是一個被稱為婆羅門的祭儀執行集團，至今仍負責各種祭儀的舉行，例如始耕祭等。[2]

蘇利耶跋摩一世授予薩達希夫「王的祭司長」的稱號，表面上看似提高他的尊榮，其實是方便讓王卸下薩達希夫職務的措施。至今在柬埔寨政府中，想明為晉升、暗則架空某官員時也會使用這樣的方式。蘇利耶跋摩一世沒有讓他再擔任ＫＪＴＲ的祭儀職務，薩達希夫被命令還俗，改名為「夏恩多巴蒂塔」，和王妃的妹妹結婚。

那麼，薩達希夫為什麼會在一〇五二年時製作這個碑文呢？那一年蘇利耶跋摩一世逝世，優陀耶迭多跋摩二世即位為新王，薩達希夫將世襲家系的偉大歷史全數寫出，為永久保留而特地雕刻在碑文中。作為濕婆卡伊維里亞家系最後的國師，薩達希夫在身分和地位將改變時，在類似家族菩提寺[3]的大薩多廓中，將事情經過全部寫在碑文上，存留至今。

實際上，不管如何，蘇利耶跋摩一世終究是將從濕婆卡伊維里亞開始，該家系長久以來執行即位式的特權從薩達希夫身上拔除，並且晉用與其母有血緣關係的向卡拉帊帝達，取代薩達希夫。在宗教上以超過二百五十年的傳統和權威自豪的神聖宗教家系，政治上也不得不在王權面前屈膝。柬埔寨版的印度教將柬埔寨的王權推上頂點，並滲透了整個統治階層。

這個碑刻的史料價值相當高，吳哥王朝向來不為人知的史實，例如：關於王的統治年代；王和祭儀執行者共同演出王權的宗教神秘性及其背景；王權的神祕宗教性如何透過祭儀執行者擴大演出；侍奉君主的世襲家族等，關於神格化王權的實際情形及政治背景等，藉由碑文的解讀全部都得以明朗。

◎從碑文史料中累積社會的共識

吳哥王朝是梵語和古高棉語並用的社會，大薩多廓碑文（K．二四三）是兩種語言並用的最佳例證。碑文中梵語和古高棉語內容相同，內容完整，史料性甚高。吳哥王朝初期，高棉語還不夠成熟足以成為書寫文字，梵語很常被單獨使用，闍耶跋摩七世時為了擴充王國版圖，開始使用當時東南亞共通語言梵語來雕刻碑文。

婆羅門位居王身邊的高官，想當然耳都有梵語的名字，同時也有高棉語的俗姓。例如：十世紀時，有一位叫做維來伊卡龍的高官，因其妹與王結婚而被授予位階，梵語名字稱為那拉帊帝沱羅維魯曼（意味著甲胄的諸王之王的支持者）。當時社會持續並用兩種語言，梵語是政治和宗教上的權威語言，滲透了高棉人的社會。

現存的碑刻是少數篆刻者奉獻給神的特殊文書，記載內容表現他們的想法和價值判斷，是當時社會重要的記錄，即使僅是斷簡殘編，或是偏向特定事項，也是了解當時社會重要的史料，碑文內容可一窺創造者及其時代精神和思維模式。

大量地歸納各個碑文中關於一般庶民社會鳳毛麟角的線索，可以觀察出幾個共通點，也可找出一般社會的通則和概念。碑文的判讀有碑刻學的鐵則，但實際解讀未必可看到當時社會的通則和價值體系，必須花費功夫，並且不斷地反覆閱讀，確實有熟練的必要。只要參透一個原則，就可以明白其他碑文的原則。碑刻的判讀說來容易，實際執行卻相當困難，必須經過長年累月的經驗和熟悉，澄淨的眼力更是必須的。

來思考看看碑文史料中，可看出當時柬埔寨社會有著哪些人吧！梵語的普及和滲透使印度文化被接受的更為徹底，高棉文化被印度文化浸透，但是外來的梵語卻完全被高官們視為私有物的象徵緊緊掌握。

◎演出王的權威的黑幕——王、王族和國師、婆羅門、高官

僅次於王地位的婆羅門是怎樣的人物呢？他們是國師（古魯），行使著影響力，地位比王族、王子、大臣還崇高。

吳哥王朝最具代表性的國師是帝瓦凱拉帊帝達，從十一世紀到十二世紀，總共歷經五任

統治者，隱身在幕後指揮著王的行動，特別是執行蘇利耶跋摩二世的王位即位式，是一位政治手段高超之人。他被授予「敬愛之師、鴻運之御足」的位階，也被授予高位王族的位階，有權使用金輿、金把手的扇子、象、馬等尊貴物品，是掌握權柄的高官。

那麼，婆羅門被要求展現怎樣的能力呢？耶輸跋摩一世在八八九年時設置的僧房規則中，婆羅門被要求是：一、具有作為偉大信仰實踐者的行動能力；二、天賦異稟；三、被要求必須通曉吠陀之事。多數的婆羅門對吠陀如數家珍的同時，還必須精通論理、神話及敘事詩等各種知識。此外，還有一個判斷的標準：四、是否來自於印度。國師／婆羅門與王族聯手合作，朝著更高位的榮華之路邁進。與王聯姻和高階官職的組合，如同大薩多廓碑文中指出的，對世襲的宗務官家系來說是理所當然的事，國師／婆羅門的職務不僅只有祭儀，還涉及政治各種多樣事務。

在七世紀時，一位婆羅門的兩個兒子曾各自擔任「管理馬廄」與「水手長」的職務。最令人尊敬的職務自然是神王的宗務祭儀官，被授予「王室婆羅門」的頭銜。執行即位典禮的祭司被稱為「偉大的國師」（烏拉．古魯），儀式被嚴肅的執行，具有婆羅門職務者和高官必須列席。

曷利沙跋摩三世（在位期間一〇六六～一〇八〇年）的即位式實際上是擁有國師資格的

大臣和高官協議執行的，同時也執行聖水從頭上澆灌的灌頂儀式。王的即位式是國家最重要的儀式，從王權神授的觀點出發，這是承認王的統治權的最高行事。

登上王位的王擁有「聖足之塵」的稱號，也被稱為「柬埔寨大地之神」，手持象徵著國主的白傘，是王權的來源，聖劍也是王的象徵之一。王是「世界萬能的守護者」，帝釋天（因陀羅神／雷神）的化身。王在保護臣民的同時，也是守護法律之人；他從惡人和罪人手中守護國家，對違反其命令者，以廷杖施以懲罰；王也必須使臣民得以安居，做出使國家經濟繁榮的承諾。

王的名字結尾在「跋摩」二字，「跋摩」有盔甲之意。再舉個例子：伊奢那跋摩一世（在位期間六一六～六三七年）名字開頭的「伊奢那」，代表著神明的意思，可能是濕婆神或太陽神、因陀羅神等其他神，也可能是比較抽象的名詞像是勝利或是歡喜等。

王的名諱成為國廟主神林伽的稱呼，因陀羅跋摩一世建立了因陀羅跋摩一世和濕婆神合體的神王林伽「因陀羅雷修瓦拉」；耶輸跋摩一世建設了耶輸陀羅補羅（意味著耶輸跋摩一世的都城），也建造了耶輸陀羅塔塔迦（意味著耶輸跋摩一世的池，也就是東巴萊），還建設了稱為耶輸陀羅修拉馬（意味著耶輸跋摩一世的僧院）的僧院。

王去世和皈依時會與神在天上合體，擁有諡號並被神格化，以後就以諡號被稱呼。例如：闍耶跋摩二世是帊拉梅濕婆拉帊達（意味著朝著至上濕婆神出發的旅行者）；蘇利耶跋摩一世是帊拉馬毗濕奴羅迦（意味著朝著至上毗濕奴神世界出發的旅行者）；闍耶跋摩七世是馬哈帊拉馬薩烏卡達帊達（意味著朝著偉大而至上佛陀出發的旅行者）。

◎橫跨神和人間兩個世界的王

這些以婆羅門為中心的祭儀者對柬埔寨諸王們鼓吹「王的神格化」理論，並且擁有一套演出劇本，他們把印度教諸神變化成柬埔寨版本，將王權的來源與神諭連結，使王和神合體化，讓王置身其中。王被認為是橫跨神和人兩個世界的存在，讓王以現人神的姿態展現在世人眼前。對王和神（濕婆）合體的林伽朝拜早在前吳哥時代已經存在。將王當作現人神的想法，從六三九年即位的拔婆跋摩二世時就已存在，且記載下王的謚號，認為王是橫跨神與人間兩方世界的確實存在。

最初王是濕婆神的化身，王是人間的「神」（Isha），或者說是濕伐羅（Isvara），供奉於都城中心的山廟型國廟中的金色林伽，據說就是王的靈魂寄宿之地。

蘇利耶跋摩二世常常被視為與毗濕奴神同體；闍耶跋摩七世將自己與巴戎寺（Bayon）

中供奉的大佛合體，成為佛王，將般若波羅密多像當作母親供奉，觀世音菩薩當作父親崇祀。

王家的系譜來自於建國的神話，強調月亮和太陽兩個家系。月亮家系溯及扶南國，認為是婆羅門僑陳如的子孫；太陽家系溯及被稱為「Kumpuchea 人」（意味著「自 Kumpu 出生」，即「Cambodia」）始祖的「Kumpu」，和飛天女神（Apsaras）「Mera」。

總地來說，王透過即位儀式得到轉輪聖王（世界的王）的名號，和神合體同時踏上了王位之路。十二世紀的碑文中記載著即位儀式的流程，根據這個流程可知王的國師（烏拉·古魯）占有相當重要的角色，立場已經不僅只是單純的祭儀官。他平時是王的政治顧問，即位典禮時向人民保證，王具有王位的正統繼承權，是運籌帷幄，徹底一手遮天的「擁立國王者」。

之前已經提及，有名的國師帝瓦凱拉杷帝達在王宮中擔任要職，侍奉前王家的眾王，十一世紀末時引進馬悉達拉補羅王家，主持了闍耶跋摩六世的即位式。後繼者的兩代王（陀羅尼因陀羅跋摩一世和蘇利耶跋摩二世）的即位式也是由他主持的。

大臣們會根據不同的場合參加王的即位式，也會進行必要的干涉。在這樣的權力構造中，如果要問什麼是王權，怎樣掌握權力，掌握正統性的人背後是怎樣的人涉入，其實還有很多不清楚的課題。吳哥歷代在位的王不但縱橫在充滿權謀詐數的政治漩渦中，也是各種儀式的中心人物，最高的祭式執行者，在國廟中與冠以王之名的神王信仰相連結。

王授予臣子身分、職位及位階，根據十世紀的碑文，官僚集團的設立、維持及管理指揮也是王的任務。為了管理住民的健康，王為住民們建立了治療院、驛站等設施，為了教育也建立了僧房。王是王國中最高的審判官，被視為是閻羅王一般的存在，當然也是軍隊的最高司令官。王基於對神明的信仰秉持正義執行職務，因此王對於建築物有直接管理權，也是所有建築物的代理人，更是律法的擁護者。

牽動王朝的王和實力者們

◎才氣煥發的王：闍耶跋摩二世

大薩多廓（Sdok Kok Thom）碑文中，對闍耶跋摩二世到十三代各王的事蹟，及他們與祭儀執行世襲家系的連結有相當詳細的記錄。

一直以來，關於王即是神的「KJTR信仰」體系如何形成的課題，歷史研究者大多認為這是世襲家系的誇張情報操作，並加以批判，但這個史實大致上是正確的。

八〇二年時，闍耶跋摩二世在開拓新王朝的光輝中即位，在此之前，即使中國史料曾經提到王朝主人與「水真臘」的王族關係，但實情究竟是如何目前還不清楚。身為王族的二世王幼年時為了宗主權問題，曾經在爪哇當過人質，直到成年才回到柬埔寨。

根據少數碑文的記載，七七〇年時闍耶跋摩二世回到因陀羅補羅（K・一〇三），七八一年時將統治領域擴展到北部的商菩補羅（Shambhupura），他宣示將柬埔寨脫離爪哇夏連特拉王朝的統治。之後，征服吳哥的阿寧迪塔普拉（Aninditapura，又譯阿寧迪塔補羅）王國，緊接著在羅洛士建立據點，八〇〇年時轉移到庫倫山，八〇二年時宣示建立新政權。他所舉辦的國家祭典每次都會在庫倫山上舉行，但庫倫山頂平地狹小，多為岩石裸露之地，日常生活相當不便，所以王並沒有住在那裡。王會在祭典結束後回到訶里訶羅洛耶，直到下次宗教祭儀再度舉行時，才會再回到庫倫山。闍耶跋摩二世至少統治到八三四年，繼位者闍耶跋摩三世（在位期間八三四～八七七年）是他的兒子，以特別喜愛狩象著名（K・五二一），但治理情形因史料欠缺而不為人知。

◎吳哥都城的擘畫者：因陀羅跋摩一世

因陀羅跋摩一世（在位期間八七七～八八九年）的出生之地還不清楚，但應該與商菩補羅家系（位於湄公河流域的桑博）有著淵源，婆羅門國師希瓦索瑪是世襲家系的第三代家長，長年跟隨王征戰各地。他是一位藝術家，據說實際參與過神牛廟（Preah Ko）祠堂的建設。因陀羅跋摩一世在八七七年時以高齡即位，根據碑文記載，他「越過中國、占婆和爪哇島王的上頭，王的命令就像是茉莉花的花冠施行全世界，髒汙的花輪也可以取得均衡」。

因陀羅跋摩一世統治時期，吳哥王朝勢力範圍幾乎可以與現在的柬埔寨國土相匹

神牛廟　因陀羅跋摩一世為了弔唁雙親而興建。

敵，八七七年時他開始在羅雷廟（Lolei）興建巴萊，將這座人工湖以自己的名字取名為「因陀羅塔塔迦湖」。之後在八七九年時，建立祭祀祖先的神牛廟（Preah Ko）及國廟巴孔廟；八八一年時祭拜與王的名字連結命名的KJTR神林伽；據說緊接著進行東巴萊和初期巴肯寺（Phnom Bakheng）的興建工程。有關王的統治記載的最後碑文是八八六年。因陀羅跋摩一世在兒子耶輸跋摩一世即位的八八九年前即已去世，在耶輸跋摩一世即位之前，吳哥的歷史有數年的空白，應是發生了王位繼承戰爭之故。

◎具有國境意識的王：耶輸跋摩一世

雖然有數人爭奪王位，最後是由在洞里薩湖船上戰役中勝出的耶輸跋摩一世（在位期間八八九～九一〇年）取得王位。這時的國師是瓦瑪濕婆。王是身強體健之人，碑文中記載，耶輸跋摩一世「猛然一擊可以使鐵製的劍一分為三」。在耶輸跋摩一世的治理下，國境據推測在緬甸、暹羅灣、占婆和中國之間，我判斷這個範圍是應是吳哥王朝的通商圈。王和高官們對於物產流通和交易勢力圈具有相當的意識，都城耶輸陀羅補羅裝飾了無數從國內外帶進來的寶物及豪華的飾品，這就是物流發揮功能的證據。

耶輸跋摩一世在國內外建造了一百座以上的印度教和佛教僧房，被認為是統治領域的標誌之一，現今從南圻到寮國南部、泰國東北等十幾個地方都有僧房的遺跡被發現。耶輸跋摩一世即位後在訶里訶羅洛耶生活了幾年，之後建造了吳哥王朝最初的都城耶輸陀羅補羅，並在都城的山丘上建造了國廟巴肯寺及東巴萊（耶輸陀羅塔塔加湖），並在東巴萊堤防附近建造一座僧房。僧房對僧侶實施嚴格的教育，規則繁複，可以看到部分當時一般社會的規律。

耶輸跋摩一世在九一〇年時去世，這是沒有疑問的。後繼者為其子曷利沙跋摩一世（在位期間九一〇～九二二年），以及之後繼承的兒子伊奢那跋摩二世（在位期間九二二～九二八年）。其後的王位篡奪者闍耶跋摩四世（在位期間九二八～九四二年）是他的連襟。

◎伯父闍耶跋摩四世篡奪王位

闍耶跋摩四世是耶輸跋摩一世的妹婿，九二一年起將林伽轉移到貢開，伊奢那跋摩二世則隨之。闍耶跋摩四世九二一年時在貢開即位，但是柬埔寨南部的碑文記載他即位時是九二八年。

大薩多廓碑文中對於這場王位爭奪戰有何記錄呢？據說替闍耶跋摩四世執行即位儀式的

國師是婆羅門伊暇那穆魯提，但他並不是耶輸跋摩一世時代原本的世襲家族，而是從原來的正統世襲家族國師瓦瑪濕婆家族分出的旁系家族。闍耶跋摩四世將都城移到貢開並建立新都，建造了巍峨的王宮、多處寺院、祠堂及巴萊，主神林伽被轉移供奉在柯克的祠堂，祠堂終日燈火通明。王於九四二年去世，其子曷利沙跋摩二世繼位，但兩年後去世，結束了貢開時代。

◎實現吳哥再遷都的王：羅貞陀羅跋摩

羅貞陀羅跋摩（在位期間九四四年～九六八年）將林伽取回吳哥時還相當年輕，他跟隨國師濕婆恰里耶學習帝王之術；同時也接受來自印度婆羅門的帝瓦凱拉巴達的教導。帝瓦凱拉巴達據說是擁有十四種學問的權威人物。

羅貞陀羅跋摩將國都遷回吳哥地區，在當地建造新都，大興土木整建了東巴萊湖，九五二年時在其中央建造了祭祀祖先的東梅蓬廟；接著九六一年時在附近建造了國廟變相廟（Pre Rup）。建築家高官迦維因陀羅梨摩多那九五二年時在巴瓊寺（Bat Chum）奉納神佛。羅貞陀羅跋摩於九六八年去世，由其子闍耶跋摩五世繼位。

◎國師耶若婆羅訶的教導

羅貞陀羅跋摩一世之子闍耶跋摩五世（在位期間九六九～一〇〇〇年）為後繼者，自小即位，跟隨國師耶若婆羅訶學習帝王之術。耶若婆羅訶的攝政對王的治世有相當大的功勞。闍耶跋摩五世曾著手興建位於東巴萊西岸的塔高廟（Ta Keo，又名金先鋒之山），興建工程因發生雷擊而中斷，在寺廟尚未完工之前，王即於一〇〇〇年去世。

國師耶若婆羅訶和迦維因陀羅梨摩多那建立了許多私人寺廟，先是在九六七年時耗費三十年興建班迭絲雷廟；又在九五二年時興建巴瓊寺並且奉納佛像，還另外被王委任興建東梅蓬寺和王宮（根據推測，應該是位於東巴萊

塔高廟　闍耶跋摩五世在吳哥的東巴萊西岸所興建，但尚未完工王即去世。

的南側）。

闍耶跋摩五世與占婆的戰爭一直持續著，九五〇年時曾經派兵出征。之後其外甥優陀耶迭多跋摩一世（在位期間一〇〇一～一〇〇二年）繼承王位，但不久因故去世，由闍耶毗羅跋摩繼承王位，他與蘇利耶跋摩一世爆發九年的內戰，一〇一〇年左右敗逃。

◎要求宣誓效忠的蘇利耶跋摩一世

蘇利耶跋摩一世[4]（在位期間一〇一一～一〇五〇年）的出生地推測應是在扁擔山脈，在內戰結束後的一〇一一年時即位。他要求前朝官吏必須宣誓效忠，將宣示名單刻在王宮入口的柱子上，只有宣誓者才能任官。王的讚揚者將他塑造為梵天的化身；梵天信仰很少浮現在歷史舞台上，但卻一直持續存在。如前所述，根據大薩多廓（Sdok Kok Thom）碑文記載，他是一位連聖職者家系之長薩達希夫也不得不跪拜的強而有力王者。從這點來看當時的聖俗權力架構，其實是頗富興味的。

蘇利耶跋摩一世重整了吳哥都城中的王宮，在西巴萊建造了具有測定水位功能的西梅蓬廟（過去原是濕婆派的寺廟），在他的統治下，吳哥的領土範圍拓展到昭披耶河流域，在那裡建立據點。

優陀耶迭多跋摩二世（在位期間一〇五〇～一〇六六年）是蘇利耶跋摩一世的兒子，一〇五〇年時即位時還很年輕，對於他的治理情形至今仍不清楚。僅知當時有一位世襲軍人家系出身的桑古拉瑪將軍擔任皇家最高司令官，一〇五一年和一〇六五年時鎮壓了兩起叛亂。優陀耶迭多跋摩二世建立了國廟巴普昂寺，當時被稱為金山，但是在他支配力所不及之處，叛亂和起義未曾停止過。

優陀耶迭多跋摩二世進行了水位測定寺院西梅蓬的第二期工程，在那裡供奉巨大的橫躺毗濕奴神像，一〇六六年逝世之後，其弟曷利沙跋摩三世即位，主持即位式的祭司的王師是夏凱拉帊帝達，也有灌頂的儀式。

◎讓新王朝登場的國師和闍耶跋摩六世

婆羅門國師帝渥凱拉帊帝達總共侍奉過包括：優陀耶迭多跋摩二世、曷利沙跋摩三世、闍耶跋摩六世（在位期間一〇八〇～一一〇七年）、陀羅尼因陀羅跋摩一世及蘇利耶跋摩二世等五代君主，不僅在宗教事務上，作為政治上的指揮者也相當具有影響力，是王宮內的實力者。

一〇八〇年，闍耶跋摩六世在帝渥凱拉粑帝達輔佐下登上王位，他與前王朝一點關係都沒有，據說是從一個叫做馬悉達拉補羅（今日泰國東北）、來歷不明的王朝出身，為了掌握權力接受了帝渥凱拉粑帝達的支援。與闍耶跋摩六世相關的碑文幾乎沒有被留存，因此對這個君王的活動不太了解。當時曷利沙跋摩三世的後繼者們統治吳哥地方的痕跡都沒有被留下來。

闍耶跋摩六世將據點從泰的東北部遷移到柬埔寨北部，大興土木建造位於北部扁擔山的柏威夏寺（Preah Vihear）和瓦普寺，一一〇七年去世之後，其兄陀羅尼因陀羅跋摩一世（在位期間一一〇七～一一一三年）繼承王位。陀羅尼因陀羅跋摩一世是否在吳哥都城即位至今仍是個謎，這個時期國內好幾個地區呈現分裂的狀態，也存在王位爭奪戰爭，國師帝渥凱拉粑帝達的動向是重要的關鍵。

◎建立吳哥寺的鬼才：蘇利耶跋摩二世

據說蘇利耶跋摩二世（在位期間一一一三～一一五〇年左右）併吞了兩個王國之後才掌握了大權，由帝渥凱拉粑帝達執行即位儀式登上王位。他是毗濕奴神的信仰者，在自己的國廟吳哥寺供奉毗濕奴神，同時也建立許多濕婆派神廟。吳哥寺是吳哥王朝傳統建築的登峰之作，至今仍然存留的大型文化遺產。

蘇利耶跋摩二世積極地進行武力擴張，先於一一二三年和一一二四年兩度派兵出征占婆；又於一一二八年攻擊大越國，但此役吃了敗仗；對北圻最後的出兵之後，於一一五〇年去世，後繼者為耶輸跋摩二世（闍耶跋摩七世之父）。但一一六五年時，王位被大臣崔婆梵那迪提耶跋摩（在位期間一一六五～一一七七年）所篡，耶輸跋摩二世也被特里布婆那迭多跋摩（Tribhuvanadityavarman）所殺。

蘇利耶跋摩二世的浮雕　位於吳哥寺第一迴廊南面西側。

◎皈依佛教者：陀羅尼因陀羅跋摩二世

陀羅尼因陀羅跋摩二世在蘇利耶跋摩二世在位時並不是統治者，而是以佛教徒的姿態進行各種活動，之後繼承堂兄蘇利耶跋摩二世之位登上王位，至耶輸跋摩二世即位為止是吳哥王朝的君王，卻沒有能夠證明他曾經在位的碑文。皈依佛教的他最著名的就是身為闍耶跋摩七世的父親，因為闍耶跋摩七世將他父親視為觀世音菩薩供奉在聖劍寺。陀羅尼因陀羅跋摩二世在一一五〇年到一一六五年間，傾國家之力興建了班梅雷雅廟（Beng Mealea）、孔蓬思維的大聖劍寺等佛寺，並且在連結兩佛寺與吳哥都城的街道沿路上設置驛站，周邊也建立了一些小寺院。吳哥城內的周薩神廟（Chau Say Thevoda）和郊外的班迭桑雷廟（Banteay Samre）也是在此時期建立。陀羅尼因陀羅跋摩二世於一一六五年時辭世，後繼者耶輸跋摩二世也因政變在同年去世，由特里布婆那迭多跋摩繼位。

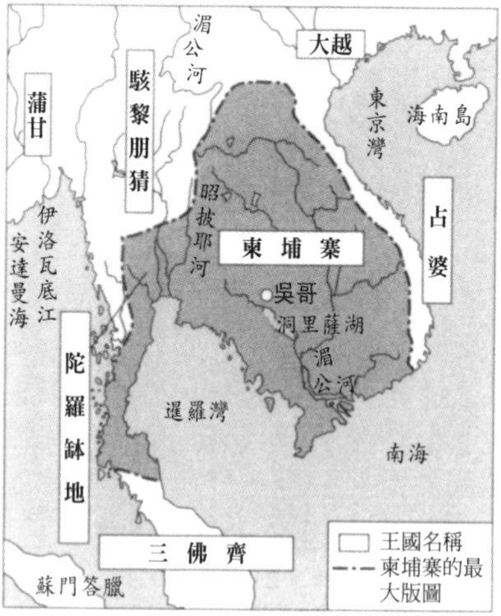

柬埔寨統治範圍 十二世紀

◎國威的發揚者：闍耶跋摩七世

一一二五年左右出生的闍耶跋摩七世（在位期間一一八一～一二一九年左右）與父親一樣是熱心的佛教徒，與賈耶拉賈蒂維結婚。妻子去世之後，又娶妻子的姐姐為妻，夫妻皆是佛教徒。他的繼室曾經修習過佛教教義。王子們也深具才華，有一子是塔普倫寺和聖劍寺碑文的作者；一子敘利陀羅庫瑪在對占婆的戰役中功勳彪炳；還有一子塔馬林達拉（與闍耶跋摩七世的血緣關係還不明確）曾經在斯里蘭卡學習上座部佛教的經典，於一一九〇年返國。

一一六五年時，已經年過四十的闍耶跋摩七世對占婆出兵，他歷經十幾年光陰，在孔蓬思維大聖劍寺安營紮寨招兵買馬。一一七七年，占婆大軍攻陷吳哥都城，崔婆梵那迪提耶跋摩戰死，闍耶跋摩七世挺身對占婆作戰，先在聖劍寺的戰役中獲得勝利，之後在洞里薩湖的水上戰役也獲得勝利。

一一八一年，闍耶跋摩七世在庫倫山上舉行即位遺式，正式掌握權力。一一九〇年起開始遠征各地，一二〇三年將占婆併為屬州。在國外，越南、爪哇及占城的統治者也對闍耶跋摩七世表示敬意，定期奉獻日常沐浴用的聖水，闍耶跋摩七世的地位從即位開始就未曾動搖過。

闍耶跋摩七世在位期間也著手興建許多大型建築：一一八六年在吳哥地區興建塔普倫寺；動工整建聖劍寺的巴萊；興建吳哥城及國廟巴戎寺；其他例如：斑迭喀蒂寺、塔內寺及聖劍寺的附屬建築蟠蛇殿等工程也陸續開展。

一一八六年之後，闍耶跋摩七世興建了一百零二所治療院；一一九一年之後完成一百二十一處驛站；洞里薩湖北部全境的橋樑、水壩；穆新（泰和緬甸的國境附近）等城鎮的整體建設等皆在任內完成。王積極的活動使王朝交易活絡，促進物產流通，這樣的商業行為在《真臘風土記》[5]中有記載，國內外各個治療院和驛站成為地方的商業據點，來此地的外國商人形容為：「富貴的真臘」。這些工程直到闍耶跋摩七世統治結束時仍然持續，大多數仍尚未完成。

闍耶跋摩七世像 具有深厚靈性的作品。藏於集美東洋美術館。

吳哥王朝在闍耶跋摩七世的治理下進入全盛時期，領土範圍西從昭披耶河抵達馬來半島北部，北到永珍，東到越南中部的峴港為止。王在一二一八年之後去世，後繼者是以武功著名的兒子敘利陀羅庫瑪，與之後的因陀羅跋摩二世為同一人的可能性相當高。

◎濕婆神的篤信者：闍耶跋摩八世

一二四三年時，闍耶跋摩八世取代闍耶跋摩七世的兒子因陀羅跋摩二世即上王位，關於他的出生和家系背景至今仍然不清楚。闍耶跋摩八世是一位熱心的濕婆神崇拜者，一二九五年（他去世那一年），在濕婆派神學者的鼓吹及對母親的懷念下，闍耶跋摩八世建立了曼加拉薩寺；在位中期之後，濕婆派瑜珈修練者中的過激人士，大肆地毀壞闍耶跋摩七世時代的佛寺，引發毀佛運動。一二八三年時元世祖忽必烈出兵柬埔寨，不過只要求朝貢品，並未加以攻擊。闍耶跋摩八世去世之後，元朝派遣包含周達觀在內的柬埔寨訪察使節團來訪吳哥，目的是對朝供品予以回禮，闍耶跋摩八世與暹羅間的小紛爭，與最初對柬埔寨的攻擊也可能是元朝派遣使節的原因。根據周達觀的說法，一二九五年闍耶跋摩八世去世之後，宮廷裡發生激烈的繼承人之爭，最後登上王位的是闍耶跋摩八世之前的警衛隊長，同時也是其女婿的室利因陀羅跋摩（王號為因陀羅跋摩三世，在位期間一二九五～一三〇八年）。

◎即使是這樣仍執著於三項一套的王者們

表四裡將二十六位王的名單整齊排列，但是仔細調查王位的繼承，原為先王的親生兒子或者是兄弟的只有八人。其他十八位王則是以武力手段登上王位之後，為了系譜上的必要性而追溯血緣關係，在名目上主張王位的正統性。

歷代的王者們依循傳統建立新都城、作為國廟的新寺院及新王宮，奮不顧身地展現王者的氣度，但是實際上能夠實踐這三項一套的統治者只有五位。柬埔寨並沒有使王位的存在正當化並且使之存續的法律制度和措施，結果僅能訴諸於實力獲得王位，並且努力守住。許多人對王位虎視眈眈，導致許多王在遠征途中行蹤不明，或者是不知道死亡時間的狀況很多。

柬埔寨的王位爭奪訴諸於繼承戰爭的武力手段，對王位的野心來自於個人的自我展示欲望。但是當時的柬埔寨人皆有共識，若要使王位能夠在政治上存續，就必須要有一套制度才行；換言之，必須透過習慣法來認可其存續。但是，柬埔寨當時並沒有制定王位繼承可資依據的成文法典。

事實上，在當時舉行一個非比尋常、神祕誇張、美輪美奐而讓人目不暇給的即位儀式是必要的。因為在許多時候，即使是以武力登上王位的新王，王朝內的支持者多數仍然心存觀

表四　吳哥王朝二十六位君主的名單

即位順序	在位期間	王的名字
1	802-834	闍耶跋摩二世（Jayavarman Ⅱ，在荔枝山宣示為轉輪聖王〔Cakra-varti-rāja〕）
2	834-877	闍耶跋摩三世（Jayavarman Ⅲ，闍耶跋摩二世之子）
3	877-889	因陀羅跋摩一世（Indravarman Ⅰ）
4	889-910左右	耶輸跋摩一世（Yaśovarman Ⅰ，因陀羅跋摩一世之子）
5	910-922左右	曷利沙跋摩一世（Harṣavarman Ⅰ，耶輸跋摩一世之子）
6	922左右-928	伊奢那跋摩二世（Íśanavarman Ⅱ，耶輸跋摩一世之子）
7	928-942	闍耶跋摩四世（Jayavarman Ⅳ）
8	942左右-944	曷利沙跋摩二世（Harṣavarman Ⅱ，闍耶跋摩四世之子）
9	944-968	羅貞陀羅跋摩（Rājendravarman）
10	969-1000左右	闍耶跋摩五世（Jayavarman Ⅴ，羅貞陀羅跋摩之子）
11	1001-1002	優陀耶迭多跋摩一世（Udayādityavarman Ⅰ）
12	1002-1010左右	闍耶毗羅跋摩（Jayavīravarman）
13	1011-1050	蘇利耶跋摩一世（Sūryāvarman Ⅰ）
14	1050-1066	優陀耶迭多跋摩二世（Udayādityavarman Ⅱ）
15	1066-1080	曷利沙跋摩三世（Harṣavarman Ⅲ，優陀耶迭多跋摩二世的兄弟）
16	1080-1107	闍耶跋摩六世（Jayavarman Ⅵ）
17	1107-1113	陀羅尼因陀羅跋摩一世（Dharanīndravarman Ⅰ，闍耶跋摩六世的兄弟）
18	1113-1150左右	蘇利耶跋摩二世（Sūryavarman Ⅱ）
19	1150左右-1165	耶輸跋摩二世（Yaśovarman Ⅱ）
20	1165左右-1177	特里布婆那迭多跋摩（Tribhuvanāditiyavarman，王位篡奪者）
21	1181-1219左右	闍耶跋摩七世（Jayavarman Ⅶ）
22	1220左右-1243	因陀羅跋摩二世（Indravarman Ⅱ）
23	1243-1295	闍耶跋摩八世（Jayavarman Ⅷ）
24	1295-1308	室利因陀羅跋摩（Śrīndravarman）
25	1307-1327	室利因陀羅闍耶跋摩（Śrīndrajayavarman）
26	1327-1353左右	闍耶跋摩波羅密首羅（Jayavarmādiparamesvara）

說明：關於吳哥各個君王的即位、統治年代及去世時間等，在碑文、王朝年代記、中國史料及旅行雜記中有各種說法，已盡可能地進行比對。此外，有一說稱陀羅尼因陀羅跋摩二世（Dharanīndravarman Ⅱ）於一一五〇至一一六〇年間即位，但並沒有該王的統治記錄，在碑文和系譜中也未見記載。雖然他是闍耶跋摩七世的父親，但可能是哪個地方的小國王也說不定。

望。新王的政治力薄弱，加上常有覬覦王位之人，新王無時無刻不在期待三項一套祭儀能夠早日舉行，好讓世人知道，自己是在神授與王權之下登上王位的正當統治者。

牽動政治和社會的官僚們

◎掌握政治實權的是誰？——關於國師和高官

那麼，即使王具有崇高的地位，實際掌握政治大權的人是誰？碑文中可見，牽動政治動向最重要的兩位人物，就是站在官僚體系頂端、直屬於王的國師（烏拉．古魯）和大臣（曼德林），擔任兩職務者常常會在政治上採取聯合動作。

國師是王各種事務，包含精神層面在內的建言者，很多碑文皆提到國師的非凡地位。國師的任務無所不包，從對下一任的君主教育開始；執行即位儀式；在王身邊執行命令；作為王的顧問，給予協商；站在政治和祭儀的第一線，擔任先導的角色等；在這期間也擔負皇太子的教育責任；並且，如前所述，國師關係著王是否能順利即位，是王位繼承是否具正當性的保證人。

從地位崇高的婆羅門中篩選出來的國師通常出身於印度，不然就是與王家有姻親關係，他們執行王家的種種祭典儀禮，例如乞雨或始耕式等，王也會命令他們去視察建築工程並且督促進度，完成協調的任務。

國師常常接受來自王所委派，關於寺院的相關命令或宗教事務，執行任務或是擔任監督工作。活動範圍更廣的國師甚至也必須處理關於私人建設，或是土地界線訴訟的調停等工作。總之，國師的職務相當多元，很難明確地定義國師的職務範圍。

要明確地指出吳哥王朝官職的專門用語是困難且複雜的，因為頭銜、稱號或職位等會隨行政官的身分而異；並且具有功績的高官或職員常會臨時被授予某個特別的稱號，這些稱號、身分及職位相當多元，不一定明確，每個時代、每個王都不同。

有些職位很明確是世襲的。例如，根據十一世紀的碑文，某家自六世紀以來長期擔任「書陵部」的工作，但是該家的其他族人就僅是一般的行政官。七世紀的碑文指出，有一個家系本來是婆羅門祭儀官，專門從事王的各種宗教事務，但同時也兼任地方長官和軍事相關職務。看來，吳哥王朝裡行政官可以擔任一個以上的官職。加上，王朝內存在著職司行政的專家組織，有各式各樣的職種為世襲制，明確是由這一族所獨占。

◎負責行政事務的是大臣嗎？

在大多數的場合下大臣（曼德林）會陪伴在王的身側，根據九世紀末的碑文記載，大臣的地位在王、國師及王子們之後，並與軍隊之長並列高位。十世紀後半和十一世紀的碑文中，曾經有作為「王家一員的偉大的大臣」這樣的記載，這時他們在政治上的地位又與國師匹敵。

大臣負責的職務相當廣泛，首先，必須參加王的即位式並實際幫忙籌備，十一世紀的碑文中記載著，優陀耶迭多跋摩二世「在大臣們的協助下即位為世界的王」。第二、負責執行王命：大臣和國師相同，承受王命，或是以「神聖法庭」的裁判結果為前提執行仲裁；也常必須奉王命執行關於寺院所有地的紛爭，並執行司法權判定結果。第三、被任命為「國庫之長」：大臣也必須擔任監視地方行政的任務。例如：闍耶跋摩七世時代，大臣會到各地監督治療院的營運狀況。

那麼，究竟是誰有資格被任命為大臣呢？大臣和國師相同，是由擁有豐富學養之人擔任。解析印度文化中也有這樣的學識者。據說十世紀初耶輸跋摩一世的大臣精通占星術；其後闍耶跋摩五世的大臣們則是「可以談論吠陀」。大臣們大多是王家的親戚，對於高官輩出的名門家系來說，獲得大臣的職務是他們最大的目標。

◎以陽傘的數量就可以明白階級的官吏們

周達觀的《真臘風土記》中記載著官吏分為五個階級，前三等級皆擁有轎子的金轎竿，並且根據等級再擁有金柄的陽傘四支，兩支或者是一支；第四等級僅有金柄的陽傘一支，第五等級則是銀柄的陽傘一支。

關於這樣的位階和位階持有物的描寫，好幾個碑文中也有類似的記載。例如：碑文記載了軍隊之長「搭乘金色的轎子」；高官們被允許可以持有「金柄的陽傘」。

◎派遣到地方的監察官們——朝向中央體制的確立前進

一〇一一年，監察官們對蘇利耶跋摩一世施行「稱臣之誓言」，「稱臣之誓言」是監察官們向王提出維持出身地寺院運作正常的保證，作為交換條件，蘇利耶跋摩一世必須授予他們封地的保有權。

監察官是一個彰顯位階的稱號，根據這個稱號，監察官可以擔任各種職務部署，為王服務。監察官的稱號和職務在王國內非比尋常，在地方行政中的定位相當明確。王宮的入口塔門壁面上記錄著派遣到各地官員們的名單，他們在王的任命下從中央被派遣到地方，意味著王朝確立中央集權制的第一步，成為穩定地方行政的基礎。

◎行使職權的各職之「長」們

各種職務之長擁有強而有力的權力，是高官中的重要人物。吳哥的行政體系中有各種部門和各種地位的「長」（高棉語稱為「庫隆」），如「門衛長」或者是「捕象長」、「家畜小屋長」、「服飾業務長」等，這些官吏們在政治和社會中擔任怎樣的角色目前還無法得知。

這些官吏在全國的一般行政部門中，最高位階是職司地方行政的「州長」。因此，州長們被授予統治地方的權限，擁有寺院的自治權和監督免稅等權力；州長下有「一百一十村集團長」和郡長，相當於周達觀所描述的「買節」，職權與郡中的「長老們」多多少少有點重疊。這些官員之下，還有「下位長」及「下級長」的存在。

◎各種稅務的負責官吏

中央政府最高階的財務官是「國庫長」，或者可稱為「寶庫長」。在地方負責徵稅則是地方長官的責任，設有土地登記課的「登記負責人」。州、王的直轄地或是法庭許可下的村可以免稅。寺院境內的生產物和捐贈物資也有免稅的資格，地方的「米之長」、「油之長」、「穀之長」等掌管課稅的官吏不會對那裡課稅。若是在蠟或蜜的「生產地」，則有「蠟之長」或「蜜之長」掌管課稅事務。

最後，作為稅的一部分，有所謂的賦役稅，提供王物品或是勞動力，徵收賦役稅之人為「賦役長」。若想免除賦稅可以繳納錢，不過具體來說是用織物代替賦役稅。當時並沒有貨幣，稅是繳納實物的方式辦理，正確來說是以商品貨幣的替代物來支付。關於稅務的行政發揮了怎樣的機能，以及課稅的對象或是課稅的方法，繳納額等，中間的許多細節至今仍無法得知，但可以確定的是，吳哥王朝有各式各樣負責稅務的官員執行各種徵稅工作。

◎何謂世襲的專家組織

十二世紀的古高棉語碑文記載著，有一群被稱為「伐爾那」的專家組織。例如舞蹈家組織的存在，組織中的其中一人被任命為王宮女官的負責人。此外還有「服侍神聖水牛」的組織、「神的織品生產」組織和「神的農園」組織，其他不能判定是何種類型的組織還有好幾個。

根據碑文記載，在「金銀匠師組織」規約中，規定只有居住在村鎮的特定人才可加入；寮國南部瓦普寺附近發現的碑文也記載著，舊都城敘雷敘達補羅有「負責葬祭組織」的規約（一一三六年）。

兩個「服侍神聖水牛」的組織分別有二十個人執行工作。執行葬祭的集團，在地位排行上通常是數一數二。各式各樣的組織選擇組織成員擔任專門的工作，因為是世襲可以保持地位不墜，擁有許多包括金錢上的特權。這樣的社會地位甚至擴及婚姻。例如組織出身的女性不能與不是虔誠的濕婆神信徒者結婚。這些職業別組織和專門職業組織是高棉行政體系的一部分，從特定的職業當中被選出。例如：服侍過五代王的國師帝瓦凱拉帊帝達，據說他就是屬於「第三身分的葬祭伐爾那」。

構成軍隊的人們

◎護衛兵、外籍部隊以及傭兵

高棉軍隊組織有步兵、騎兵、象軍及輜重軍等四軍，勇壯的行軍和威武的攻防戰常是神廟迴廊壁面浮雕中重要的構圖畫面。

巴戎寺和班堤奇瑪寺浮雕中呈現的水上戰爭，戰場應是在洞里薩湖或者是暹粒河。碑文中也提到關於水手長和引水長等水軍職種。一一七七年時，占婆人艦隊攻陷吳哥都城，巴戎寺浮雕中有一一八一年打敗占婆人海軍並且追趕的場面。大型堅固的戰鬥船的船頭有金翅鳥（毗濕奴神的座騎）、那伽（蛇神），以及摩伽羅（象、獅子、鱷魚合而為一的怪獸）等神獸裝飾。浮雕中戰船中央設計了射座，讓弓箭手執行近距離戰鬥。

軍隊的關係者有「王的象狩之長」、「象之組」、「象之長」、「一千人戰士之長」。也有「軍長」、「將軍」、「軍的中央將軍」等職務。另外在地方上也有地方軍隊的配置。

巴戎寺的浮雕中，有搬運弩砲的象和執行貨物搬運的象。象的背上有一人手持弓箭，象的脖子處有一人手持標槍，其他兩人手持弓箭。但即使如此，關於軍隊的主力、也就是步兵兵員如何徵用還不清楚，僅知道七世紀的碑文中提到：「負責募集國王警衛新兵之官員」。根據其他碑文，還有「王的護衛兵」在敵軍入侵時上戰場這樣的記載。護衛兵可以免除給王的賦役稅，可知兵員並非僅限於志願兵。周達觀曾經在書中提到：「因屢與暹人交兵，遂至皆成曠地。」（《真臘風土記》〈村落〉）軍隊中也有以賺錢為目的的外籍傭兵存在。吳哥寺的浮雕中有暹人姿態的傭兵，在碑文中這件事情也得到驗證。

巴戎寺和班提奇馬寺的浮雕也有關於弩砲的描述。弩砲在中國被使用過，經由占城引進柬埔寨，由兩個士兵一起操作，有時背在象背上搬運，同時也用小的推車搬運。興建於十二世紀前半的吳哥寺浮雕中沒有弩砲，應該是在一一七七年吳哥都城攻擊時被使用，之後高棉軍隊才使用。

速射弓機也在戰象上使用、或由步兵使用。步兵和騎兵幾乎都有槍和（圓型或橢圓型

速射弓機圖示　由步兵負責操作，騎在戰象上也可以使用。（引自 L'Armement et L'Organistion de L'Armee Khmmere）

的）盾，周達觀曾經提到：「右手執標槍，左手執戰牌」，並且赤足。但是，也有部分士兵手拿弓或蠻刀。騎在戰象背上的士兵有拿弓箭也有拿標槍。士兵的前兜裝飾了動物或小鳥的花樣，恐怕是一種護身符。

◎樂隊帶著銅鑼、喇叭和太鼓

高棉軍隊行進時會帶著樂隊，樂器是大型的銅鑼。將銅鑼吊在竿上，竿的兩端由兩個男人共同擔著，有人一邊跳舞一邊打擊。設置銅鑼目的是要使步兵前進後退的步調一致。除了銅鑼還有幾個樂器，例如：吊在脖子上的小太鼓、鑼、鉦、吹奏樂器，或是法螺貝等。

輸送部隊中會徵用村民，並利用象車或者牛車搬運。搬運工有時會使用天平棒或者是畚，女性的搬運者們則將物品頂在頭上，視場合有時也會帶著小孩一起行動。

◎桑古拉瑪將軍：鎮壓叛亂的英雄

若要問軍隊的最高司令官是誰，那無疑就是王，最高司令官底下還有「總司令官」。根據九世紀的碑文，王的代理人依序分別是：國師、王子及大臣，但是沒有明確記載戰場上的指揮官究竟是誰。前文已經提到，十一世紀後半的優陀耶迭多跋摩二世時代，最高的司令官是桑古拉瑪將軍。同時代碑文中有提到「軍隊長之長」、「軍大隊長」或者是「部隊長的保護者」等特殊的軍事官員名稱。也有記載指揮權的碑文，例如：十一世紀時蘇利耶跋摩一世的軍隊長「擁有南部地方」、具有「中央軍隊長」的官職。「軍隊長」可搭乘金轎子並獲得多個職務，可見司令官皆為名門出身。

桑古拉瑪將軍家族自闍耶跋摩二世時代（九世紀初）開始服侍君主，家族歷代出過好幾位司令官，桑古拉瑪將軍自己也為效忠的王數度出馬鎮壓叛亂。他同時也是虔誠的印度教篤信者，建立祠堂奉納神明，從王得到的大筆賞金也都奉獻在神廟的建立上。

---

1 八世紀中葉夏連特拉攻擊中南半島，水真臘四分五裂，小邦林立，成為爪哇的附庸。當時小邦國商菩補羅王子，以質子身分留學爪哇。八〇二年，夏連特拉指定「質子」為水真臘的統治者，王號：闍耶跋摩二世，其實是爪哇傀儡。但是闍耶跋摩二世回國後，開始建構在吳哥地區的防禦工事，企圖擺脫爪哇控制。八一九年宣布獨立，正式遷都吳哥。當時夏連特拉勢力開始衰退，八五六

年被馬打蘭打敗，夏連特拉滅亡。

2 婆羅門儀式在東南亞仍然有現代意義。如泰王拉瑪九世國王普密蓬於一九五〇年登基時，是由婆羅門主持宣讀泰王登基紀念文告。今王拉瑪十世瓦集拉隆功登位過程，也結合婆羅門教、佛教和泛靈信仰的儀式進行。

3 日文的「菩提寺」是某些家族代代放置祖先牌位、遺骨的佛教寺廟，如德川家族之於增上寺、寬永寺。此處應是以「菩提寺」的概念說明「大薩多廓」是卡伊維里亞家系的家族廟。

4 蘇利耶跋摩一世（Suryavarman 一）是馬來半島單馬令或稱洛坤羅闍蘇希達的兒子。蘇希達是一名佛教徒，曾娶吳哥第三代王因陀羅跋摩（八七七～八八九年）家族的公主為妻。

5 元朝使者周達觀隨使團訪問真臘，一二九六年七月抵達柬埔寨至隔年六月回國，差不多用一年時間，遊走各處，寫下《真臘風土記》一書。

第五章

吳哥時代的「罪與罰」

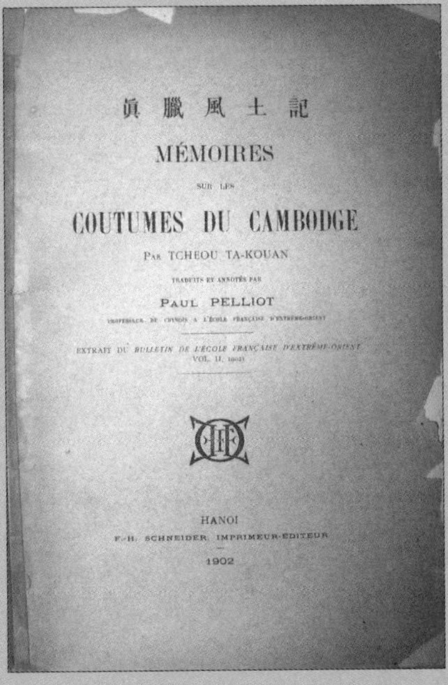

眞臘風土記

MÉMOIRES

SUR LES

COUTUMES DU CAMBODGE

PAR TCHEOU TA-KOUAN

TRADUITS ET ANNOTÉS PAR

PAUL PELLIOT

PROFESSEUR DE CHINOIS A L'ÉCOLE FRANÇAISE D'EXTRÊME-ORIENT

EXTRAIT DU *BULLETIN DE L'ÉCOLE FRANÇAISE D'EXTRÊME-ORIENT*
VOL. II, 1902

HANOI

F.-H. SCHNEIDER, IMPRIMEUR-ÉDITEUR

1902

《真臘風土記》一九〇二年法譯版封面

法律的正義如何實現？

◎王總是戰勝「法律敵人」

吳哥王朝的統治有濃厚的神權色彩，在一般社會中，王朝的主事者們、特定組織與村落裡，判決能夠公正並執行、實現社會正義，整體來說，社會生活的和平和秩序得以維持。也因如此，吳哥時代可以建造像吳哥寺那樣的大型遺跡群，能夠集結國內外柬埔寨民族的能量並發揚光大，成為一個光榮時代。

那麼，王朝裡作為社會規範的法律秩序是如何維繫的呢？我們就碑文內容來尋找答案，以社會法正義作為切入點，對當時社會構造進行再考察。簡而言之，吳哥時代的政治是以王為中心的寡頭政治體制，保護臣民是王的神聖任務，王被認為是「城市強而有力的保護者」，是「因陀羅神（Indra）和濕婆神的化身」。耶輸跋摩一世時期（在位期間八八九～八九一年左右）的碑文中記載著：「王不滅的職責是維持法律規範，堅持種姓制度和印度教四行期[1]，執行對諸神的祭儀，對犯錯的犯人進行懲罰。」王可說是綜理當時政治，有如支柱般的存在，由他及身邊的高官和宗務相關人員決定政策的制定和執行，是政教合一色彩濃厚的政治體制。

當時的地方制度以州為單位，州之下是郡，州有州長，郡有郡長，皆握有執行管轄區域之賦役、收稅、土地買賣及決定管轄界線等行政權限，發揮統治體制的機能。此外，還有負責專門職的下級官吏、村中的村長、有力人士、長老及宗教者等權力人士。

王總是戰勝所謂的「法律敵人」，就像耶輸跋摩一世被形容為「在訴訟中自己可以找到正確的方法」一般，王有確立國內和平及維持法律秩序的義務，沒有什麼比讓司法行政強而有效的發揮功能更為重要。使用刑仗懲罰犯罪者，是王的權力之一，他也會親自率領法務官吏指揮法庭運作，但大多數的時候，他會將裁判權委任給法庭。

在這裡舉出幾個裁判和訴訟問題，來探討當時的法秩序體系，說明法律具有的強制力和社會規範。

◎是怎樣的人在裁判所裡執行判決呢？

法庭裡的成員有哪些呢？從碑文中來考察看看。

根據碑文，當時的司法機構是由上級裁判所的首都法庭和下級裁判所的地方法庭組織而成。寺院也有附設法庭的存在，在被王所認可的神的領域（治外法權和免稅權），執行寺院和寺院附屬村落的法律事件。

一、法庭長

首都法庭和地方法庭皆設有法庭長，行使王所委託的職權。法庭長有四個階級，負責執行訴訟，並且監督判決的執行。法庭長不僅是專門職，也會有王族和高官或宗務官兼任此職的情形，特別是經常由大臣來擔任，國師也會擔任村的法庭長，此外，還有一個稱為「善惡檢察官」的職務（判斷嫌犯善惡的檢察官），也是法庭長的人選。

二、陪席判事

法庭長之下的高級官吏是陪席判事，訴訟進行時，會有四名陪席判事和善惡檢察官一起臨場。陪席判事也會到村落中與長老會面，執行田地鑑界調查，在王的命令下架設正確的邊界柱，忠實地執行職務。他們在社會階級中有一定的位置，地位比法庭長低，是輔佐公務執行的角色。

三、善惡檢察官

善惡檢察官狹義來說是法庭的重要高官，從碑文的記載可知，他們是精通刑事裁判之人，也會配置在寺院當中，或如前所述與陪審官起裁決訴訟案件，或者在郡長和村長的協力下行使調查權等。在吳哥寺的歷史迴廊中（第三迴廊南面、西面），蘇利耶跋摩二世的王座附近有善惡檢察官的雕像，與大臣相同位階。他們與法庭長幾乎同位階，是社會地位頗高的一群人。

四、法律的吟誦者

吟誦者是在行政和司法中進行判決時，朗誦種種教本，進行法律定位，給予解決訴訟線索的第一級官吏。碑文中有兩個關於吟誦者出席不動產劃定的判決場合的例子。法律的吟誦者必須詳讀善業惡業的果報和輪迴，王通常對於吟誦者的意見相當尊崇，且吟誦者必須在審判進行時列席。

五、司法調查官＝預審官

司法調查官（預審官）是執行秘密調查的官吏，任務是為了預審執行現場調查，並提出結果報告。對於同種類型的官吏，別的碑文中也有提到法庭監察官的存在，並且也提到有法庭記錄攜帶者的存在。司法調查官相當精實地執行他的職務。

六、司法事務長

是與司法相關的事務長，執行村落中土地相關事務，出席土地劃定作業，在別的碑文當中，也可看到執行土地贈予的手續，不管從哪個案例來看都可推斷是下級官吏。

七、拉瓦達

應該是執行土地事務的下級職員，主要任務是依據王或法庭的命令，對不動產的所有權、範圍問題、土地劃定、無主空地等進行現場查看、執行調查，並聽取當事人的意見。

◎怎樣執行訴訟？——從告訴到判決

接著，來考察一下從告訴到判決的訴訟手續要怎麼進行。《真臘風土記》中記載著「民間的訴訟即使是小事情也必須讓國君知道」。提起訴訟必須經由王身邊的高官提出請願書，王接受請願書之後，會評估是該藉由之前提起的司法相關人士幫助審理，或是委由法庭進行審理。

訴訟的順序是告訴、反論、審理及判決。就碑文中可以理解的資訊指出，告訴發生時，會就事件的真實與否進行事前調查，首先擔任預審的官吏會傳喚雙方當事人，聽取事情的來龍去脈，之後研讀調查書並傳喚證人，接著王或法庭會進行詳細審理，最後做出判決。

從訴訟手續來看，原告向法庭提出告訴時，被告必須向法庭清楚地表態，陳述告訴內容是否為真實或是誣告；相反的，原告也必須證明提出告訴係具有正當理由。法庭長會根據調查、證人的證詞、證據，以及神的裁判等判明真相，以

吳哥寺的地獄圖　描繪了嚴刑峻罰的實態。第一迴廊南側的「天堂與地獄」部分。

現場調查和詢問證人作為審理的判斷依據，最後對照作為罪和罰的法源依據的判例，執行判決。在當時的法庭中，證人的證詞是審理的關鍵，扮演相當重要角色。吳哥寺的第一迴廊浮雕中，有偽證者被詛咒罪孽深重，並且掉到地獄的場景；碑文中也特別重視證人的角色，列舉許多證人的名字。

站在證言台上的證人，可能是有著令人尊敬頭銜的高官顯貴，也可能是一般庶民或是奴隸，包含社會各個階層。一〇四二年的碑文中，有十五名土地賣方出示各自土地的範圍和界線之後，在神明面前否認買賣土地的事實，宣稱沒有不正當行為，恐怕就是一種立誓般的宣示。

為了讓裁判順利地進行，客觀的證物比什麼都重要。舉個例子：證人在為被告辯護而陳述事實時，提出作為證物的文件，使得原告和被告的角色轉換，原告變得有罪。進而，當時存在著記載土地邊界的登記簿，這個史實也是可以被確定的。

當時重要的法律行為必須被加以記錄，書寫工具有許多種，從椰葉做成的貝葉，到品質較好的皮革、碑文、金屬薄板書等都被使用。特別是王的命令、關於土地的買賣、捐贈、受領或邊界關係等記錄，甚至是新組織的創設等，現存碑文中均可看到。例如：王賜與高官地方的保有地，這個命令文件曾經在法庭中被提出作為證據，但是過去書寫了證詞的貝葉卻因被蟲啃食而佚失。

如果一個訴訟案件連法庭也無法做出判決，根據周達觀的《真臘風土記》，就會交由神明來進行裁決。根據周達觀的說法，這是在無論如何也找不出犯人時進行的。另外就是，如果嫌疑犯有兩個以上，為了找出真正的犯人，也會交給神明來決定。

◎判決如何被執行？——判例（一）

吳哥時代的裁判是以告訴、反論、審理、判決等四個階段來進行。舉例子來說明：

首先是「女奴隸甘西亞逃亡告訴事件」。

在柬埔寨和泰國邊境的亞蘭縣（Aranyaprathet）發現這個以古高棉語書寫而成的十世紀的碑文（K．二三三），記載告訴到裁判的詳細經過。原告有兩人和其妻子，B為了買一頭水牛而將C押給D，A認為C是人身擔保品。B買水牛的代價是將C抵押給D，但是C卻逃走了，只好用女奴代替C，沒想到女奴竟也逃走了。不得已之下，只好由C的姪女成為人身擔保品。兩位原告主張對這個姪女擁有權利，姪女無故成為擅自逃離的伯母的替代品，成為這告訴案件的動機。但是仔細聽完事情的來龍去脈，發現被告的B實際上支付D利息借來水牛，水牛包含在給給王的貢獻稅中。D最初將C捐贈在寺院也做了記錄，因此D在C逃亡時提出異議，B遂用姪女E取而代之，同樣讓她在寺院中工作。此經過已由司法調查官進行確認。兩名告訴人不知此事實，認為C因水牛成為人身擔保，進而得知她的姪女被留在寺院工作，而將其告發。但是，法庭判斷告發沒有理由，對兩位告訴人施以五十次掌摑之刑，成為逆轉有罪的判決。而將E判決還給D，讓她再回到寺院工作。該碑文清楚記載司法調查官、四人陪審判事，還有兩位高官的名字。

◎「界石拔除盜採事件」——判例（二）

接著是同樣以古高棉語書寫的九六二年的碑文（K．一八一）中關於界石拔除和農作物盜採事件，從告訴到判決的始末。

講述發生在羅貞陀羅跋摩二世（在位期間九四四～九六八年）時代，距離吳哥都城東北約八〇公里處的貢開（Koh Ker）發生一起地方州長的不當行為。維拉普那州長A擅自拔除王命決定的旱田界石，又盜採農作物，被B提起告訴。王受理了並在法庭審理。這個田地最初屬於一位樂士，他將田地賣給兩名下級官吏，這兩個人得到劃定境界的王命。因此雖然將土地給予告訴人B及其家族，但是條件是部分收穫必須繳給兩人的關係寺院。州長在法庭為自己辯護，主張他被C欺騙才會盜取農作物。法庭認同了州長部分的辯解，以州長下了不正命令為由，對他處以罰則，這僅是輕微的譴責處分。但是，州長的弟弟因拔除界石和指揮盜採農作物，被施以笞刑一百零二下；而C因提出不實的證言，結果也被施以笞刑一百零二下作為懲罰；讓人買進有問題田地的D也同樣有罪。以上是裁判的內容，州長A因有C和D這樣的部下，其弟也假借其兄的權勢威嚇村人，若無其事地從事不法行為。

也就是說，當時的訴訟依性質有民事關係和刑事關係之分，有關係私人利害的民事訴訟與攪亂社會秩序的刑事訴訟兩種。吳哥時代刑罰的決定，是王或法庭站在調停審判的立場辨別是非曲直，以及讓違反王公告者受到刑罰。前者是讓有紛爭的人們在法庭的調停下停止訴訟或和解，屬於個人事務；後者是當事人應遵守法律接受判決，屬於公共範圍。

◎罪人們在三十二層地獄中承受責罰——習慣法和刑罰

當時的刑罰是以「正確的尺度」裁罰有罪之人。一般來說，刑罰包含訓誡和預防兩個目的，其中也不乏嚴格的判決內容。就像是前面提到的兩個判例，仔細地整理順序，誰、在何時、在哪裡犯了什麼罪刑，推敲事情的前因後果之後，慎重地審理。

在羅雷寺的碑文中，提到「根據場合和時間施以刑罰」，裁判時正確的時間和場合的檢查與證明是重要的判斷依據。其次是科罪的適用性和刑罰的輕重依照罪人的社會階層而異，社會地位愈高者刑罰就會被執行得愈徹底。這種根據社會地位量刑的措施與印度法的原理相同，事實的確定（時間和地點）和社會階層別罰則等法律習慣充分地發揮功能，並非由法官視情況決定判決。在碑文中好幾處都能看到法務人員的存在，從這樣的史實來看，他們是根據法律習慣擔任裁判的專業人士。

進而，碑文中也述說：「在世間犯罪的人會在三十二層地獄裡承受各種的折磨和痛苦。」法庭會對犯罪者進行詛咒式的教訓。以上對於法庭中人物結構的了解；根據調查展開訴訟；裁判的四個順序是告訴、反論、審理及判決；客觀證詞和證據的採用，法的習慣等資訊，足可檢證當時柬埔寨獨特的裁判制度。

各式各樣的刑罰：體刑和罰金刑

◎一律直接向王提出訴訟

在古代的柬埔寨，王最重要的工作，就是對違反法律習慣之人施以懲罰。說得更明白一點，當時的社會，即使一些雞毛蒜皮的小紛爭，也必須向王報告。

周達觀注意到在高棉法律中沒有刑法和民法的區別，不管是違反或侵害社會秩序，或者是單純的個人紛爭，全部都是直接向王提出訴訟（「爭訟」，和田譯註四十六頁）。但問題是什麼事會被視為犯罪？王公布的命令會刻在石板上，作為王命公告周知，不服從王命被視為重罪。碑文中記載的很多訴訟，對於不遵從王命所犯的罪行皆稱為不敬罪。

柬埔寨的法律借用自印度古典刑法的分類，這是有原因的。十一世紀的碑文當中，刻有（因損害神聖的宗教建造物的可能性而造成的）各種刑事訴訟。在當時若有人侵害了平靜的日常生活，以王為首的官吏和地方住民會對侵害者施以強制力，讓生活恢復秩序，並對侵害者施以應有的懲罰。

碑文史料中也有部分顯示社會引導「正義」的實現這樣的理念，也就是怎樣的行為是犯罪，對於這樣的行為必須施以怎樣相對應的刑罰。犯罪和刑罰的內涵在這個時代和這個社會裡廣義上是一種對行動價值基準的共識。

刑罰實際上怎樣被執行，刑罰的實情是怎樣的呢？我們接著往下看。

◎沒有同情、原諒精神的刑罰

當時的刑罰大致分為體刑和罰金刑兩大種類。體刑有死刑、身體刑（損壞身體一部分的刑罰），還有剝奪自由的禁錮居留刑；罰金刑是一種財產刑，有罰金和科金兩種。在刑罰被認為是一種報應的吳哥時代，生命刑和身體刑是最主要的刑罰，執行方法和內容相當嚴格，這種基於時代精神所執行的刑罰，在法律體系中占有相當重要的位置。

如同字面上的意義，體刑是對身體施以物理性力量刑罰的總稱。所有的體刑當中，有一種足以讓犯罪者失去生命，既不同情也不原諒犯人的嚴格刑罰，也就是死刑。

碑文的史料中對死刑並沒有詳細的記載，「與其他的刑罰有別的『死刑』」這樣的語句則散見其他碑文。十世紀中葉的碑文中，祭司在呈給闍耶跋摩五世（在位期間九六九～一〇〇〇年左右）的上奏文中，曾經提到其他的罪人和死刑犯的事。

進而，八八九年的碑文（K．三二三）中，提到關於婆羅門的特權：「違反王的命令的人當中，婆羅門並沒有死刑或是罰金，只有放逐到城外。」根據這兩個碑文所提供的訊息可知：第一、死刑或是死刑犯在刑罰概念中，是與其他刑種區隔開的；第二、斬首或是絞殺等死刑具體的執行方法並未記載；第三、碑文使用的是梵語，但與其相當的古高棉語並沒有這樣的記錄。以上的理由顯示，作為一種極刑，死刑確實存在，這個詞彙是從印度借用而來，很可能作為一種理念，並非一定要執行。碑文中肯定有斬首的記載，在登載王的命令的九〇二年的碑文中，對這些盜取神的財產的偷竊者，常會有「摘下你們的頭」這樣的恫嚇內容。

碑文中也有執行刑罰時將罪犯刑求致死的記載。一〇〇三年的碑文中，五個企圖掠奪他人的土地而東窗事發的犯人接受刑罰，但其中一人因為執行者下手過重而死去：「依照王令將四個人施以足頭夾押刑，一位叫做阿布的人受不了痛苦，一位叫做磅的人因此死亡。」足頭夾壓是一種身體刑，僅是對身體施以刑罰，但在實施時也有致人於死的例子。這種在地色彩強烈的刑罰在日常生活中常被執行。

◎刑罰優待遠來的中國人

關於柬埔寨當時的刑罰，主要的中國史料是《真臘風土記》中的〈訴訟〉，當中提到「其人大逆重事，亦無絞斬之事」，清楚記載著當時柬埔寨沒有剝奪犯人生命的絞刑和斬首的刑罰。

當時有許多中國人來到柬埔寨，吳哥城內巴戎寺迴廊浮雕中雕刻著中國人的身影，《真臘風土記》中也常見到有關「唐人」的事情。那麼，來到此地的中國人和當地人發生爭吵，或是犯下殺人罪時，該如何訂定刑罰呢？

當時的柬埔寨對遠道而來的中國人相當禮遇，《島夷誌略》[2]中有提到，柬埔寨人殺害了中國人，必須依照法律殺人償命，相反的如果中國人殺害柬埔寨人，則是課以重罰金，若是沒錢就賣身換錢，用錢來贖罪。

在阿拉伯相關資料當中也有關於柬埔寨刑罰的記載，指出處罰飲酒者的方法是施以火刑，就是在腹部或是手腕戴上赤熱的鐵

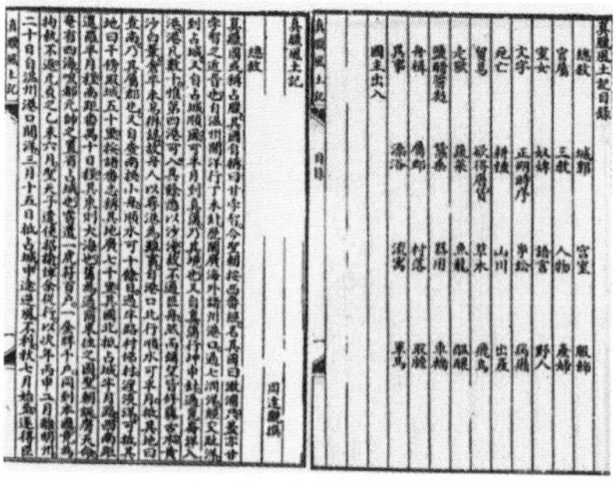

《真臘風土記》書影

環。雖然僅是對飲酒者執行身體刑，但不堪重罰者往往死去，結果相當於死刑。其他的史料中也提到，室利佛逝王聽到高棉王說他壞話，因而斬了這個王的頭顱掛在高處示眾作為懲罰。

在當時認為犯罪者理應受罰的背景下，對於犯下惡行的人施以嚴厲的懲罰、用生命來償是法律執行的大原則。而柬埔寨獨特的生命刑中，也有坑刑和足頭夾壓刑這樣的刑罰存在。

◎對於違法奪取土地者切除嘴唇

身體刑是侵害犯罪者身體的一種刑罰，比死刑還要輕微，具體來說就是切斷身體一部分的懲罰方式，例如：夾四肢的壓迫刑，或鞭打身體的笞刑等。碑文中記載著對手、足、耳、鼻、唇的切斷損傷，頭和足的夾壓，用竹或籐在背部抽打，掌摑等刑罰。

「關於土地所有權的爭端」一〇〇三年的碑文（K．一五八）中記載著，王的帳簿管理人薩哈帝瓦的土地兩次遭到不法搶奪，一狀告上王的法庭，最後恢復土地所有權的事情。第一次是在闍耶跋摩五世（在位期間九六九～一〇〇〇年左右）時代，有三人想要掠奪他的土地，主張擁有這些土地的所有權，在一個叫做黑姆的人慫恿下擅自拔掉土地界柱，而被告上法庭。「在王的命令下，作為過失的罰則，切掉黑姆和三人之一的樸的嘴唇並且切斷兩手。」但因K是薩哈帝瓦母親娘家的兒子，王將K家族和其土地交給薩哈帝瓦處置。之後，在闍耶毗羅跋摩的治世下（一〇〇二～一〇一〇年左右），土地被其他五個人企圖搶奪，他再次告上法庭，最後「在王的命令下，對其中四人施以足頭夾壓刑，阿蒲相當痛苦，磅因而死亡」。並且也對「阿亞古這位女性施以足頭夾壓刑」。從這個碑文可以了解以下的事實。

碑文內容是王和法庭嚴懲土地強奪者的例子，透過法律程序施以公權力，刑種有唇切除、兩手切斷，以及足頭夾壓刑，後者是一種可能致死的殘酷刑罰。在當時的社會中，土地是重要的生產資產，常發生土地糾紛和不法取得情形，對於動搖日常生活根基的罪犯施以嚴格的刑罰，以此殺雞儆猴。女性罪犯的刑責較男性減輕一級，僅施以頭部夾壓刑，不過也可能是因男女罰則不同。此外，罪犯若是與關係人有血緣關係，也會斟酌量刑引渡給關係者。

◎不倫的刑罰較輕，對寺院的不當行為則予以嚴懲

與這個碑文相同的「足頭夾壓刑」在《真臘風土記》當中也有提及。對於姦夫是用小木柴施以足夾壓刑，但是如果賠償便可以被原諒，這個處罰某種意義上雖然屬於私領域的範圍，但在一般社會承認或支持下施以刑罰，也算是具有公領域的刑罰。

碑文中（K．七二〇）有因沒有交出必須給寺廟的供給物資，遭到切斷手腳刑罰的例子。碑文被製作時是闍耶跋摩五世去世之後（一〇〇〇年左右），三個後繼者爭奪王位，形勢混亂的時代，反映政治形勢，並沒有記載王的名字。望普薩和他的弟弟沒有交出給應給寺院的供養品，法庭對這兩人施以手足切斷之刑，並且明令這個家族必須交出和以前一樣的賦課租（各種供養品）。

◎出於怒氣而踢人者必須被砍斷腳

這樣的身體刑，即使是奴隸也毫不寬容，逃亡的奴隸會遭到嚴格處分。羅貞陀羅跋摩二世（在位期間九四四～九六八年）時的碑文（K．二三一）記載了對逃亡的男性奴隸的制裁。罪人的身分雖說是奴隸，法庭也需經由正式的程序才能予以量刑。當時的奴隸和動產及不動產相同，可以買賣和交換，也可以捐獻給寺廟。奴隸和貨品一樣，名字會刻在寺廟的碑文中，清楚地載明歸屬地和所有者；反過來說，有些奴隸也可以得到釋放。這個奴隸逃亡的行為違反了當時的社會規範與法律，構成犯罪事實，因而受到公權力懲罰。

檢討這些身體刑的碑文，刑種等的法律專門用語幾乎都是梵語寫成，不然就是借用語。

《摩奴法典》中記載了這樣的刑罰概念：「揮拳或揮棒欲打人者應切斷手。生氣而踢人者應切斷腳。」當時柬埔寨的刑罰概念，是以印度教概念為基礎，經年累月形成的。

碑文中記載的身體刑，中國史料也同樣的記錄，《真臘風土記》中談到切斷腳趾或手指是相對來說較為輕微的刑罰，也提到受斬趾刑的罪犯不能再進入都城的規定。關於這個斬趾刑，書中也提到皇太子：「嘗謀起兵，為新主所覺，斬其趾，而安置於幽室。」（「國主出入」，和田譯註八一頁）

◎笞刑和黥刑

身體刑中最輕的刑罰是笞刑。女奴隸的逃亡告訴事件中，對告訴者兩人施以「掌摑」刑五十下的有罪宣告。在拔取地界柱和米穀掠奪事件中，裁以罰金刑和對現行犯施以「背打」刑一百零二下。

笞刑是對無力支付罰金的庶民實施的刑責，以取代罰金。八八九年的碑文（K．三二三）中提到：「下令對無法支付財貨的犯罪者，用竹子在其背部仗打一百下。」這個碑文的記述中沒有具體的記載犯罪行為，應該是當時社會的一般原則。

碑文中明確地記載了笞刑的實施，《真臘風土記》中也提到周達觀滯留吳哥都城期間，在城內附近散步時觀察到的當時社會現象。「初無笞杖之責，但閒罰金而已。」原本只有罰金刑，並沒有笞刑。《真臘風土記》的〈村落〉篇記載了周達觀旅途中所見的村落風景，想必他並非沒有到都城外一般傳統村落遊歷的機會，書中對當時社會的記錄在現今成為重要史料。當時的柬埔寨社會，笞刑是村落中輕微的懲罰，並時常執行，具有某種程度的恫嚇作用。周達觀提到：「若有過，撻之，則俯首受杖。」可見對奴隸一直都是用笞刑來懲處。

此外，書中後半提到：「人家獲盜，亦可施監禁拷掠之刑。」如果村民抓到小偷，可以執行監禁並且拷問，這個刑罰也是笞刑的一種，雖說是私刑，但是在一般社會承認下實施的。《馬弩的法典》有提到笞刑的存在：「應該避開頭和胸，打身體的背部。」笞刑之外還有入墨刑或手枷、足枷等刑。《真臘風土記》的〈奴婢〉篇中也提到，對逃亡奴隸的制裁，最輕的身體刑就是在胸口或是背部上燒印，或是在額頭上施以黥刑。

◎禁錮和居留刑

如果從刑罰體系來說，禁錮刑是一種自由刑。自由刑在現今社會是讓罪犯更生的刑罰觀，但在當時的柬埔寨社會是體罰的一種。

碑文中並沒有監獄的資料，但有提到王曾下令將違反者關在檻中居留，近年來在泰的阿蘭亞普拉特（Aranyaprathet）附近發現的碑文（K．九五七）中，郡的長老會逮捕品行不佳之人或是不遵守王命之人，監禁在檻中；王也會命令村中的役員逮捕不遵守王命或者粗暴之人，禁錮在檻中。類似的案例在闍耶跋摩七世的時代（在位期間一一八一～一二一九年左右）班提奇馬寺遺跡的浮雕中也有描繪，有一幅三個男生被關在檻中的浮雕，應是對違反王命的懲處，將這個收監圖做成展示雕刻，應為了警惕眾人之故。

雖然沒有禁錮刑，但如前所述，被幽禁在州城某處的前皇太子的事情被記載在《真臘風土記》當中。前皇太子的姊姊偷出象徵王位的聖劍交給其夫，導致前皇太子無法即位，為了取回聖劍而請兵，卻因被事跡敗露而遭到逮補。為了使其無法東山再起，而對其施以斷足之刑且終身監禁。

以上考證了從夾壓刑到禁錮居留刑等各種體刑，當時應有專門執行刑罰的官吏，也就是說，王朝裡應該有專門執行各種刑罰的職務存在。九八一年的碑文（K．八五）雖然有部分殘缺，但有提到大臣執行類似體刑的勤務；羅雷寺的碑文舉出王宮裡各種職種的官吏，也提到了刑罰「執行人」這樣的職務。

一般來說，即使僅是小惡、小罰也會被區分並且被執行，如此說來，有負責執行刑罰的官員存在也是不足為奇之事。

◎高位嚴罰原則的罰金刑

罰金刑是贖罪金，在制裁的意義下剝奪犯人金錢的一種財產刑。做為輕罪的罰金刑，過失責任的代價而支付罰金，當時柬埔寨並沒有貨幣，是用一般社會通用的貨幣替代物支付，例如：家畜、布料、田地、米穀、金、銀、唐貨、蜜臘、象牙、樹脂、香料等等。

羅雷寺的碑文中提到了從王族到平民社會的每一個階層的罰金額：「王子們支付金二十巴拉，王的親族或王的大臣們則支付一半，金傘柄高官再減一半，大商人再減一半，濕婆或是毗濕奴的信徒再減一半，一般的平民再減一半。」對於違反規則的祭司、僧侶，以及怠忽職守的官吏也有明確的罰金額：「對於怠忽供養的祭司罰款二十巴拉銀，一般的祭典司宰者為十巴拉銀，沒有恪盡義務的守門人或錄事五巴拉銀，捕快三巴拉銀。王宮的體刑執行者、料理長、神務代理者相同，三巴拉銀。如果沒有金或銀的話，也可以付出其他等價的財貨，對神職人員也是同樣的規律。」

根據王命所公告的罰款金額，如表五所示。

第一件碑文揭載不同社會階層別的罰則，從王子到市民的罰金額；後一件碑文則是舉出不同官職別的罰金額。碑文中可知，罰金刑因社會階層和官職而不同，採取高位嚴罰的原則，是當時社會正義的實現理念。對高階職位者加倍量刑，雖然法源來自於印度，卻成為吳哥時代法秩序體系的一環，加倍量刑體制後來被繼承，在近代柬埔寨的習慣法中仍然可以看到。

若無力支付罰金，一般人民可以用笞刑來取代，官職者則是以實物替代，在現實生活幾乎是以取代的方式來進行。十世紀中葉的碑文中提到「支付公母牛一對做為罰

表五　罰金和刑罰

對象	罰金等
王子們	金20巴拉
王族	金10巴拉
大臣	金10巴拉
金傘柄高官	金5巴拉
大商人	金2.5巴拉
濕婆神和毗濕奴神的信徒	金1.25巴拉
一般人	金0.625巴拉，或是用竹子在背上鞭打100下的鞭打刑。
不遵守祭祀規則的祭司	銀20巴拉
不遵守祭祀規則的祭典司宰者	銀10巴拉
沒有遵守義務的守門人	銀5巴拉
沒有遵守義務的錄事	銀5巴拉
沒有遵守義務的捕快	銀3巴拉
沒有遵守義務的體刑執行者	銀3巴拉
沒有遵守義務大廚	銀3巴拉
沒有遵守義務的神務代理者	銀3巴拉
沒有遵守義務神職人員	銀3巴拉
無力支付金銀罰金者	等同金額的財貨

金」，通常都是以家畜做為罰金者居多。

在《真臘風土記》的〈訴訟〉篇中，提到「但聞罰金而已」，提到了罰金刑的存在；《島夷誌略》中也提到唐人殺害柬埔寨人，最後也是被課以罰金。

◎柬埔寨版的「罪與罰」

古代的柬埔寨從紀元前開始與印度不間斷地往來，吸納印度文化內涵，在印度教和大乘佛教的立國思想基礎下，不斷地交織著王朝和王位的興替，印度的文物與當時柬埔寨社會絲縷縷地纏繞著。吳哥時代的法律體系，雖然法源和規矩準繩都以印度為準則，但實際的刑罰則是根據柬埔寨現地社會的內涵和特有的體系來執行。

第一、從印度引進「死刑」的概念和用語，但實際上屬於極刑的斬刑或絞刑等死刑並不存在，只有在地色彩強烈的坑刑和夾壓刑，執行過度導致犯人死亡的狀況。經由碑文史料和中國史料的比較和檢討，斬首、絞刑及穿刺刑等刑罰是否存在仍然存疑，這是今後必須討論的課題。

第二、罰金刑是以高位嚴罰為原則，依社會階層、職業別高低而有不同的罰則。對於一般庶民則用鞭打背部一百下的笞刑來取代。由於當時並沒有貨幣，實際繳納的是商品貨幣或財貨等實物。當時的社會階層別、職能別的刑罰體系，也是展現了當時柬埔寨法治體制的特色。

第三、《真臘風土記》當中提到逮捕小偷後實施監禁和私刑，也是當時社會的一般習慣，且被廣泛認可。《法典》中有十八種訴訟項目，通姦罪雖然也在這十八種之內，但「姦與賭無禁」，通姦、賭博並沒有列入刑罰，只是若被通姦者丈夫獲知，則施以足夾壓刑，支付財貨之後才得以免除刑罰。

這樣的處罰屬於私刑，柬埔寨的習慣法發揮了機能。也就是說習慣法在一般庶民生活中已經是法律規範的一部分，多數人民都生活在不牴觸法律的前提下。

第四、柬埔寨的刑罰體系是一種反映時代精神的報應刑，惡有惡報的刑罰概念是以嚴罰威嚇主義為前提，也反映吳哥時期法秩序的其中一個特色。

1 指的是印度教為信徒所設計的人生四階段。分別是：「梵行期」，也就是青少年期，在婆羅門指導下學習宗教知識；「家住期」，工作養家，教育子女，成為家庭的支柱；「林棲期」，脫離家庭和社會，專心修行；「遁世期」，四處漫遊，無家生活，直到死亡。

2 《島夷誌略》是元朝航海家汪大淵所著，他曾於一三三〇和一三三七年二度出海旅行，書中有「真臘」的記錄。

第六章 經濟活動與生活

巴戎寺

碑文中所見的村落風景

◎對收成課以稅金

從碑文中可知，村落裡的日常生活是以自給自足的模式進行，部分收成的農作物會被課以稅金。碑文中提到：「村長負有照顧村裡百姓的責任，他的工作並非讓村民繳納地租，而是讓村民能夠過著不虞匱乏的生活。」村落中田地範圍很廣，用來種植經濟作物的田地稱為「園地」，收成會被課稅，但村民可免除「賦租」。其他碑文也提到：「阿亞跋普拉的稻田歸屬於地主，以及九名男性勞動者、十五名女性勞動者、十四名孩童，還有檳榔四十棵，以及椰子一百四十棵。」可知村落裡有地主和勞動者，耕作的稻田，也有檳榔和椰子樹林。村莊有這樣的風景並非不可能，但當時的土地私有制是以怎樣的形式運作，現今仍不清楚，僅知道的是有地主和勞動者這兩種身分。

村莊附近也存在著尚未拓墾的森林，碑文中提到村落周邊的原始景觀：「野蠻人的居住地布滿恐怖的森林」。村落有村民、婆羅門[1]、宗教事務執行者及農人，有園地、稻田、椰子或檳榔樹，旁邊就是未開闢的森林。碑文也指出，有附屬於神（寺院）的村莊，田地皆為寺院所有：「有耕田的農夫、栽培場的巡守者、家畜的巡守者，還有牛、水牛、以及十四處稻田。」

◎村裡的工匠和工人等

來觀察一下在這樣偌大的村落中，工匠、工人及專門工匠等的生活。寺院的境內寫著：「舞者七人、歌手十一人、吉他、弦樂器、樂器的演奏者四人（皆為女性），在神的境內工作的有二十二位男性勞動者，五十七位農夫；在這裡有一百頭牛、二十頭水牛，六處稻田。」從這些碑文可知，寺廟境內進行著日常生活的事務、生活運作及稻田耕作，他們必須幫忙境內的清掃、供品及僧侶的飲食等一切勞動，在廣闊的境內還有從事耕作的農夫，家畜及田地事項也被記錄。

◎附屬於寺院的村落

供奉神佛的寺院或僧院規模有大有小，大型寺院中有多位勞動者在工作。濕婆神的神廟有附屬村莊，負責供應每日所需的糧食和日常用品，還有兩處村莊提供必要的生活用品。勞動者職種也有細分，負責宗教事務者六十一人，有兩個村落負責提供人力讓寺院正常運作，一個村落四四人，一個村落三十人，總共一百三十五人，是一個相當龐大的工作組織，勞動者的小孩也在其中。在之後會說明，這些村落因附屬於寺院，所以不用被課稅。

◎寺院內有舞者和歌手在工作

根據碑文，協助寺院執行宗教祭儀的有：「舞者、歌手、樂師、磨香者、神的廚師、僧侶的廚師，以及整理僧侶衣物者。」在別的碑文中，也提到各種各樣的職種，例如耕作稻田的農人、農人領班、田的巡守者，以及製作衣服、僧衣及雨衣的織婦和紡織女，這些都算是園地的守護者。

寺院還有專門演出神秘儀式的歌手、舞女和樂師，有磨香者、準備供品和僧侶飲食的人，還有執行日常宗教活動的僧侶們，以及多位學習如何執行祭儀的實習生。每日早上，寺院內的宗教協助者在神或佛像前一聲令下，開始一日的工作，早上必須點燈、獻花、獻香，或是獻上早膳；黃昏時則清洗佛像或神像，結束一天的工作。

此外，有兩個村莊提供寺院得以維持運作的必要日用品，為了確保食糧來源，兩村的村民聯合耕作二十處水田，並且輪流負責飼養家畜，織婦和紡織女進行僧侶衣物的修補。大型寺院有好幾個附屬村落，他們與國內的經濟連結相當遙遠，進行著以物易物的自給自足生活型態。

當時農村社會的土地所有者

◎土地登記簿的存在

碑文中有很多關於農耕地的記載，包括：農地的買賣、界線的制定、所有權的確認，以及新土地的開墾等，也常有所有權的訴訟發生。所有人都可以擁有土地，所有者可以是貧窮的小農，也可以是王、高官等權力階級，寺院在附屬村落中也能擁有土地。

當時社會存在著土地登記簿，十一世紀的碑文中，提到記載著地界和面積的土地登記簿，是當時土地管理發揮功能，並且組織化的證據。碑文中對於土地一般是以所有者的名字稱呼，並明示土地的範圍和地界。進而，與自己土地相鄰的歷任地主，以及土地上的特徵，如樹木、堤防及蓄水池等都有記載。

◎寺院的土地和村的土地被區分開來

碑文中提到了歸屬寺院的土地和奉納給神明的物品，指出「僧院不使用村的土地」，寺院的土地和一般村的土地是被分開的。

碑文中顯示，在獻給神佛的廣大地區中，有許多具有產權的建物名稱被具體記載，例如灌溉用水路、小船、園地、低地、崩落的田、田地、池、沼等。實際上這片廣大的土地也是給寺廟的捐獻之物。

雖說都是土地但是性質卻不相同，最多的例子就是可以灌溉的水田；還有利用雨季的洪水和減水灌溉而成的低地稻作，稱為浮稻；此外還有燒田農業；加上種植在旱田上的陸稻等。耕作地的比例因地域而異，特別是吳哥地方土地利用率高，灌溉網相當密集，人口密度也很高。

耕地的擴大與灌溉網的完備有很大關係，灌溉技術的改革是關鍵，特別是在吳哥王朝末期，為了使灌溉面積擴大，灌溉方式從一直以來的貯水池變成橋梁水壩。

◎開墾得到新的耕地

若是想得到新的耕地就必須自己開墾，村人會進入森林地帶尋找土地，若是能夠成功拓展土地，就能占為己有。開墾和擴大農地是開闢新村時的必要建設，通常會動員多位村人一起進行。

水田的灌溉是利用地形的高低差，如果有河川的話就從那裡引進水源，大多數的時候是貯存雨水或河水，使用貯水灌溉的方式進行。

碑文中對於吳哥地方的巴萊和貯水池，只有建設報告或是完成時的紀念報告，對於巴萊灌溉及管理方式，例如水如何分配等皆未提及。

以前為了確保水田和旱田的水源，也會建造小規模的貯水池或是攔河堰。九世紀的碑文中提到，在遠離居住地的地方挖掘貯水池，控制水的人是郡長。

◎從巴萊到橋梁水壩

十三世紀時，之前建造的巴萊被棄用，轉而在許多的河川中建設橋梁水壩，其中的優秀橋樑水壩是跨越通往柬埔寨南部的幹線街道，一座名為 Spean Prap Tos 的橋，它的長度是八十七公尺。這個橋梁水壩導入了新技術，完成了水源分配的水路網。

Spean Prap Tos 這個地方是一個大型的扇狀地，從北向南傾斜一公里，有一公尺的落差，這裡與吳哥地方一樣援用傳統的方式貯水。大型的扇狀地土質是黏土質的紅土，保水性佳。村人與土地關係密切。大型橋樑水壩工程是王的直屬工程，只興建在人口密度高且具生產性的地域，它活化了地方的農業生產，並增加了農業收成。

◎旱地的作物

旱地的主要作物是米穀，周達觀的書中記載了浮稻栽培的稻作方式，與現在相同。種田是女性的工作，男性負責整地、調節水源等農作業及收成，並利用牛或水牛協助耕作。

沒有灌溉設備的旱地會種植雜穀、胡麻及各種豆類，確保米以外的糧食生產。這些糧食同時也必須定期的提供給各地的寺院，在塔普倫寺和聖劍寺的碑文中，提到寺院定期從附屬村落中得到糧食和日用品。十世紀中葉的碑文也記載了茄子園的事情，別的碑文中也提到了「種植甘蔗」的農夫。

旱地的栽培作物當然也有蔬菜，周達觀的書中提到了洋蔥、芥子、茄子等作物，也列舉了幾項藥用植物。

◎檳榔、樹林等

村莊中種植了各式各樣的樹，碑文中出現最多的是扇椰子、可可椰子及檳榔這三類，也提到了扇椰子的果園。

碑文中也提及可可椰子和檳榔的果園數量最龐大。檳榔的食用方法是將種子搗碎加上石灰，用荖葉包起來，做為口中清涼劑食用，當時的人們飯後如果沒有來一口檳榔，就像是晚餐沒有結束一樣。

十二世紀或十三世紀時傳入桑樹，與養蠶業有關。周達觀提到那是由暹人傳進來的。其他的果樹園也有，特別是芒果園與柬埔寨人相當親近，以前稱為「芒果的……」的地名相當多。

變得清晰的日常生活

◎村人食用淡水魚

洞里薩湖是世界少有的淡水魚寶庫，提供柬埔寨人大量蛋白質來源。他們食用烤魚、魚乾、湯類，還有用鹽醃漬後發酵的醃漬品。

巴戎寺的浮雕迴廊裡有投網捕魚，以及在店頭買魚的女性的畫面。吳哥寺或巴戎寺的乳海攪拌場景，以及巴戎寺和班特清麻寺水上戰爭的場景中，都有出現在柬埔寨棲息的魚類。周達觀也指出，要說出從洞里薩湖中全部捕獲魚類的名字是不可能的，也提到湖中有巨大的蝦子。但碑文中並沒有提及漁業，僅偶爾在地界的標誌上會提到「漁場」。

從九八三年的碑文中可知，提供給寺廟神佛作為供品的食物，原則上以素菜為主，寺院的工作者在日常生活中吃魚。聖劍寺碑文中指出，每年供給寺院的家畜有「四百二十三頭羊、三百六十隻鳩和同樣數量的孔雀以及哈利塔拉鳥（應是命名自佛教經典）」，但是並沒有提到魚。

◎高價的犀牛角

根據周達觀的說法，柬埔寨山地可以採到小荳蔻、沉香、橡膠樹脂，以及大風子油，此外還有川蟬的羽毛、犀牛角及象牙等貴重的產品。碑文中記載從大高木採下來的含油樹脂，被用來做成松明（火炬），每年必定會出現在供奉給塔普倫寺的物品清單中。

象牙在買賣上獲利不高。犀牛是森林裡的大型動物，同時也是印度教火神的坐騎，在寺廟的浮雕中常常出現。犀牛角可用來製作成漢藥，是一種性慾促進劑。但是在治療院雕刻藥品的碑文當中，並未見到犀牛角。

蜜蠟的採集是組織性的活動。十一世紀的碑文中，在湄公河附近藺草平原的村莊申請採集蜜蠟，村人們就可以免除兵役等賦役任務，也具有不受州長統治的特別身分，進入「蜜蠟長」的監督下。在其他的碑文中也提到，以蜜蠟作為納稅義務品。由此可知，蜜蠟是地方特產，和小荳蔻一樣，皆可作為商品貨幣。

◎「鹽長」負責課稅

周達觀指出柬埔寨出產兩種鹽，分別是煮海水而取得的海鹽及「比海洋風味更佳」的岩鹽。閱讀碑文時發現有「鹽長」的官職，專門負責課稅。鹽原本是特產品，幾經時代變遷，成為交易的商品貨幣之一。別的碑文當中也記載了，由鹽長管理，將一定量的鹽用船運送到指定場所，再將鹽用小船搬運到各地的寺廟。

◎調查鐵的產地

根據考古學的調查，高棉人使用大量的鐵（用在武器、道具及建築用的釘子等），銅和「青銅」製品（用在青銅像、食器、道具及轎子的零件等），以及銅（用在特定建築物的屋頂、接榫等），金與銀也被使用。聖劍寺碑文中，提到寺院在建造時大量地使用了金與銀，但不限於裝飾品或宗教儀式用品，也會使用在雕像、建物的金泥或金箔中。那麼，金與銀的產地究竟是在哪裡呢？

在吳哥地方東北部發現的梵語碑文（九四八年）中提到有關「銀和寶石、銅的豐富」土地。

關於柬埔寨的礦山，中部磅同（Kampong Thom）一座名叫 Phnom Dek 的高丘中有礦脈，直到十九世紀之前都是由居住在附近的少數民族桂族（kui）採取。中世紀的《王朝年代記》中，記載了桂族獻給王鐵的鑄塊。製鐵是古代印度的技術，根據十九世紀的報告及實地調查的記錄，Phnom Dek 高丘的採礦史可以追溯到古代，吳哥時代時是製鐵的中心地。二〇〇九年三月時，吳哥遺跡國際調查團在柬埔寨政府的許可下，進入 Phnom Dek 進行調查，報告書雖然尚未出爐，但經堪查鐵屑和鐵渣的分布地區，已經確認製鐵的可能性。

◎銀製食器和陶器

塔普倫寺裡關於供品清單的碑文中，有提及高棉職工或工人的情報，也描述許多專門供給織物的織工。從獻給寺院的物品清單當中，可以看到許多銀製食器和其他的貴金屬食器，也有許多負責製作這些食器的職工。因為要為每位神佛雕像特別量身製作飾品寶物，因此吳哥時期有許多負責製作宗教物品法器師和飾品師。

此外，一九九五年八月十五日，上智大學吳哥遺跡調查團在吳哥附近的塔里村發現大型的窯跡遺址（發掘計畫主持人是上智大學的名譽教授青柳洋治）。從被發現的許多窯跡可以證明，當時相當盛行製造瓦片和陶瓷器，庫倫山（荔枝山）上也發現過窯跡，這些陶瓷器的技術是受到中國的影響。

活潑的商業活動和物品流通

◎商品交易和交換貨幣

柬埔寨的商品交易基本上是以物易物的方式進行，至於來自中國的貨幣唐錢，或是金、銀製的貴金屬貨幣，則是輔助「交換貨幣」的替代品。周達觀指出，市場中「有一些交易是用米、穀物或是中國商品支付，其次則是布疋，大宗的交易就會使用金銀幣」。由此顯示商品交易相當複雜，用來作為商品交易的貨幣和製品種類很多，商品的數量也很龐大。

山區的少數民族會被當作奴隸差使。十世紀的碑文中，有女奴隸以盆、銅鍋、銀茶碗、蠟、衣類等作為交換代價被買下，有的女奴隸則是被以一定數量的鉛買下。進而，在其他碑文當中，有土地費用以一個男奴隸結清，也有土地以二十塊布疋來交換的例子。

根據十一世紀的碑文，以多筆的土地買進一頭象，有時是兩頭象，因此在當時可以用各式各樣的物品來做為交易貨幣。這種用實物來做為交易的方式，女奴隸們也會被當成貨幣或是商品。除此之外，官方發給官吏的特別津貼也會以實物支付，捐獻也會用實物支付。綜上所述，私有財產中各種貨品或是貴金屬，甚至奴隸等都可以作為「商品貨幣」進行交易。

◎課場地費的寺院

周達觀談到，吳哥都城附近每天都有早市，做小生意的商人會借場地進行買賣。塔普倫寺的碑文和聖劍寺的碑文中，談到闍耶跋摩七世時代兩寺院收下的各種商品，是寺院前進行買賣的商人們支付的場地費。在塔普倫寺有相當多的鉛，聖劍寺有大量的米穀，還

市場裡貨物秤重的景象　巴戎寺南側的浮雕。

有各種日用品，也都是商人們支付的場地費。大型寺院前一定會有門前市集，祭典時會聚集許多攤販，進行買賣交易。另一方面，巴戎寺的壁面浮雕中，也有留下市場魚店的買賣和路邊攤的場景。

周達觀進一步指出，柬埔寨的小商人是以女性為中心，來到此地的中國人們會先娶妻，讓她們做生意。巴戎寺的浮雕也有類似中國商家的景象。再者，碑文常會提到商品交易，且商人通常都是男性。七世紀末的碑文出現被王任命負責管理商人階級的「商人長」，一〇一一年的高棉語碑文中也有商人長的記載，當時應該已經有同業公會的組織存在。七世紀的碑文中，也提到了地方官對商人組織進行管理。

◎有許多的進口貨

接著來思考關於柬埔寨商人賣什麼，進口什麼這個問題。輸出品有從森林狩獵或者是採集所得到的物品，海邊則有珍珠與鱉甲等特產。

輸入品的話，除了金、銀製品以外，也包含各種製品，甚至是高級品（特別是絲織品、青瓷或藺草蓆）、礦物，或其他的產品（如水銀、硫磺、白檀及麝香），甚至有日常食品。

高級品的輸入可以從給寺院的貢獻品清單進一步確認，例如十世紀的碑文中提到，貢獻到濕婆派的神廟的物品，有外國製的香盒、杯子、中國製的大鏡子等。其他幾乎同時期的碑文，也提到貢獻給女神南瓜造型的容器三組。塔普倫寺和聖劍寺裡有中國製的貴重品、蚊帳、布疋等，以及周達觀特別提到的藺草薦。周達觀沒有列出青瓷，但吳哥附近的考古發掘調查顯示，當時有各種各樣的中國陶器輸進柬埔寨。九世紀之後，是高棉陶工導入中國技術的階段，陶器的製作更為盛行。

◎王道是國內的通商道路

國內物品使用王道得以流通到各地，洞里薩湖、湄公河及其他河川在增水期，也會作為讓船隻航行的通路。八世紀時出現引導湄公河運送寺院貢獻品的「水路引導人長」。周達觀就是在十三世紀末，搭船來到吳哥都城，並且利用不同水路轉換船隻。吳哥都城內可以利用小水路網往來各地，甚至露天挖掘的砂岩採石場和洞里薩湖之間有運送石材的大運河存在。

柬埔寨很早就跟中國及鄰國進行交易，如同周達觀所述，搭乘商船前來做生意的「舶商」從海外到來。從周達觀的記錄可知，柬埔寨雖然生產紡織品，但同時也從暹羅、占婆及印度輸入紡織品。

◎條條大路通吳哥

「王道」的命名來自於馬爾羅的小說《王道》（一九三〇年），小說中王道在茂密的森林中縱橫交錯。雖然是虛構的故事，但一九九〇年代經由詳細的考古調查，證明王道的確存在。吳哥時代的道路、石造的橋樑、貯水池、小遺跡、護城河及村落等遺跡被發現，相關的地理位置也能清楚判斷，當時所有的王道全部通往吳哥都城。

因為國內王道的流通道路發達，「條條大路通吳哥」的論點，使得國內經濟活動的觀點得以再度被檢視。周達觀雖然指出許多船從中國前來的事實，但那是因為當時的洞里薩湖和湄公河連接，暹羅灣和南支那海連接之故。再次檢視當時王朝廣闊的疆域，以及從五大遺跡（七世紀三波坡雷遺跡、十世紀的貢開遺跡、十二世紀前半的班梅雷雅遺跡、十二世紀後半孔蓬思維的大聖劍寺遺跡、十三世紀的班特清麻寺遺跡），被視為地方上的重要據點，都反映國內物品交流的盛行。

從稅金問題思考商品的流通

◎課稅物產中有哪些東西？

王和高官們會向人民課稅作為國家預算的來源，並管理國家的收入。但實際檢討碑文內容，發現記載很多關於課稅的紛爭和減免稅的案例，也有逃稅的情形。各種稅的徵收方法沒有明確制度，哪一項屬於國家支出無法判斷，只有部分是清楚的。因此從國家財政的觀點來看，收支是否得以平衡，其實存在著疑問。

稅制中，農產品或是手工業品大部分都是課稅對象，收納到國庫，也就是王的倉庫。市場則是預先課稅。人頭稅和固定資產稅的異同並不明確。

根據碑文，賣掉部分水田的納稅義務者得以申請減免稅額，從這個事例來看，推測這個稅應是個人稅。在九七九年的碑文中，有一個人賣掉土地買了奢侈品，並將這個奢侈品作為物品稅支付給王。但是其他碑文又指出，有納稅者是支付稻米來抵稅，相反的也有人交出土地來抵稅。

從負責徵收各種各樣稅的「徵收長」來判斷，可以做為稅的產品除了米，還有種子（可

王道與中南半島的內陸流通圖

能是小米等穀類）、油（可能是芝麻油）和精緻奶油、蜜蠟、鹽及芝麻等。被徵收來的物品會暫時放進王的倉庫，之後再運到各大寺院，做為寺院維持營運之用。例如：運到闍耶跋摩七世的治療院等地。

還有針對住在山區地帶少數民族制定的稅則，可用森林裡的物產繳稅，例如：可以用來製作松明的含油樹脂，生薑、胡椒等各種香料，藥草或是藥用物質樟腦等。

此外，建設新寺院時被大量使用的未加工貴重金屬，例如金、銀、銅、鉛等也必須課稅；生產各種製品的職人們也必須被課重稅，例如：製作衣類、絲織品、毛織品、手套等纖維類；金或銀製裝飾品；聖遺物箱、象牙製鼓或神明的基座等宗教用物品；或是食器等，製作這些器物的職人們皆必須繳稅。

◎有負責執行賦役稅的吏員

王道和石橋的建設促進國內商品的流通，並且使稅金徵收和課稅商品運至王的倉庫變得容易。這意味著，上述這些課稅清單係經由王道從地方運到吳哥都城。

關於稅的一部分的「賦役稅」，也就是村民必須負擔的勞役，在碑文中被頻繁地提及，並有專人負責，這已經得到確認。進而，賦役義務的免除在碑文中也屢次被提及，根據碑文提供給我們的情報是：國家時常透過對村民徵收勞役，以建設寺院或進行大型的土木工程。

例如在九世紀末時，因陀羅跋摩一世命村人挖掘貯水池。進而，一一一九年時，蘇利耶跋摩二世在建築家的指揮下，利用村民進行郡的整頓、寺院的建設及周邊建設等工程。當然，「賦役稅」也會被廣泛地使用在建造大型巴萊、王的寺院，或者是國家鎮護寺院。勞役是由地方的州或郡等負責調派動員，碑文中免除勞役的情形很多。是否得以免除，則是州長和郡長的權限。

◎寺院的維持費是由誰負擔呢？

大型的寺院或僧院如何維持營運呢？關於這一點，他們的財源來自好幾項。從碑文顯示：一、來自於王的倉庫，也就是由村民上繳至國庫的物品；二、職人或織工製作的商品所課的稅金；三、市場開發稅或郡稅等稅金。再者，在碑文中也可看見，從「王或地方長官基於對寺院的信仰而捐贈」的物資來做為寺院的維持費。

從基層的村莊裡撥出用來維持寺院運作的物資，數量之龐大，是國庫支出的物品無法比擬的。來自基層村莊提供的米、物產、日用品及金屬器物等物資，無法估計正確的數量，總之相當龐大。如果要說的話，地方的寺院和國家的寺院各有歸屬的村落供養，以村的收入來做為寺院自主獨立的財源。

即使是現在，上座部佛教的寺院也是由地方人士糾集建設、營運並維持。但即使是由基層的村落負擔營運費的寺院，也是在王的威儀下作為彰顯王的榮光而存在的寺院燦爛地閃耀著。

◎特別的津貼會捐獻給慈善事業

國家財政中有特別津貼的支出。所謂特別津貼就像，王有時會無償賜予高官土地或村落，以及許多高價的財物，會是很龐大的數量。舉一個例子，根據碑文資料指出，闍耶跋摩六世曾經賜予國師帝渥凱拉帊帝達大筆的特別津貼，國師接受之後，將這筆錢捐獻給寺院，用來開鑿貯水池，也分配給學者、婆羅門及貧民。也因如此，碑文中也記載著帝渥凱拉帊帝達手邊一直持有大筆的特別津貼。

十一世紀前半時在位的蘇利耶跋摩一世也會賜予宗教事務者及高官特別津貼，這些高官也把津貼轉捐給慈善事業，如茶膠寺也得到分配款。這些寺院從王得到財物之後，大多則用來作為贖罪的儀式用品、寺院屋頂的裝飾品、寺院建築的工程費用、石材購入費，以及雕像的製作費等。

◎免稅最後補助給寺院

這裡來思考一下課稅和免稅的問題。所謂課稅，如前所述為課物品，森林物產、金屬類、裝飾品、米、雜糧、種子、油、奶油、蜜蠟、胡麻及鹽等可以用來作為課稅品。免稅則是適用於寺院的奉獻品，或是王的建物（也包含捐獻給王的私人建物）。例如九七四年時曾有人希望捐獻給寺院，或給予王師土地，這就可以免稅。

寺院的關係者更適用於賦役稅的免除，這些免稅的措施間接地補助了國庫給寺院不足的部分。

◎關於國家預算的執行

剩下的是國家預算的執行。國庫投資的土木工程、寺院建築，及公共設施的維持管理等，這些都需要大筆經費。

例如，根據碑文記載，不管蓋了幾層也一目了然的祠堂數量、連接塔和塔的迴廊數量、壁面、護城河、參道的長度等各種數據都被量化，用來作為給國家的提案中估計預算的根據。此外，也必須計算供奉在境內的神佛像數量、治療院（塔普倫寺）和驛站（聖劍寺）的數量，預估各寺廟所需的維持費用，包括石材和紅土各自的用途也必須詳細記載。特別是，為了彰顯寺院建設的崇高性，碑文中若提到關於興建寺廟的相關事務，開頭到結尾皆使用華麗的詞句。

◎作為經濟支柱的國土整頓事業

國家幹道王道的建設、石橋的設置，各地驛站和治療院的建設，以及寺院及其相關建築的建設等，都是國土整頓事業的一環，進行國土整頓不但可以振興國內經濟也可以昭示帝國的面貌。建設這些公共事業和宗教設施，想當然耳必須耗費龐大的建材，投入人力也都是必要的，這些建設經費牽涉龐大的財政問題，也牽動著吳哥王朝的經濟。國家投入大筆資金在公共工程，後續的維運管理也要花費龐大財力，說寺院及其附屬設施是王國內的大地主也不為過。

吳哥王朝公共事業的中心是水利灌溉和幹線道路，宗教設施也包含在內，例如：大寺院的護城河，吳哥寺及聖劍寺等，皆被納入國內水利設施的整頓事業中。其他還有許多宗教相關的建築，例如：地方寺院、驛站、僧房及治療院等，這些建築位於道路的中心地帶，成為國土整頓事業的一部分。當然工程的發包都是在王的命令下進行。工程使用的建築材料，有木材、瓦、石材；還有國家補助的鐵、鉛及青銅等各種金屬，皆被有效地運用，且在建築技術和工法上出現巨大變革，最終創造出像是吳哥寺那樣的大伽藍。

1 印度教的祭司貴族，掌握神權，占卜禍福，主持王室儀典，社會地位相當高。

第七章

吳哥時代的精神價值體系

癩王台的浮雕

從誕生到青年期，然後結婚

◎衣食住皆能得到滿足的日常生活

吳哥時代的村人們一般過著怎樣的生活呢？讓我們重現巴戎寺的迴廊浮雕並予以驗證。巴戎寺迴廊的薄肉浮雕比吳哥寺的更深，相當美麗。

巴戎寺第一迴廊（一百六十乘以一百四十公尺）的雕刻中，呈現了這個國家庶民的日常生活。壁面高度超過十公尺，刻有數量繁多的人物和動植物，表現庶民從日出到日落忙碌的生活樣貌。

柬埔寨的清晨來的很早。市場的攤販裡販賣著蔬菜、米、魚等食物，也可以看到漁具、藥品、雜貨、布疋、茶器等物品。市場也是人們社交的場合，有梳著中國髮型的商人、大口飲酒的人、搬運飲料的料理人、販賣烤肉串和烤魚串的小攤、製作點心和食品的師傅等聚集在此地。市場的兩旁有鬥著雞或鬥著豬樂此不疲的人們，還有趁著店主人在午睡時，偷取貨品的頑劣兒童等景象，皆被幽默地描繪在迴廊浮雕中。

不僅如此，當時的高棉工匠可說是相當典型的寫實派，浮雕中還有在刻石的工人，在用餐的工人，揹著木頭的牛，或是農家的風光等；漁船上有三名漁夫在灑網捕魚，有人在檢查漁獲，也有人負責掌舵。漁船下方，刻有一艘很大的觀光船，船上的乘客們載歌載舞的遊樂著。王族們的生活和王宮內的樣子也被描繪出來，令人感到相當有趣。此外，還有列隊前進的勇猛軍隊、占婆軍和高棉軍戰鬥的場面、水軍和象軍前進的情形，以及曲藝師的表演等。軍隊後方載運著糧食的牛車緩緩前進。壁面上還刻有被徵召徭役的村民一家，有父母和坐在車上的小女孩，一位較為年長的少年負責駕駛，可能是女孩的兄長，這些都在壁面上活靈活現地被刻劃出來。

根據周達觀的報告，生產對女性而言是一件大事，早熟的少女們雖然很快地成為母親，但當她們到二十歲或三十歲時，外表看起來「就像是中國女性四十到五十歲的樣子」。

到了青年期，少年們會在家裡擔任餵牛的工作，有些少年們則會出家，在寺廟或僧房中擔任沙彌學習事務。王族的少年們則會跟隨婆羅門國師學習帝王之術。

包含吳哥都城在內，村人們住在各個大中小型村落中。各村落皆是獨立運作，有時會以寺院為中心，也會沿著河道條列地成排建立家屋。地形稍高的地方也會建立村落，將房子蓋高處，是因怕洪水來襲。就浮雕所見，當時有高床式的家屋，和今日的村落相比並沒有什麼區別。住宅範圍內有住家、米倉、豢養家畜的小屋、作業小屋、用可可椰葉做成的小屋，以及小小的養魚池。

如果寺院是設在村子裡的，僧侶們會鼓勵修行，並舉行季節性的祭禮。在叢林等茂密的大森林地帶，則是和都城和村落迥然不同的世界。

◎褒揚貞節妻女的碑文

吳哥王朝相當重視女性的貞節，碑文不只會讚揚王妃的淑德，也會讚揚夫婦間忠貞的美德。當時的柬埔寨基本上是大家族，高官或職員必須把自己的女兒交出來作為王的人質，她們會被送進後宮，由王自己挑選一位女性擔任「第一王妃」。上位的高官們幾乎跟王一樣的模式娶妻。

碑文中所描寫的柬埔寨家族是什麼樣子呢？十一世紀的碑文中，有記述褒揚地方官的妻女的貞節「就像是女神般的存在」，這個地方官的妻子擁有五個兒子和三個女兒。並且，在空中宮殿遺跡（Phimeanakas）的碑文中記載著，闍耶跋摩七世的元配名喚賈拉賈蒂薇，據說是一位溫柔嫻淑的女性，碑文中記載她「將數百位被親生母親拋棄的少女們，當作是自己的女兒一般照顧」。

賈拉賈蒂薇去世之後，她的姊姊因陀羅蒂薇成為闍耶跋摩七世的繼室。因陀羅蒂薇對市井的女性們施以教育，致力於改善她們的生活。再者，碑文也指出這位王妃「對王在意的女性也真情對待，完全就像是女神一般的化身」。

在柬埔寨，吳哥時代和現在都是採取高床式住居。巴戎寺的壁面浮雕中也有這樣的描繪。住家當中常有很陡的階梯，階梯是奇數。對柬埔寨社會來說奇數是吉利的數字。爬上階梯的地方側邊會有扶手用的欄杆，這個在現在的住屋也同樣看的見。

日常生活在高床下進行，高床下有餐廳，在這裡可以料理食物，也是孩童們玩樂的場所。家的四周圍會種植木瓜或芒果，也會有可可椰子或檳榔，這樣的風景就是一幅田園的景象。

柬埔寨家中沒有廚房，住宅屋外的東南側是下廚的地方，三隻腳的爐上放著鍋或釜，實際料理則在地面放上砧板就可以進行，對柬埔寨女性來說，這是很普通的事。在一天開始的早晨，將米放在臼中清洗是女性的工作。

但是在巴戎寺的浮雕中，可見到鍋子在爐上點火的景像，一位男性廚師將米放入正在熬湯的鍋中。與在家庭中不同的是，在王宮內和寺院內，料理是男性的工作。

巴戎寺的浮雕中，還可以看到煮飯的灶旁有一個大鍋，裡頭放上一整隻動物，看的出來那是一隻仔鹿。附近有串燒的場景，在燃燒的火上放上魚串或是肉串及香蕉串。

再者，浮雕中也可見到兩、三人或是四人圍著一個盤子，用手拿取食物進食。如周達觀所言，當地有很多種類的酒，如用米做成的濁酒。來逛市場的人會用麥梗當吸管，直接喝甕中的酒。這樣的情景，現在山上的少數民族還留存著。

就這樣，充滿活力的市場風光，栩栩如生地被呈現在浮雕當中。

都城的光和影

◎熱鬧的都城大道——看到王巡遊的周達觀

在吳哥都城中，面向王道的方向有好幾間名剎、寺院及僧房，這些宗教建築前面有市集，也有大小規模不一的常設市場。村人或購物者混身其中，也有中國人或是街頭藝人的身影，零售商人在陽傘下招呼客人，小小的攤販上排列著各種商品，商品被放在籠中，用扁擔挑來販賣。

想將商品雜貨及蔬菜等貨品運進被城牆圍繞的吳哥都城販賣，必須經過五個大門，大門有水道，必須由小型船隻疏運。村民們利用王道到巴戎寺參拜。城內有高官的高床式住宅，也有下級官吏、助手及警衛們的家，也有擔任勞動工作的基層男女苦力。

根據周達觀的報告，王一年中有四到五次離開王宮外出巡幸，也實際見過巡幸場面。他看到這支隊伍有著數千人，其中有三百人到五百人手持照明，還有在王身邊警戒的兵員們，以及男女侍從們一字排開。周達觀對這樣嚴格的警備和驚人的人數感到訝異。吳哥寺的迴廊浮雕中，對於王的巡幸有一些描繪。從一些小碑文當中，也可看出巡幸時有哪些高官陪伴在王的身邊。

這支華麗的巡幸隊伍中，只要看轎子上頭天蓋的數目，就可以知道高官們的位階和職位。如果沒有這樣嚴整的巡幸，村人就無法見到王的威容。浮雕也描繪了在王道上搭乘轎子的高官和妻女們的樣子，女性的轎子通常吊著兩支長竿的駕籠。長桿上的屋型轎與天蓋相同，只要看長竿上的印記就可以知道官吏的位階。

◎有野生的象、虎與野兔的森林

巴戎寺和吳哥寺的浮雕中，也描繪了綿延無際的森林景象。現在柬埔寨國土同樣有百分之六十被森林所覆蓋，森林資源是柬埔寨人最重要的命脈。村人們會走進森林採取藥草和香木；軍隊也會通過森林，有時森林會成為戰場；森林是動物的棲息地，許多野生的象在林中漫步，因此那裡也是獵人們活躍的地方；苦行僧則在庫倫山（荔枝山）修行。不僅如此，工匠們也會進入森林砍伐樹木，做為家屋的柱子或地板。

當時人們主要的交通工具是大象，高官們乘轎子或駕籠，村民則是牛車。牛車是牛或水牛兩頭並立，車輪很大，即使大型的障礙物也可以越過，行駛在泥濘地或砂地上，也不用擔心。

駕駛者坐在前座，用單腳踩著棍棒操縱牛隻，牛車裡製作了可以躲避灼熱太陽或傾盆大雨的三角形藤編屋頂。在主要的幹線道，也就是王道上設有驛站和僧房，像是十二世紀時，從吳哥都城到孔蓬思維的大聖劍寺沿路的幹道上，每隔二十公里就有一個驛站做為休息所。

常常有人在森林中狩獵，道具是弓、矢或是小石子等會飛的武器，有時會使用吹箭，若要獵取豬或鹿，會使用矛。森林裡有野生象、猿、鹿、虎等許多獵物，河邊有熊的足跡，還有野兔和野鳥。根據碑文記載，闍耶跋摩三世是狩象的能手。所謂的狩象就是獵捕野生的大象，加以馴服之後使喚來作為搬運等用途。野生象的調教場在吳哥城的北側，因為作為戰爭用途的戰象必須在調教場先經過特別訓練。

動物們與森林旁的村民們共生，民間故事中的村落也常常出現森林裡的動物。村民們最初開拓森林，以火耕農業（即古代的刀耕火種農業技術）維生，採取森林的香木、藥草或是皮毛等物產，與來到村落的商人們進行以物易物的交易。七世紀瓦普寺的碑文還記載著：靜謐的森林中有岩場和岩洞，那裡是苦行僧們修行的地方。

周達觀的作品中描述了許多娛樂活動。例如以新年裝飾和爆竹迎接熱鬧的新年，球類遊戲和旱船比賽（在陸地上拖船前進的比賽）等競技比賽也相當興盛。

◎集體競技和酬神舞蹈

在帝王的即位式或是類似的大型慶典中，為了傳達祝賀之意，會有各式各樣的集體競技場面。癲王台（Terrace of the Leper King）的外牆壁面中，有騎乘球

癲王像（左）與癲王台（右）

技的場面，揮舞棍棒的馬上競技者打著木球；看街頭藝人表演是民眾的日常娛樂之一。巴戎寺的浮雕中，在市場的攤販旁有雜耍表演者、足藝表演者（用腳滾桶等表演）、走鋼索表演者、柬埔寨相撲等繪圖；也可以看到因賭博而興起的鬥雞，圍繞者多數是中國人；鬥雞旁邊有兩頭豬（也可能是狗）在互鬥。根據周達觀的說法，在祭禮中常有戰象互鬥柬埔寨也有人的格鬥家。

周達觀對於家族成員在水池中沐浴的愉快景象感到驚異，這在現在的柬埔寨依然是很常見的風景。在巴戎寺的浮雕中，有高棉和占婆水軍互鬥的場面，而旁邊是王子和公主們等高貴的人在優雅的屋形船內乘涼。

對這樣酷暑的國家來說，在船中遊樂可是一大樂事，在都城東西兩側的巴萊中，與闍耶跋摩七世用來沐浴的水池，或許也有這樣的活動。

描繪王宮美女的女神像　吳哥寺兩尊女神像的姿態像極了女官和舞姬。

十二世紀末時，據說賈拉賈蒂薇王妃讓舞者們，表演了《佛說本生經》（又名《本生譚》記錄佛陀未成佛的前生故事），證明王室的娛樂中有宮廷舞蹈團的存在。

◎王族的漢生病和治療院

「癲王台」還存留至今，許多的村民會手持著花束，在每個季節為佛像換上新衣。三島由紀夫也有著名小說《癲王的庭園》問世，就是以「癲王台」作為背景描寫的故事。

十世紀初耶輸跋摩一世於羅雷寺開設的僧房規則中，明令禁止漢生病患者進入。周達觀在〈病癩〉中，記載了：「罹患癩病的人很多，大多數的病人都露宿街頭。當地人跟著一起坐臥其中，也不會受到感染。也許那些人得的是水土不服而產生的風土病。以前國君也曾經感染過這種疾病，所以人們對這種疾病並不會感到討厭。」

巴戎寺和治療院的破風浮雕中，有一位王族用果實液體按摩足部的畫面。這個果實液體可能就是能緩和漢生病患者痛苦的大風子油。這麼說來，國王致力於建設治療院可能就是要對抗這種疾病。

根據塔普倫寺的碑文，一一八年時全國共設置了一百零二個治療院，在大臣的管理下營運。直到現在，已經確認四十處治療院、碑文以及附屬的小寺院。就分布狀況而言，以東北泰地數量最多。治療院及其建物是用木材及輕建材建造，現在已不復存在。但是，附屬的小寺院是用砂岩或紅土建造，按照相同規格，很容易被認出來。連同有碑文的塔普倫寺在內，考古鑑定已確認各地這樣的附屬寺院。

儘管在碑文中記載了治療院的存在，但周達觀在《真臘風土記》中卻沒有提到。治療院中供奉可以治療疾病的藥師如來。闍耶跋摩七世則在全國設立治療院，碑文中也寫到，設置治療院是王的任務，因為王「苦民所苦」。

設置治療院的碑文和塔普倫寺碑文，其中詳細地記載了治療院的組織：一、最大規模的治療院，工作人員有近兩百人，中等規模的治療院有一百人左右，小規模的則有五十人；二、治療院的患者中有的不必負擔治療費，但有些人必須自費；三、治療院有兩位醫生，他們各有三位助手；四、有兩位專門配藥的藥劑師，以及兩位廚師，廚師也同時負責寺院的清掃工作；五、有專門將藥磨成粉的女性助手，由護士管理；六、有負責庶務工作者，管理附屬寺院的宗務祭儀官，還有占星師一位；七、工作人員職掌由塔普倫寺的住持負責分配。

◎支持治療院的龐大人事費和物資

為了治療院的營運：一、以日常生活所需的糧食為主，從外部供給各種物資，流通量相當龐大；二、塔普倫寺碑文指出，與治療院相關的人總數有八萬以上，接受超過八百個村落提供的物資；三、供給治療院附屬寺院的部分物資，提供給院內患者；四、配給的食物中包含米，也提供藥草和藥箱；五、負責祭儀的宗務官和藥師佛也可以得到各季的衣物和物資。

問題是，治療院是如何營運，日常又如何進行活動呢？因為沒有記錄所以並不知道。至於患者大概是治療院附近村落的村民。

周達觀在書中提到，一般的醫師類似咒術師，那麼，治療院中的醫師是怎樣的醫師呢？至今仍不清楚。

但是最大的疑問點是，治療院的規則中並沒有關於漢生病的項目，捐獻的藥草和藥石中也不包含大風子油。漢生病以外的病人，例如身體障礙者則在各個村落都有。蟠蛇殿（Neak Pean）的破風浮雕中描繪了這些人，向觀世音菩薩祈願的場面。

◎在「佛學堂」實施僧侶教育

周達觀也提到佛學堂教育的存在，很多占地廣闊的寺院內都開設學堂。佛學堂教育在現今的柬埔寨也發揮了功能。吳哥王朝裡，在寺廟中建立教育設施的王有兩位，耶輸跋摩一世和闍耶跋摩七世。原本這些僧院是為王或是特定的個人設置的機構，目的有三個：一是接待修行僧；二是接待旅人；三是實踐宗教教育。僧院中有一人或數人擔任教師。

耶輸跋摩一世委任僧院進行人材養成教育，運作方式為：一、學生團體在僧院中一起作息；二、一起用餐；三、定期給予貝葉和筆記用具；四、保證兼任教師的僧侶食宿；五、教師們有濕婆派、毗濕奴派或佛教；六、這些教師們精通各個教義，待遇依據專精領域也不同；七、有博學的六名教育僧擔任助教；八、在僧院中前半月（滿月時為白分）和後半月（弦月時為黑分）各有兩位圖書指導及三位貝葉準備者。到了闍耶跋摩七世時代，這樣的僧侶養成教育由寺院自行負責。

寺院和僧院臨著國內的王道的驛站而建立，在塔普倫寺的碑文中記載著：九、在佛學堂念書的學生有九百七十人，教師和學生們的膳食費是一筆龐大的開銷；十、碑文中提到地方寺院和一百二十一個驛站、在其中生活的教師和二千八百九十八位學生們的膳食費；十一、闍耶跋摩七世的王妃因陀羅蒂薇就在佛寺中執教鞭。

此外也有私立佛學堂。十世紀末時，從印度來的婆羅門帝瓦凱拉帕達成為王的女婿，也開設了新的僧房。巴戎寺的浮雕中，也不斷地出現被弟子包圍的苦行者們的日常生活場景。

吳哥王朝的寺院和僧院，是用怎樣的課程教導學生呢？教材中包括印度的婆羅門教經典《吠陀》（*Veda*）、印度的政治書籍《實利論》（*Arthashastra*）、《摩奴法典》的法律書《法論》（*Dharmasastra*），還有二大敘事詩《摩訶婆羅多》及《羅摩衍那》，也讓學生背誦。

濕婆派的苦行僧朗讀著寫在貝葉的講

《摩訶婆羅多》浮雕　吳哥寺第一迴廊。

義，這樣的情景被雕刻在巴戎寺的浮雕中。如同十世紀碑文所述，每間寺院都有稱為「藏經閣」的建築物，裡面收藏著寫在貝葉上的各種典籍，作為學生們的教材。從碑文中也清楚發現，這些教育是以梵語來講授的。

柬埔寨版印度文學的發展

◎碑文中所雕刻的敘事詩《摩訶婆羅多》

從斷簡殘編中可以確認，吳哥時代的文學，是以梵語和古高棉語兩種語言撰寫而成。這顯示印度文學在柬埔寨全部被接受。

特別是看古高棉語的碑文，許多內容都是贈予寺院的貨物、法律條文，還有各項行政等相關事項。

梵天耶若婆羅訶最著名的事蹟，就是擔任闍耶跋摩五世的國師，碑文中指出他「精通各種語言，也寫演劇」，被稱為博學強記之人。他所寫的劇本應該是用梵語寫成。闍耶跋摩七世的首任王妃賈拉賈蒂薇極力舉薦舞者在佛前奉納演出《佛說本生經》，並且親自以高棉語書寫劇本。

印度代表性的大敘事詩《摩訶婆羅多》（四～五世紀）當中的篇章，在柬埔寨最古老的帝瓦尼卡王碑文中被引用，看來早在遠古的印度文學就已滲透到柬埔寨內陸地帶。這塊碑文在寮國南部面向湄公河的瓦普寺中被發現，是柬埔寨最古老的文學資料。

考察古高棉文的碑文，很多都是讚揚王和王國的禮讚文，其中記載了許多規範、規則、法律等內容。當時以貝葉做紙書寫，因為蟲害之故已經全部消失，應該有許多領域的文學被書寫在貝葉上。

還有手持貝葉經典的神明雕像，可以顯示他們將經典書寫在貝葉上使用。別的碑文中也提到「貝葉製作者」，經典因為用貝葉寫成，容易被蟲蛀而無法保存，必須不斷地書寫新的抄本。吳哥時代寫本和寫經的傳統一直持續著，至十五世紀前半，才因與阿瑜陀耶王朝的激烈戰爭而斷絕。周達觀提過將公文書撰寫在鹿革上；碑文中也提到王用金銀延展做成的板子記述事情。

◎吳哥時代印度文化的浸透程度

碑文是證明印度文化如何被柬埔寨社會接受的鏡子。碑文中有許多文學表現和修辭及慣用語等暗示筆法，而引用文顯示出作者的高度修養。文學作品的多彩內容，證明當時王朝的上位高官們可以閱讀這樣高水準的作品。

特別是在十二世紀前半的吳哥寺西迴廊的《摩訶婆羅多》故事，源自在印度以梵語書寫十萬句的敘事詩，在超過七十公尺長的壁面上雕繪出大型戰爭的磅礡場面。同樣被視為是印度教經典的《羅摩衍那》故事也是，為了解救被帶往斯里蘭卡的王妃，猿軍和羅波那軍隊進行肉搏戰，勇猛進擊到最前線，碑文中栩栩如生地描繪出軍隊征伐殺氣騰騰的氣勢，彷彿可以將讀者牽引進那樣的驚心動魄之中。當時柬埔寨學者的理解力及描寫力令人感到佩服，如同這個浮雕所顯示的，在介紹柬埔寨版的印度兩大敘事詩的同時，讓人對這個能量強烈的文化俯首稱臣。

《羅摩衍那》故事的作者是詩人蟻垤，被稱為是古代神話中的聖人，在柬埔寨應該是最廣為人知的作家，甚至有他的雕像。

以前的高官或祭儀執行者們，甚至是王族們，深刻地理解印度文化，將其轉化成高棉版的同時，也增加了自己的文化。但轉化成高棉版印度文化之後並非就此忘記真正的印度文化，史料中也可看見，他們也不忘時時回歸印度教和佛教的原典或原作中，尋求可以支持高棉版印度文化的更高深理論基礎。

柬埔寨的高位者得以時時檢討印度教和佛教的原因很單純，印度的婆羅門會定期渡海而來，帶來印度新時代的動向，柬埔寨的高位者得以藉此對印度教和佛教的原典進行再確認。例如，十一世紀末到十二世紀初的大乘佛教即是將印度那爛陀寺的佛教教學的改革動向，早一步地傳進柬埔寨。

◎碑文的作者和作品

給寺院的捐贈奉獻文中，最重要的是首先碑文作者必須向神明秉奏，然後讚美王，並且對奉獻者獻上讚辭。這些書寫方法是有順序，列出慣例的文句。

公文或簽呈裡通常都是記錄書寫者的真實姓名，可以清楚地知道作者是誰，可能是飽讀詩書的婆羅門，可能是學養豐富的高官，也可能是王族。舉幾個例子來說明：一、闍耶跋摩七世的兩個兒子既博學又有見識，是兩幅長篇梵語碑文的作者；二、塔普倫寺碑文的作者是蘇耶庫馬耶，書寫的雖然碑文很長，但淺顯易懂；三、聖劍寺碑文的作者叫做瓦拉庫馬拉，他是一個博學強記的作家；四、闍耶跋摩七世的繼室因陀羅蒂薇是一位博學的學者，為了哀悼早逝的妹妹，撰寫了文辭優美的長篇追悼文；五、闍耶跋摩五世的國師耶若婆羅訶也是有名的劇作家，作品以內容豐富且格調高雅聞名。

這些稱讚或是讚揚會引用印度教諸神和神話作為事例，將婆羅門或掌權者視為神話中的偉人來介紹。例如：一、王引用印度教中奎師那[1]（Krsna）、羅摩（Rama）及阿朱那[2]（Arjuna）三神勝利故事的同時，也用讚美神明的話語來評判受讚者；二、闍耶跋摩七世的繼室陀羅蒂薇王妃在讚揚妹妹賈拉賈蒂薇的詩篇中，寫著：「賈拉賈蒂薇跟隨她的姐姐陀羅蒂薇學習，並且到佛陀身邊守護最愛的人。王妃在苦惱的每日和悲傷的海洋中央，靜靜地得到了正道。」（賽代斯的翻譯）這類的文章慣用具雙重意味的語法、隱喻又似是而非的修辭，也常出現過度的讚詞和褒揚，結果就是更難以精準判讀，讓本來就隱密的史實更無法為人所知；三、塔普倫寺碑文後半部分可以相當清楚地判讀，內容包括：儀式的必需品或裝飾品、布施品，貢獻寺院的村落數、建築物數、周壁的長度，以及治療院的基金等皆有記載。

◎柬埔寨版《羅摩衍那》故事博取人氣

東南亞諸國除了越南，大體上來說受到印度文化深刻影響。在柬埔寨，很久就從印度傳來的《羅摩衍那》相當受歡迎，全文目的是在「懲惡勸善」，相當簡單易讀。因此《羅摩衍那》很早開始就以高棉語被翻譯成「特有的」民族敘事詩，在後吳哥王朝時期（十五世紀後半到十七世紀）與在地化的上座部佛教順利地融合。目前可知以《羅摩的勝利》為名稱的文學作品，有各種版本的校訂版和新版本，有些在文學標準上相當洗練，有些可以追溯到十七世紀的版本，並帶入庶民的日常生活題材。

我們實際地用雕刻在吳哥寺壁面描繪的《羅摩衍那》來檢視。印度本來的《羅摩衍那》是以詩人蟻垤的作品為底本，但描寫的內容有些不同。例如：阿古你神不是搭乘雄羊而是犀牛。犀牛在柬埔寨是神的使者。像這樣高棉版的《羅摩衍那》注入了自己獨特的色彩。因此可以說，吳哥寺時代開始了《羅摩衍那》的高棉版化。

一般發現的碑文中，若是使用梵語和高棉語兩種語言，通常會書寫同樣的內容，但是一〇五二年的大薩多廓（Sdok Kok Thom）碑文，雖然也是並用兩種語言，但內容卻不一定一樣。具體的例子是：高棉語完全忽略以梵語書寫的關於祈願或讚辭等內容，也沒有任何重複置入或修飾語和隱喻。有可能是為了讓登場的主角為更吸引人，不使用以華麗語句排列裝飾的詩節，而是以史實為最優先。

1 奎師那即印度史詩《摩訶婆羅多》中的黑天神，是毗濕奴或那羅延的化身，要特別留意的是不要跟濕婆化身的大黑天相混。
2 阿朱那，又譯阿周那，是印度史詩《摩訶婆羅多》的核心人物之一。

第八章
吳哥的美術及其思想

「乳海攪拌」浮雕　吳哥寺第一迴廊。

在熱帶的太陽和風之下

◎發掘二百七十四尊廢佛，並建設博物館

現在的柬埔寨以吳哥寺和巴戎寺等壯麗的石造大伽藍聞名於世。大約八百年前，這些寺院的中央塔供奉著大型的神佛雕像，裡頭日夜通明。往昔的人相信輪迴轉世，生活圍繞著寺廟，特別是虔誠的王、王族、高官及宗務官們，虔誠的信仰建構了他們朝氣蓬勃的信仰生活。這些神佛像原來自於印度，之後改變成柬埔寨的審美觀和美術樣式，成了柬埔寨版的印度教神像或佛陀而存續，雕像是以柬埔寨人的形象作為模範雕塑而成的。

上智大學吳哥遺跡國際調查團在二〇〇一年，偶然間在班迭喀蒂寺（Banteay Kdei）遺跡境內挖掘出二七四尊廢佛。挖掘負責人是上野邦一（奈良女子大學）和丸井雅子（上智大學），此外還有日本考古學負責人三位及柬埔寨人研修生十位。這是為了培育吳哥遺跡保存官而實施的考古學研修課程，對我們調查團來說，這是研究考古學進入第十一年的成就，而最令人開心的是，這些佛像是在柬埔寨年輕考古學者手中挖掘出來的。

這些廢佛被埋藏在地下已經有八百年的歲月，由於地底長年維持恆溫、恆濕，保存狀況

極為良好，佛像尊容美麗，與往昔相比毫無改變，優美容顏重現世人眼前，明亮且栩栩如生。

考古挖掘現場狀況顯示，這些佛像和佛像破片的隙縫中被毫無縫隙地填滿土砂，立像維持著站立的姿態，旁祀佛也一起被埋入，從細緻的埋藏和處理方法研判，應該是佛教的信仰者小心翼翼地埋入。當時雖然在王的命令下對佛像進行破壞，但負責處理之人應該是以崇敬的心態進行。也有可能是破壞者和埋藏者不是同一人，篤信者將佛寺境內被破壞且被拋棄的佛像撿起來埋藏也是有可能的。

被發掘的二百七十四尊佛像反映了吳哥時代佛教的美術特徵和獨特性，我們親眼見到了佛像優雅的尊容和美麗的容姿。因為佛像而觸及到當時供奉佛像的人們的信仰心和時代精神，跨越約一千年前的時空，見證了高棉人虔誠的信仰。這些佛像在吳哥寺附近興建的普利諾羅敦施亞努吳哥博物館（Preah Norodom Sihanouk-Angkor Museum）博物館中（二〇〇八年一月開館）收藏，並對外公開。

◎對印度教三神一視同仁的吳哥王朝

柬埔寨從印度接受了各式各樣的文化，也受到鄰近各地域不同層面的文化影響，進而，經由海路與羅馬、希臘及伊朗等西方世界也展開交流。西方世界對柬埔寨的影響在湄公河三角洲的喔吠遺跡被發掘後受到矚目，從出土文物中可觀察當時的東西交流史。

吳哥美術原本是宗教美術，但美術以外也涉及與日常生活關係頗深的橋梁或貯水池等的建設。這些公共工程在神佛的護持下興建，作品中也能彰顯神佛的威嚴。吳哥王朝接受印度文明生成的印度教和佛教兩種崇高的宗教，日積月累之下轉換成柬埔寨的版本，衍生出自成一格的在地化色彩。印度教和佛教皆崇尚理想的生活，追求輪迴和轉世的教義，朝著極樂淨土前進，追尋人生解題的自我道路的信仰體系。

原來印度的印度教是以吠陀為基礎展開，其後形成以梵天、毗濕奴及濕婆三大神為中心的信仰體系，是多神並存的宗教，眾多神明一起合併祭祀。

梵天在理論上是最高階的神祇，在印度梵天卻僅是扮演第二位階的角色。在柬埔寨三個神祇則都被同等規格對待，梵天的神像被塑造成有四個頭和四隻手，碑文中甚至特別將王設定成梵天的化身，在柬埔寨當地有相當多的信仰者。

毗濕奴是世界的救贖之神，祂的塑像雖然只有一個頭，但大多時候擁有四隻手。毗濕奴在宇宙創世時，橫躺在不滅的大蛇上而眠，之後創造了來世，做為永遠的救贖之神。有時候祂化身為動物，有時候是人類的姿態，以各種各樣的形象現身。祂同時也是權化之神，糾正人世間各種不公不義，在信徒心中有相當尊崇的地位。影響信徒們最深的化身恐怕是「羅摩」王子的形象吧！羅摩是《羅摩衍那》故事的主角，同時也是人民的英雄。毗濕奴也時也會化身成克里希那，是迷惑人類的放牧者，擁有使人類迷亂的詭譎魅力。

梵天神像（上）　擁有四個頭和四隻手，是印度教最高位階的神祇。法國集美東洋美術館藏。
毗濕奴神像（下）　擁有四雙手的印度教神祇。吳哥寺。

濕婆神是世紀的創造主，也是破壞者，因為祂的任務多元，所以有各種各樣的姿態，有時是一張臉，有時是五張臉；有時是兩隻手，有時有多隻手；額頭上有第三隻縱向的眼睛，梳著高起的髮髻，在頭上裝飾著峨眉月（農曆第三天夜晚的月相）。在吳哥的圖像學中，最常以「林伽」的形體表達。

這些印度教諸神的化身中，以女性的姿態登場的是神明的配偶神，也就是「神妃」。神妃們稱為夏谷蒂，意味著神的力量或是性能力。毗濕奴的夏谷蒂是吉祥天女，濕婆神的是雪山神女。女神們所到之處會展示神力，有時是面貌溫和，有時是形象恐怖。

此外，印度教的主要神明還有陪祀神和護世神。濕婆神有兩個兒子，一位是有著象頭的智慧和幸運之神「葛內舍」，另一個兒子是戰神「室建陀」，祂原來是能夠降雨的雷霆神「因陀羅」（又稱為帝釋天）。其他的神祇還有例如：太陽神「蘇利耶」等。

諸神們還有乘坐的聖獸，梵天的聖獸是一隻天鵝；毗濕奴的聖獸是一隻神鷲；濕婆神的聖獸是一隻聖牛；帝釋天的聖獸是一頭三頭象；室建陀的聖獸是一隻孔雀；蘇利耶則是搭乘二輪馬車登場等。特別的是，除了以上諸神，還有在神廟裝飾中具有重要角色的半神們，例如：天神、女神、夜叉、阿修羅、天女、蛇神及女蛇神等。

◎柬埔寨人的感性創造出獨特的佛像容顏

佛教在教義和佛說中傳達了世人都有可能進入涅槃的訊息。佛教很早就分成小乘佛教和大乘佛教兩大宗派，其中一個派別是使用巴利語的上座部佛教（小乘佛教），在現今的斯里蘭卡和印尼大部分的地域仍然有廣大的信徒。上座部佛教的教義基本上是不可知論，對信仰者只傳達佛傳和佛陀的樣貌。此外也有使用梵語的小乘佛教。另一方面，大乘佛教發展了佛教哲學的另一面，定義了歷史上的菩薩、未來佛、禪定佛等佛陀的位置。

根據碑刻史料，三世紀到六世紀末，印度教和使用梵語的小乘佛教在柬埔寨是並存的。大乘佛教在七世紀開始到八世紀開始擴張，九世紀開始濕婆派的神王信仰在宮廷祭祀中深根，佛教從公共場所消失，從那時起數百年的發展成果變得隱而不顯，但仍然細細的存續著。

以眾多的雕像和重要寺院的建立作為證明，毗濕奴派持續維持了龐大的勢力。毗濕奴神也跟蘇利耶跋摩二世合體，蘇耶拔摩二世更為此建造了壯麗的吳哥寺。

之後，從一一八一年開始的闍耶跋摩七世時代，因為王熱誠的信仰和強烈的個人性格，大乘佛教在柬埔寨蓬勃地發展，不斷建造一座又一座大型的佛教建築。

但是，闍耶跋摩七世的統治結束之後，濕婆派及其他偏狹的派系立刻對佛教採取了激烈的行動，導致了柬埔寨歷史上有名的廢佛毀釋運動。在基層社會中，則是因為十三世紀開始與斯里蘭卡往來的結果，使得巴利語的上座部佛教得到了民眾的青睞。

吳哥的雕像受到印度的圖像影響，即使這已是不可否定的事實，但整體來說仍然發展出獨特的自我特色。例如柬埔寨的圖像會迴避印度教中帶有的恐怖、肉慾或是令人不舒服之處，轉換成柔和的表情，並且只採用與柬埔寨人的感性相合的題材來製作。

尤其是特別用四隻手的造型呈現毗濕奴神像，手持棍棒、法螺貝、圓盤（車輪型的武器）、蓮花蕾。毗濕奴神以雕像現身相當稀有，大多數的時候是以各種化身登場，最經典的莫過於吳哥寺第一迴廊浮雕中《羅摩衍那》的故事吧！在那裡，毗濕奴神化身為羅摩王子屹立其中，他與蘇利耶跋摩二世穿著同樣的服飾。

柬埔寨人對於濕婆神圖像的描繪也相當感性，濕婆神一直都有一張臉和兩隻手，但是在「坦達瓦舞」（Tandava）這個象徵宇宙動力的舞蹈中則是一個例外。並且，吳哥時期的濕婆神以林伽的造型出現最多，這也是來自於當時人們的感性。

在柬埔寨或許沒有接受來自印度的嚴格圖像概念，因此得以隨心所欲依照自己的感性創造，其中可以引發共鳴的混合神訶里訶羅（Harihara）相當受到人民歡迎。祂的右半邊是濕婆神，左半邊是毗濕奴神，意味著柬埔寨的多神信仰。

雕像中的佛陀通常穿著法衣，用寶石裝飾身體，還有戴上王冠，常被塑造成端坐在捲起來的七頭蛇神骷髏上的姿態，柬埔寨人喜愛這樣的坐佛像。蛇神很大，高舉著頭，在佛陀禪定的時候守護著佛陀。佛陀表現出來的各種手勢明顯地是與印度圖像學的手印一脈相承。

大乘佛教的佛寺中供奉在中央的有法藏菩薩、慈悲菩薩、波若波羅密多菩薩、多羅菩薩等等菩薩。這些菩薩的佛像每一尊都與印度教的神明相同，被裝飾得相當莊嚴，頭的前面會被畫上一尊禪定的佛陀化身。這種佛像群的概念由來，有可能是來自於柬埔寨人包羅萬象的精靈多神信仰。

法藏菩薩是以四隻手的形象表現，拿著小瓶、經典、數珠、蓮花蕾等，有時候也可看到八隻手的形象；身體和髮螺間有許多小佛和小神像，這些小佛像是菩薩為了解救人類而派出去的使者。多羅菩薩一般都是完整雕塑的簡樸美術樣式，兩隻手中一手拿著經典，或是兩手拿著蓮花蕾。

獨創的吳哥美術

◎高棉人的感性和形貌

吳哥時代的雕像容貌在美學上完成度之高，原創性之豐富，很早就吸引了專家們的目光。早在一八七五年的法國東洋美術收藏家就指出：「高棉人創造的雕像是層次相當高的作品。儘管仿自印度雕像的美術樣式，但也發展出在地特有的沉穩且圓融的形式。例如在容貌的表現上，在溫和微笑之上還增添了莊嚴感。並且，幾乎沒有強調人類在運用身體時肌肉的起伏。這些雕刻作品清楚地顯現了高棉特有的感性，將供奉在柬埔寨古寺中的佛像，錯認為印度的佛像是不可能的。」

但是，實際上，高棉的雕刻引發更多的關注是在一九一六年之後，特別是一九一三年發現的佛像，以發現者法國人保存官柯梅爾（Jean Commaille）之名而命名的「柯梅爾佛」，引發了熱烈的討論。

即使美術史家和圖像研究者明白吳哥美術的價值和多樣性，但直到一九一六年時關於吳哥雕像的正式目錄才被出版。因為雕像可以輕而易舉地被移動，且一再地被轉奉獻和轉捐贈，要根據佛像被供奉的寺院的年代來決定雕像的形成是不可能的。

九世紀以前的前吳哥時代的最古老雕刻群，可以稱為「前吳哥時代的美術」，那時期的美術特徵可以清楚的判別，並和九世紀之後的「吳哥時代的美術」進行區分。奠基在宗教思想的吳哥美術有兩度達到高峰，第一個高峰是前吳哥時代，美術史上稱為扶南達（Phnom Da）樣式；第二個高峰是在闍耶跋摩七世時期（十二世紀末～十三世紀初），美術史上稱為巴戎寺樣式。這兩個高峰時代的過渡時期，高棉美術有時傾向自然主義，有時傾向宗教傳統主義，或是尋求更柔和的創作形式等，不停地在變動著。

一、扶南達美術樣式

前吳哥時代的石造雕像從扶南時代的七世紀末就已經出現，特別是考古學的發掘中，現今並沒有任何關於六世紀中葉以前的石造雕刻報告。扶南達樣式中的高棉美術已經從印度美術獨立，成為具有獨自特徵的創作。蛋型的大型面相、鷲鼻、細眼，以及四肢的端正美感特別引人入勝，值得注目，當自然主義色彩強烈的雕像樣式出現的同時，也誕生了一個民族獨有的造型美術。且在至今最古老的工房中，造像的傳統仍然持續保持著。

八世紀初柬埔寨政治發生變動，國內分裂為水真臘和陸真臘兩個部分，幾乎成為一個無政府的狀態。此時對工房的存續也是一個危機，造像的手法在某些地方開始急速地退燒。但是，有幾個雕刻工房仍然保持著動力，創造出真正的傑作，這些作品現今展示在國立金邊博物館中以饗參觀者。

二、荔枝山．羅洛士美術樣式

到了九世紀的闍耶跋摩二世時代（八〇二～八三四年），從庫倫山（荔枝山）的遺跡可發現，此時期的美術有了革新的嘗試，自然主義傾向稍微衰退，轉而追求莊嚴。這個新美術樣式持續到九世紀末葉，在羅洛士遺跡群中被繼承，特色更加顯著。

吳哥時代的各種伽藍建築的特徵，就是室內空間的裝飾和人物立像的浮雕配置，特別是從主體建築的建築學來看，壁面以綴織（gobelin print）製成的華麗窗簾裝飾。

三、貢開美術樣式

接著到闍耶跋摩四世的時代（九二八～九四三年），雕刻工法充滿躍動感、栩栩如生，美感令人驚嘆。這個時期貢開地區的美術與之前在吳哥都城孕育的具宗教傳統和開拓新天地的自由創作精神相衝突，卻互相融合，產生了混融與變革。這時期的作品不僅有靜物也有生動的雕像，作品充滿原創性，屬於高棉人特有的才能在寺院的大型裝飾和雕像中盡情地施展，是高棉美術史上重要且珍貴的發展。

四、班迭絲雷廟美術樣式

距離吳哥都城三十公里左右的班迭絲雷廟，是闍耶跋摩五世放棄貢開舊都將國都西遷之後，國師耶洛婆羅訶耗費三十年，於九六七年時建造而成，那裡有著優美溫雅的美術作品。此時期的美術樣式是從七、八世紀的美術樣式和爪哇美術得到的啟發，充滿濃厚人情的溫暖感覺，追尋美的同時也能吸引人們的目光，是充滿魅力的作品。此時期傳統主義決定了諸神的造

班迭絲雷廟的浮雕

像，裝飾時採用重點配置法，是該時期美術的革新重點之一。

五、巴蓬廟美術樣式

在十世紀的美術中，十一世紀的美術已萌芽，學習班迭絲雷廟美術革新的同時，也朝著十一世紀追求簡樸、纖細、典雅及合宜的品味前進。巴蓬廟美術中的女性表情有著優雅容貌，以從班迭絲雷廟美術繼承而來的沉靜及纖細的相貌為理想，並展現自然的洗鍊姿態，特徵是大大的露出腹部，顯現了高棉雕工觀察事物的敏銳與感性。

六、吳哥寺的美術樣式

因為蘇利耶跋摩二世這位強者的登場，吳哥王朝大為擴張且邁向強盛，使得十二世紀前半成為一個分水嶺，十二世紀後半美術樣式有了新的發展。由於政治的強權，吳哥人將不可動搖的信仰心和奉獻心全部集中在國廟吳哥寺。吳哥寺美術比起自然主義裝飾性的美術傾向更為強烈，會使用寶石和巧手雕刻的王冠型髮飾妝點神像，美術風格回到了之前的宗教傳統主義時期。此時期佛像的外貌為矮而厚實，容顏明朗，整體造型更為四角，與其說表現了內在深沈的情感，不如說描繪了佛像的威嚴和幸福的理想。在工法細膩的佛像中飾品是一個重點，王冠型髮飾和頂髻在吳哥城的迴廊浮雕中也可看見。女性雕像幾乎都帶著瓔珞、腕釧、戒指，成為佛像服裝的特徵。

◎人物描寫的擬真性：巴戎寺美術樣式

接著到來的是繁華的時代，到了闍耶跋摩七世時期（在位期間一一八一～一二一九年），國家的目標就是將佛恩傳布各地。這樣的根本策略影響原來的印度教傳統主義，並帶來了從根本開始的變革。促使變革的佛教思想，著重內在的精神生活，此時的雕像脫去了衣裳，樣貌轉變成明朗的表情又帶有神秘的微笑。

此時期的美術特色，除了雕像重點在臉部表情和手印位置外，還有追求對人物描寫的真實。在這之前的雕像姿態較為沒個性，但此時期的雕像可明顯看出借用了當時王族的實際姿態。以這樣的手法呈現主要來自於對圖像解析的真實探求，讓它以最美麗的作品被呈現。這一點長時間以來高棉人的雕工們也曾輕忽過。

十世紀時，被蛇神那伽保護的禪定坐佛像，被當成新佛像而重新流行。新佛像受到許多印度教神像的圖像影響，這種印度風和高棉風互相混合的風格，可以從偉大的佛陀也想不到的髮型來進行說明。

坐佛像有別於傳統的螺髮，頭髮被仔細地用編織的細毛盤成一束，就像真正的頂髻一樣別上圓錐狀的髻覆蓋，再將肉髻包覆在頭髮中。在我的印象中，這樣的髮型與古典佛教圖像學相距甚遠；並且，雖然沒有特別吸引人的裝飾，但頂髻和頭髮的髮際間可以看出精巧的作工。我想這樣的小型身裝飾品剛開始是比較低調的嘗試。

這些坐佛像的上半身是全裸的，兩手腕完全自由地擺放，沒有可以判斷身體是否有穿著法衣的任何材料，但是若仔細觀看，脖子的連接處有一條纏繞的線，胸部的中心部分也可以看到痕跡。雕工以獨特的造像手法，巧妙地將法衣緊貼在身體上也說不定。

這個時代的佛像容姿相當自制的帶點肉感，呈現了完美的擬真性。禪定時追求身體的放鬆，如何解決相對應的兩手腕自然擺放等問題，雖然還不清楚，但讓人感受到了一股閒適的氣息。

在這裡稍微地將時間往回溯，我們來觀察一下吳哥寺時代再往前的十二世紀前半的蛇神坐佛像。十二世紀前半吳哥寺開始建立，雖然此時期毗濕奴神信仰盛行，但佛教經典也在柬埔寨人心中逐漸深根，蛇神的坐佛像也大量地被雕塑。但這個時代的佛像象徵著王，因此坐佛上也被描繪了王冠。這樣如此華麗的裝飾對佛陀來說或許不太適合，因為佛陀就是因為決心成為樸素的雲遊僧，才放棄人世間的財富並捨去王族的身分。

的確，這樣的佛像外表具有幾個特色。首先，是使人想起超然的佛陀（接近於絕對存在的理想佛）的同時，也令人想起歷史上轉輪聖王原本存在的佛陀形象（歷史上的佛陀）。這種佛陀所具有的兩面性的互相融合，成為佛陀得道的根基。那是因生命乃是無常的虛幻之物，超越這個虛幻比什麼都還要重要。這也就是所謂的「菩提」，也是得到正道。再進一步，能從「不滅的王權」的觀點來思考，朝向最終的勝利（解脫）之路；對人們表達能夠邁向永遠安寧境地的可能性，以修行獲得勝利（進入涅槃）就是正道。

◎巴戎寺美術樣式的法藏菩薩像

闍耶跋摩七世時期，大乘佛教中最有人氣的佛像就是法藏菩薩（原意為「世界之主」），四隻手的法相很頻繁地出現。

法藏菩薩是阿彌陀如來菩薩的弟子，作為化佛（觀音或佛為了解救眾生，所幻化的各種佛形）置身在佛陀的髮際間，在佛教裡是僅次於佛陀的存在。

法藏菩薩解救眾生於危難當中，為世人治病並且度化，是對所有待拯救的世人施以援手的理想救世主。當時的闍耶跋摩七世以法藏菩薩作為借鑑，而在碑文中刻下菩薩的生涯事蹟。

法藏菩薩以四隻手的姿態登場，手拿與梵天手中相同的物品，具有各式各樣的姿態變化，有水瓶、經卷、數珠及玫瑰四色的蓮花等。法藏菩薩尊像與大乘佛教諸佛相同，穿戴和印度教諸神一樣的簡單衣物，由此正可看出巴戎寺時期全身雕刻的特徵。

法藏菩薩的雕像高度從一公尺到四公尺以上都有，大小不一。例如在靠近緬甸國境的慕新廟發現的雕像是由該地的工房所製作。再者，雖然還無法確認，但是關於觀世音菩薩所記的《觀音靈驗談》在柬埔寨應該已廣為流傳。原因是因為，已經有將菩薩的髻上戴上化佛，並且全身雕滿冥想的小佛像，讓人們以眼睛可見的方式感受佛陀真實降臨的概念。可以認為這是透過讚美菩薩故事的流傳，讓人們廣知了關於祂的救世。

就雕工而言，則是以成熟的人物為原型雕刻而成，一樣的體型卻是體格更為精實的男性，充滿肌肉的身體，顯示著年輕時期沒日沒夜奔走的男性堅強意志。並且，圖像學的特徵是，容貌神情和菩薩相吻合，但又更為理想化，碧眼暗示著菩薩的慈悲，這樣的慈悲在巴戎寺時期的價值體系中是最高的表徵。法像菩薩的相容充分地展現屬於人類的另一面，唇間浮起的微笑與當時的圖像習慣背道而馳，僅有微微啟唇，彷佛是在訴說著那一段佛土三千世界的光輝時代。

◎闍耶跋摩七世坐像：至上的傑作與美的境界

吳哥圖像中最具價值的雕刻就是闍耶跋摩七世坐像。實際上，和七世坐像相同的浮雕在巴戎寺和班特清麻寺的薄浮雕中也有，因此可以確定是以闍耶跋摩七世為模範製作而成。

同樣的坐像已發現的有三尊，一尊在吳哥城遺跡內，一尊在泰國的呵叻附近的披邁石宮出土，現在存放在曼谷國立博物館內，另外一尊則是在孔蓬思維的大聖劍寺被發現。

這個雕像明顯是以實物作為模範雕刻出來的，特色是屬於巴戎寺美術樣式的容貌表情。這個雕像超越了時代，就圖像學來說是最高的傑作，充滿了擬真性，創造了一種美的極致。

高棉獨特的信仰世界

◎印度教寺院和佛教寺院

印度教和佛教，在西元一世紀左右開始同時傳播到東南亞各地，柬埔寨也是在同一時期傳來兩個宗教。這兩個宗教在當地緊密地紮根，成為柬埔寨版的印度教和佛教而發展，結果導致了吳哥寺的建立。直到十二世紀末闍耶跋摩七世將大乘佛教定為高棉人的國教之前，佛教在當地是無法凌駕印度教。

闍耶跋摩七世治理下佛教終於迎來了盛世，本來佛教和印度教就不是對立的宗教，在十三世紀中葉的短時間，偏激的濕婆派對當時是全盛時期的大乘佛教採取了斷絕運動。這牽涉到王位繼承問題，最初並不是廢佛，卻發生了意想不到的佛難，佛陀遭受了池魚之殃。

我們在利用碑文考察看看關於印度教和佛教。七世紀和十世紀的碑文中宗務職的婆羅門對於佛教教義具備廣泛的知識，十一世紀時也有同時祭拜濕婆神和佛陀的王。從印度遠道而來的兩宗教採取同樣的形式發展，呈現出同根的樣貌。因此，從建築物外觀來看，如果沒有供奉神像的話，並無法判斷這是屬於印度教或是佛教。譬如巴瓊寺（Bat Chum）在建立二十年之後，就由印度教神廟換裝成佛教寺院。

九世紀末，耶輸跋摩一世在東巴萊湖南邊建立印度教（可能是濕婆派也可能是毗濕奴派）和佛教的僧房，並且對兩宗教指示了一樣的規則。之後在信仰印度教的羅貞陀羅跋摩二世時代，國師迦維因陀羅梨摩多那是佛教徒，因隨侍在王身邊使佛教壯大。十二世紀時，積極庇護佛教的闍耶跋摩七世在好幾個大規模的佛寺，包括巴戎寺、聖劍寺、巴蓬廟中，合祀了濕婆派和毗濕奴派的神明。

◎柬埔寨版的信仰體系：也並祀訶里訶羅神和梵天

吳哥王朝時代的印度教與印度不同的地方是，梵天的地位相當明確。梵天是地位最高的神祇，與印度教三神的濕婆神和毗濕奴並稱。柬埔寨版的印度教中，在印度不太強調的訶里訶羅（濕婆神和毗濕奴神合併的神）的雕像，在柬埔寨當地相當受歡迎，九世紀初開始有了神像的雕刻。

濕婆派的優勢，至少在國家和王的例行性活動和祭儀中很早就已經被確認。十二世紀之前，透過神王信仰將濕婆神的本尊林伽視為王權的象徵；至十二世紀初，蘇利耶跋摩二世建立吳哥城，開始將主導權從濕婆派手中權移到毗濕奴派，執行毗濕奴派的儀禮。

柬埔寨的宗教有著政教合一的傾向，主要背景來自於在地精靈信仰融合崇拜。第一，村人們有著精靈信仰、祖先崇拜、地方守護神、地靈等信仰，但神的概念是寬廣的，藉著從印度來的神明的外衣執行祭儀，加以融合，不管是印度教的神明或是佛教的佛陀，皆沒有任何違和感地與在地神明供奉在同樣的場所。

第二，受到印度文化影響的東南亞地區中，供奉印度教神明和王的名字組合而成的神像。在吳哥王朝，特別的供奉著將王的名字和神的名字合併在一起冠稱的林伽及神像。柬埔寨版本的濕婆派吸納了在地的守護精靈信仰並大為擴張，維持了宗教和政治的主導權。可以大略地說，立國思想的基礎就是印度教。

第三，吳哥王朝中是由濕婆派主導，同時毗濕奴派又與佛教和平共存，也有部分混淆的地方，而相互寬容並承認。以此為想法延續地思考，現今已經明白的廢佛運動當時是如何發生的？至今仍然是一個疑問。

如果要舉出第四點，不管是哪一個王基本上壽命僅只一代，統治範圍也是可大可小，這點已經從史實得到證明。現實的問題是，在王的許可下工作的官僚組織相當薄弱，統治力也不足，為強化王權，執行神祕的祭儀，並興建極度巨大地伽藍作為統治力的象徵。

◎碑文中所載大乘佛教的活動

佛教究竟是以什麼樣的形式進入柬埔寨？關於這點至今仍然是一團謎。但是關於佛像，在現今越南南部曾經發現七世紀中葉的觀世音菩薩，裡面有與吳哥出土文物類似的佛陀胸像。觀世音菩薩很早就與人們相當親近，七九一年的碑文中被記載為世界的統治者，九四九年的碑文中提及為三界的「主」，上座部佛教也是在六六四年時就有碑文記載。

佛教在王宮內是個人的信仰。七世紀末左右，一位擁有王族身分的貴族建立了十所佛教僧院，並負擔了維持費。之後的碑文也不斷地提到佛教的存在，特別是青銅製的佛像（尤其是觀世音菩薩和彌勒菩薩像）屢屢被發現。

九世紀末時，如前所述耶輸跋摩一世在吳哥的東巴萊湖南岸建立了佛教僧房。十世紀的碑文中，刻篆著一位與多處宗教建築有關的高僧的讚辭。與這位高僧相關的建築物是為了祭祀大乘佛教而建立。還有一件重要的是，十世紀的碑文（九八九年）中，可以透過被列出的觀世音菩薩、波若菩薩和金剛手薩棰等名稱，明白大乘佛教弘法的過程。

十一世紀的蘇利耶跋摩一世時代，大乘佛教的復活特別受到注目，這是受到印度佛教勝地那爛陀（Nalanda）的影響。例如，披邁石宮（十一世紀末在東北的泰地）中好幾個以「金剛乘」為主題的門楣圖像，這是納入了大乘佛教主張的「菩提心」。

十二世紀時大乘佛教的開展分為兩個階段。第一階段是繼承建立吳哥寺的蘇利耶跋摩二世的陀羅尼因陀羅跋摩二世時代，他是闍耶跋摩七世的父親，建立了被稱為柬埔寨最早的大型佛寺班梅雷雅廟。進而，從吳哥城到距離一百零五公里的東北方的孔蓬思維的大聖劍寺為止，沿路設置相當數量的佛寺，恐怕也是陀羅尼因陀羅跋摩二世所興建。我們幾乎可以肯定陀羅尼因陀羅跋摩二世是聖劍寺的創立者，聖劍寺中與佛教有關的圖像好像限定在中央塔的破風中，除此之外，全部都是印度教的裝飾品。

◎佛教並不否定印度教

第二階段是闍耶跋摩七世的時代，這時是大乘佛教最輝煌的時期。不僅在首都，全境各地也都建立了佛寺，彰顯其存在，更別提國家寺院巴戎寺。此外，王為了讚美其父建立了塔普倫寺，為了母親和國師建立了聖劍寺，還有班迭喀蒂寺、塔內寺、班特清麻寺等佛寺。再加上無法被忽視的、超過一百處的治療院和驛站，都是讚美佛陀及其有關神像的證明。

闍耶跋摩七世的時代有幾個特徵：

一、以國家規模配置佛寺和神像，佛寺一個接一個地興建，佛陀和觀世音史無前例地被大量製作。

二、境內到處都祀奉印度教諸神和土地神，佛陀或觀世音菩薩被圍繞在中央一起奉祀，興建可以參拜每位神或佛的萬神殿。

三、佛教雖然興盛，但絕對不是完全否定印度教，而是採取合併祭祀，順序是將佛陀供奉在中間，接著再供奉其他印度教神明。

濕婆神、毗濕奴神及其他神明並沒有被排除，高人氣的印度教著名創世神話「乳海攪拌」，也持續地被製作成紀念碑；祈求從海中帶來的幸福（甘露）是以前的人們很容易了解的熱門雕刻題材。這些雕像和佛寺的建設成為侍奉佛教政權的一大象徵。

◎蛇神上的坐佛像

佛陀以穿戴著法衣的造型出現，兩手擺定象徵偉大人物的手印，髮型帶有肉髻、眉間成白毫相。阿彌陀如來的特徵則是在螺髮的髻中放了觀世音菩薩或般若菩薩的化佛。

柬埔寨的佛像有立像、坐像及橫臥像等，祂們的尊顏有冥想、莊嚴及達觀等容貌，有時是以寶石裝飾的盛裝佛，有時是法衣都沒有穿著的裸形，雕像型態相當具有變化。柬埔寨還有兩個特有的佛像樣式：一個是蛇神那伽上的坐佛像，是大乘佛教的典型雕像；另一個是打敗魔王馬拉的佛陀像，在上座部佛教中代表頓悟。被奉在治療院的佛陀和藥師如來都是在蛇神的坐像，區別相當困難。

傳說蛇神那伽就是目真鄰陀（Mucalinda），在不符合季節的大雨中守護冥想的佛陀，為佛陀遮風擋雨。因為這個典故，那伽上坐佛的姿態，是佛陀坐在捲起來的那伽身上，那伽的頭張開，好似覆蓋在佛陀頭上。

在印度，特別是阿摩羅波胝（印度南部的佛教遺跡，一～三世紀），二世紀開始就有被蛇神守護的佛像存在，並且中印度的馬德里和南部的龍樹丘（Nagarjunakonda）也存在著蛇神的坐佛像。坐佛像在柬埔寨出現要遲至十世紀左右，十二世紀時大流行，明顯可知與政治因素相關。闍耶跋摩七世時代供奉在佛寺中的蛇神坐佛像不計其數，但至十三世紀中葉左右，這些佛像因為濕婆派過激派的行為，成為廢佛行動的犧牲品。

大多數時候佛陀供奉位置是為三尊像在中央，觀世音菩薩（四臂立像）和般若菩薩（二臂立像）在兩旁鎮守，治療院祠堂中供奉的別種樣式的三尊像也是將佛陀供奉在中間。根據治療院碑文，蛇神上的佛陀是藥師如來，傳說藥師如來在須彌山的周圍巡迴一圈之後成為佛。藥師如來兩側的侍佛分別是太陽界盧遮那佛和月界盧遮那佛，是實體化後的太陽和月亮。只是哪尊是太陽界盧遮那佛，哪尊是月界盧遮那佛，並無法確定。

蛇神坐佛像在柬埔寨相當地流行，這是其他的佛教世界未曾見過的，箇中原因究竟是什麼無法說明，但這不一定是承襲自原典的目真鄰陀發展而成，柬埔寨佛陀和蛇神組合成的坐佛像絕對與印度的不同。如果說，這是高棉人改良而成的獨特概念，將水神那伽與佛陀結合，以高棉人特有的獨特情感發展成蛇神坐佛像，不知這樣的說法是否能夠成立？

◎四面佛尊顏是王的容貌嗎？

面向巴戎寺東西南北四側的四面佛，據說設置的目的是為了將佛陀的慈悲散布到全世界，這個說明確實可以讓人接受。但僅只如此而已嗎？是否深謀遠慮的闍耶跋摩七世為了國家的百年政治大計，而有其他的考量呢？闍耶跋摩七世復興了吳哥王朝，迎來了空前的大盛世，光輝的國廟巴戎寺，周達觀稱之為「金塔」。讓我們來檢視一下這個建築物的中心：中央尖塔正下方有中央塔，周圍包圍了十六個小祠堂。

在供奉在中央塔的佛陀坐像周邊的十六處小祠堂裡，闍耶跋摩七世集結了全國各地祭祀的各個神明，就不正成為吳哥帝國的萬神殿嗎？他創造了一種立體化的曼荼羅，巴戎寺正是王國統治領域的縮小版。闍耶跋摩七世與在八〇二年即位的闍耶跋摩二世（在位時間八〇二年～八三四年）同樣，成為「守護精靈的王中之王」。

在四面佛塔中，即使遠方的事物也能清楚目視，四面八方都能看得一清二楚。其說說四面佛是佛像的容顏，不如說是警戒王國全境之人，或者也可說這是一張守護王國的王的容顏吧。

第九章

從東南亞史看吳哥王朝史

吳哥城北門　吳哥城由闍耶跋摩七世所建，內有巴戎寺、癲王台等眾多遺跡。

尋找廢佛騷動與王朝滅亡的原因

◎期待經由柬埔寨人的手保存與修復遺跡

一九八〇年，正當柬埔寨處於內戰時，上智大學吳哥遺跡國際調查團進入柬埔寨，與當時的韓桑林政權共同進行吳哥遺跡的保存、修復及調查活動。在此之前，這些吳哥遺跡群因持續十幾年的內戰而被埋沒荒廢。調查團動員附近村莊的居民砍伐茂密的熱帶森林、排除積水，並除去對遺跡有害的苔癬。我們的調查和保護活動持續了約十年之久，主要的遺跡有二十六處，散布各地，總面積有東京都心這麼寬。

內戰的結果使柬埔寨朝向和平前進，一九九一年金邊的大學再度開啟。一九九一年到一九九八年間，調查團的學者們在位於金邊的藝術大學進行專業科目的短期課程，並帶著考古學部和建築學部的學生進入遺跡現場進行實習。一九九六年，為了培養柬埔寨人的中堅幹部，上智大學在柬埔寨當地正式成立亞細亞人材養成研究中心。藝術大學的柬埔寨學生畢業後負笈東京上智大學研究部進修，取得碩士和博士回到柬埔寨。大多數取得學位的學生，學成歸國後，成為吳哥遺跡規劃機關的重要幹部。

藝術大學的考古學部和建築學部在每年三月、八月、十二月到一月，共舉行三次的現場實習課程。每次會有五到十名柬埔寨的學生以一個月的時間，在日本教授親自指導下，進到吳哥遺跡現場進行實習。考古學部的學生在佛教遺跡班迭喀蒂寺（實習主持人：帝塚山學院大學中尾芳治教授）；建築部學生在吳哥城西參道（實習主持人：日本大學片桐正夫、三輪悟中心所長）。西參道的建築實習現場於一九九六年開始進行拆解工程，同時進行柬埔寨工匠人材的培育（實習負責人：小杉孝行）。因此，二〇〇七年十一月第一工區（一百公尺）的修復工程，在柬埔寨人的手中完工。

◎偶然間挖掘出二百七十四尊的廢佛

佛教遺跡班迭喀蒂寺距離吳哥寺東北方約六公里，建立於十二世紀末期左右。二〇〇一年，當時考察團正進行第三十一次的考古研習，一如往常地在廣闊的境內展開挖掘、保存、修復與實習等作業，卻在偶然間挖掘出二百七十四尊佛像。

在日本進行考古挖掘時，事先會設想這裡可能會有什麼東西，在心裡有數之下進行挖掘，但是這次完全是在偶然之下發現的。同年三月，一百零六尊佛像首先被挖掘出土，發現地點是遺跡的東參道入口往西前進一百八十公尺處，十字形露臺邊的北側小祠堂前面。佛像的尺寸大中小皆有，大型約一點八公尺，小型約二十公分，也發現兩尊青銅製的小佛像。

從挖掘現場來看，距離地面約一點五公尺深，約二公尺寬的四角洞穴裡，埋藏著小佛像及佛像頭部的碎片，看起來像是很仔細地被埋在洞穴中。這些廢佛被埋進去之前，頭和身體已經被切斷，一尊一尊沒有縫隙地覆蓋上土砂。儘管已經經過八百年的歲月，但因始終維持恆濕恆溫，佛像保存狀況極為良好，使我們得以拜見高貴而美麗的尊嚴。

進而，二〇〇一年八月十五日，考古團再度在班迭喀蒂寺進行調查。這次調查範圍往一百零六尊廢佛出土處的西邊延伸，又挖掘到一百六十七尊佛像、佛像碎片，與千座佛石柱。這個千座佛石柱是砂岩材質，高約一點二公尺，橫面有四十五公分寬，四面皆被雕刻，一整面小坐佛橫有十二尊，縱有二十排，大小二點五公分，總計有一千零八尊，就像是菩薩的曼荼羅集合圖一樣地被整齊排列。

這些佛像是十一到十三世紀前半期的作品，從佛像容貌和身體裝飾研判，大部分屬於十二世紀後半期巴戎寺的美術風格，也包含一部分的十一世紀巴蓬廟及十二世紀前半期吳哥寺的美術樣式。這些佛像鎮坐在三層的那伽身上，那伽七個頭大大地向前伸展，守護著佛陀。

像這類刻在石柱上的千座佛的出土在世界並非首例，印度阿旃陀石窟（Ajanta）的第七窟（五世紀）及敦煌的千佛洞（四～十世紀左右）也曾發現過；日本唐招提寺（七五九年創建）的盧舍那佛光背也有千座佛的描繪。但在柬埔寨卻是首次發現千座佛石柱，多少對於理解往昔佛教發展的輪廓有一定的助益。挖掘出的碑文可看到密宗經典，由此也可推論，將一千尊佛像雕刻成曼荼羅，極可能是為了方便朝拜，累積功德。

回顧千座佛石柱在美術史的發展過程，類似的例子是十二世紀的毗濕奴神四面石柱，那是十五排乘以十七排的石柱，周圍共雕刻了一千零二十尊的小型毗濕奴神像，形式與此次發現的千座佛石柱相同，可能受到印度教美術風格影響也說不定。再者，在孔蓬思維大聖劍寺發現的菩薩雕像，從頭部到上半身也被雕刻了和千座佛類似的小佛，我想這應該跟千座佛石柱一樣，用意在於讓世人了解佛陀臨在眼前。

若從二〇〇〇年八月首次挖掘到的一尊小佛開始計算，班迭喀蒂寺至今已經發現了二百七十四尊佛像。回顧以往對吳哥遺跡群的發現、調查研究及保存修復，從一八六〇年穆奧對吳哥遺跡的介紹開始，已經過一百四十年，包含千座佛石柱在內，共發現二百七十四尊佛像，其數量之多是前所未有的。

這樣大量廢佛被發現的事實，可以合理推斷其他同時期的佛寺，例如聖劍寺或塔普倫寺等佛教遺跡，地底下也埋藏著廢佛的可能性相當高。這個發掘稱得上是足以改寫吳哥王朝末期歷史的大發現，或許日後可以廢佛為主題，提出關於吳哥王朝的歷史、考古、美術及圖像等新的研究課題。

吳哥城和羅馬一樣並非一日造成。腹地如東京都心般廣闊的六百萬平方公尺的吳哥遺跡群，從八世紀的亞揚廟（Ak Yum）開始到十四世紀的曼格拉塔寺（Mangalartha）為止，共有九十九個遺跡在一九九二年被登錄為世界遺產。這些遺跡各自附屬的石造伽藍和祠堂，代表著那時期國王的權力象徵與精神價值。

也因為如此，遺跡研究可說是透視時代精神的研究。十九世紀中葉到訪的西歐人在當地見到了怎樣的光景呢？吳哥文明有著壯觀的大伽藍和華麗的雕刻，環顧遺跡群，再比較住在附近的貧窮農民，不由得有了今非昔比的感嘆。

位於密林深處的吳哥寺，是一個充滿謎團的失落文明的代表，讓世人充滿興趣。一八六〇年穆奧以其敏銳的觀察力，高度評價了往昔輝煌的吳哥文明，並向當時的西歐世界介紹。

◎尊重習慣的闍耶跋摩七世

讓我們先將時間回到十二世紀後半以前。

十二世紀初期的吳哥王朝，約有四百年的立國思想是以濕婆派及毗濕奴派為主體，佛教僅是少數派。至闍耶跋摩七世在位時，他向周邊鄰國征戰並取得勝利，擴大吳哥王朝的版圖，創造出空前繁盛的盛世。闍耶跋摩七世在位四十多年間，採取佛教優先的政策，是吳哥王朝興建最多佛寺的君主。此時的日本剛好是鎌倉時代。

闍耶跋摩七世建立佛寺時，仍尊重以往的宗教習慣。舉例來說，從闍耶跋摩七世建立的聖劍寺中的神佛像配置來看，中央供奉菩薩，北邊是濕婆神，西邊是毗濕奴神，南邊則是祖先的牌位。他在佛寺中加入印度教的濕婆派和毗濕奴派的神像；舉行祭典活動時，也併用兩個宗教的習俗。因此，闍耶跋摩七世雖將佛教視為國教優先禮遇，但將印度教的眾神納入國家祭祀當中，其實也是一種宗教改革。闍耶跋摩七世在國內各地建立大型的佛教寺院、修建王道、設置明燈之家及治療院，可說是發揮了建寺之王的實力。

◎在大雨中守護佛陀的蛇神——受歡迎的那伽坐佛

調查團挖掘到的二百七十四尊廢佛當中，幾乎都是被蛇神守護的禪定佛陀，這種樣式的佛像在以前似乎相當流行，是高棉美術中最熟悉也最親切的佛像。根據佛陀的傳中，佛陀為了進入涅槃的境界，在進行為期七週的禪定時，大雨就像瀑布一般傾瀉而下，連續下了一週。這時，龍王從地表出現，祂捲起身體，大大地伸長七個頭，守護著佛陀。

那伽坐佛約出現在吳哥王朝的十世紀中葉，坐佛的造型受到當時印度教雕像的影響。關於佛、印兩教圖像樣式的混淆，可從佛陀的髮型加以說明：與之前的螺髮不同，是將頭髮仔細地編織成髮束，做成圓錐形的髮髻將肉髻包覆，就像真正的寶冠一樣。附帶一提，班迭喀蒂寺發現的廢佛有著與吳哥寺時期佛像相同的髮型，應也是受到印度教圖像的影響。

從地底出土的坐佛中有華麗身莊嚴打扮的那伽坐佛，許多佛像相貌纖細，下顎稍微凹陷，身材穠纖合度，寶冠和頂髻都被仔細地描繪，形貌帶著溫和與親切有著完美的擬真性，可見當時信仰的深厚。

挖掘出的吳哥寺樣式佛像不愧具備了了毗濕奴神的宗教色彩，佛像容顏雖然簡樸，卻相當注重細部裝飾和莊嚴的打扮，可以感受到該時期以裝飾美為主流的理念。這些寶冠型髮飾本來就是王族的裝飾品，類似的髮型在吳哥寺迴廊的薄肉浮雕中也可看到，如蘇利耶跋摩二世（在位期間一一一三～一一五〇年）的披風和毗濕奴神的圖像。不論是誰來檢驗都可以立刻明白吳哥寺時代美術作品，雕工具有宗教傳統主義的潛在意識，表現在對雕像製作的美感當中，作品所見之處皆是色彩艷麗而巧奪天工。但相對來說，抱持裝飾美術的技巧主義有著危險性，佛像雖然相貌俊朗，但無法看出內在精神，導致作品失去鮮活度。

◎被掩埋的巴戎寺本尊——思考新史實

為什麼這些佛像會遭到廢佛危機呢？如果要推敲原因，提出一個沒有發生地限制通盤性的假設，首先可以想到的是：一、闍耶跋摩七世去世之後，因為王位繼承導致權力鬥爭；二、因為過重的賦稅引起地方叛亂；三、因為旱災等自然災害，或是某個事件導致紛亂。

從片斷的碑文資料和寺院改建遺跡中可知，一二二〇年左右即位的因陀羅跋摩二世（在位期間一二二〇～一二四三年）是一位承認佛教的君主。但闍耶跋摩七世之後到因陀羅跋摩二世即位為止，曾經有兩年的空窗期。這兩年間王朝曾經因即位問題產生動盪，是下任的繼位者及其勢力發起了廢佛行動也說不定。

闍耶跋摩七世和因陀羅跋摩二世兩王在位時期，佛教被視為國教，掌握權勢達六十三年，但直到再下任的統治者闍耶跋摩八世（在位期間一二四三～一二九五年）即位為止，濕婆派和贊同濕婆派的勢力依舊存在並持續活動，可能是反佛教運動者發起了廢佛行動。如此一來，會不會是激進的崇信濕婆神的濕婆派主義者大舉破壞並丟棄佛寺裡的佛像呢？

在闍耶跋摩八世即位時，吳哥都城中心的巴戎寺被改建成印度教的神廟，佛陀的浮雕坐像被剷除，佛教小祠堂的破風浮雕被用石頭密封起來，這類改造的證據直到現在還看的見。

首先，原本供奉在中央塔的三點六公尺的大佛坐像被破壞之後，被埋藏在中央塔地下（一九三五年時被發現），恐怕是在那被與訶里訶羅像替換了吧？而且，佛寺的石柱和壁面的浮雕遭銳利的石頭破壞，被印度教的苦行僧坐像所取代。

然而，法國的吳哥寺研究權威賽代斯提到柬埔寨的宗教特徵為：一、具有融合各種教派的傾向；二、原先和平共存的印度教和佛教，至闍耶跋摩七世以後產生對立；三、

四面佛尊顏塔　雕刻在巴戎寺裡巨大的觀世音菩薩容顏，就像守護著王國一般環顧著四方。

「寺院的佛教雕刻被有意識地剷除，被置入林伽或濕婆派的肖像」。

但是，在賽代斯提出這樣的論點之後，作為歷史證據的二百七十四尊廢佛像被挖掘出土。這個新的史實該如何判讀？這二百七十四尊廢佛不過是被供奉在班迭喀蒂寺中的一部分而已，可以確定的是，佛像的碎片被埋在境內不遠處。至於在塔布倫寺或聖劍寺等大型佛寺周邊，埋藏著數千尊佛像的可能性也很高。

◎巴戎寺的改建和修改——易容為印度教的神廟

一二四三年時，闍耶跋摩八世與前兩任王時期的佛教徒戰鬥，最終獲得勝利，贏得王位。闍耶跋摩八世篤信印度教，對佛教懷有深度敵意，即位後展開一連串激烈的廢佛行動，不僅利用強權將前兩任王興建的佛寺改建成神廟，還拋棄佛像，破壞碑文或將其埋在地底。在此浩劫下，前兩任王留下的碑文遭到破壞、捨棄或掩埋。

闍耶跋摩八世否定前兩任王和佛教，在位期間徹底破壞佛寺，數千尊被供奉在佛寺的佛像遭到破壞。例如，聖劍寺的碑文是個大石柱，無論如何都只能刻意覆蓋上土石埋藏在地底，往後承受經年累月的雨水侵蝕後才得以露出地面。

闍耶跋摩八世破壞佛寺和醒目的佛像浮雕，改建成印度教的神廟，更動建築物的裝飾浮雕，因此原巴戎寺被改建，例如：擴建十字型露臺，在內迴廊的浮雕中嵌入新的雕刻。至於內浮雕的特色：一、利用許多源自於印度教的題材；二、一看就知道與外迴廊的浮雕樣式不同的工法；三、工法相當粗糙看似急就章，並不是佛寺剛蓋好時期的樣式，而是後來的作品；四、浮雕題材有印度教系的乳海攪拌圖及敘事詩《羅摩衍那》、《摩訶婆羅多》；五、內迴廊中關於印度教三神的圖像及稱讚三神的詩句到處可見。特別是壁面上雕刻了與四面佛同樣具有四面容顏的梵天神，壁面上同時有濕婆神和毗濕奴神。除了巴戎寺，塔普倫寺楣石中的佛像浮雕也被林伽的浮雕取代，四面佛尊顏塔也被梵天神尊顏塔取代。

◎王朝末期時因持續性的困頓而一蹶不振嗎？

那麼，來摘錄法國遠東學院學者們的見解。

賽代斯是解讀柬埔寨碑文，建立了古代柬埔寨史的架構的偉大學者。他在一九六四年的著作中指出：「闍耶跋摩七世時期的工程對吳哥王朝是龐大的負擔，再者，人民對於屢屢發生的戰爭和蘇利耶跋摩二世建設大型寺院已感到兵疲民困，導致之後柬埔寨對鄰國的攻擊變得毫無抵抗之力。」

在金邊出生、發表吳哥水利都市論的法國學者葛羅利耶（Bermard-Philippe Groslier，一九二六～一九八六年），於一九六一年指出：「至少闍耶跋摩七世讓王朝產生決定性的，在吳哥王朝的黃昏中持續籠罩著的巨大陰影。」他更直言：「闍耶跋摩七世在蓋好巴戎寺之後，吳哥王朝已經沒有受到注目的國王和寺院。」因此，巴戎寺美術樣式因一二二〇年闍耶跋摩七世的死去而全部結束。從這兩位法國學者的說法，歸納出以下結論：闍耶跋摩七世成就的數量龐大的大規模佛寺，導致了帝國破產，王朝陷入疲弊和衰退的局面。也就是，建設佛寺的疲勞導致了王朝的崩壞。

兩位學者理論的根據來自以下幾點：一、闍耶跋摩七世以後的碑文急速地減少，意味著社會貧乏且失去活力；二、闍耶跋摩七世之後已經沒有可以顯示時代的考古出土物，顯示國勢急遽地衰退。兩位學者接近事實的完美推論，成為現今大多數學者無法打破的共識。

雖然賽代斯的繼承者庫羅德．賈克（Claude Jacques）於一九九〇年發表了〈讓人摸不著頭緒的最後的國王們〉的論文，主要論述闍耶跋摩八世時期濕婆派的回歸，但內容多沿襲自葛羅利耶的研究。

◎思考二百七十四尊廢佛的問題

法國遠東學院的學者們對吳哥王朝下了「建寺衰亡說」的結論。

在上智大學耶穌會P・利奇神父的幫忙下，我曾經於一九六一年三月訪問暹粒「吳哥遺跡保存事務所（Conservation d'Angkor）」所長葛羅利耶博士，其後滯留當地，加入法國學者的研究群並展開我的吳哥研究。當時儘管柬埔寨已經於一九五三年獨立，但受惠於法、柬兩國政府的協定，法國遠東學院學者們還是如同以往，在「吳哥遺跡保存事務所」持續地進行研究，對柬埔寨青年進行培育遺跡保存官的計畫。

在這裡，我想整理一下最近這二百七十四尊廢佛的挖掘問題。

一、兩位法國研究先進歸納出：「濕婆派的反彈到了佛像浮雕被剷除的程度。」的結論。這二百七十四尊的廢佛於二〇〇一年出土，兩位先進已經看不到這次的挖掘。這些大量的廢佛在歷史上要怎樣思考與定義，存在著待解決的課題。

二、兩位研究先進已經提及日後修復印度教神廟的問題，並以後來參道新的圓柱工程作為證據，指出與吳哥王朝全盛時期的建築和技術的相異點。綜合這些新發現的史實，歸納出怎樣的結論呢？

三、另一位法國學者庫羅德·賈克於二〇〇一年來到廢佛挖掘現場進行考察，指出濕婆派的反佛教行動比預想的還要激烈。

四、廢佛行為和周達觀來訪時間相當接近。再一次閱讀《真臘風土記》，該如何解釋關於闍耶跋摩八世的活動呢？周達觀的《真臘風土記》已於一八一九年發行法文版，一九〇二年保羅·培利歐（Paul Pelliot）將這個版本改譯之後再度出版。但因對改譯版本仍然不滿意，於是一九五一年再補充新的註解出版。法國學者即是根據培利歐這份新版本進行對吳哥的研究。

◎再論十三世紀後期到十四世紀的吳哥都城

對此，我先舉幾個重要的觀點：

一、過激派是瑜伽修行者們嗎？

這次發現的二百七十四尊大量的廢佛，主因是在闍耶跋摩八世時，有人下令破壞佛像。始作俑者究竟是誰？濕婆派中存在著直接行動之人。下指導棋者據說是闍耶跋摩八世的國師兼祭儀官：印度出身的薩魯瓦久那姆尼（布魯諾·達讓〔Bruno Dagens〕的說法）。這個激進派集團據說不在人前飲食，是周達觀書中提及的「八思惟」[1]者，並且祭祀「一塊石」（林伽）。

闍耶跋摩八世在位五十二年間勤於政事，是一個長期安定的政權，政令及於地方，可以想像是位兼具實力與行動派的國王。佛像破壞令則是在他統治初期實施的。

二、周達觀所描述的繁華都城吳哥

十三世紀末的柬埔寨被海外商人讚頌為「富貴真臘」（《明史》〈真臘傳〉），其評價來自於當時人們曾聽聞並口耳相傳，吳哥都城裡絢爛繁華寺廟和都城。一二九六年，中國人周達觀來到吳哥都城，都城中市場貿易繁盛，物資流通，人民安居樂業。周達觀描繪了最興盛時的吳哥王朝，並且提到，若說到政治，就是虔誠地信仰神明，並且持續地進行奢華的祭儀。

在周達觀的記錄中，吳哥都城苦於領土被暹羅勢力覬覦，但完全看不見因大舉建設寺院導致百姓疲勞引起的社會衰微。周達觀以特派員的眼光，傳達了大王宮華麗的樣貌，將日常生活的見聞分成四十一項，活靈活現地傳遞了吳哥都城活絡的生活氛圍。但確實，十三世紀末左右柬埔寨的國界昭披耶河（俗稱湄南河）和東北泰方面，占婆人的勢力大為擴張，與高棉的軍隊發生戰鬥。只是關於占婆和高棉之間的攻防，周達觀在書中卻絲毫未提。

三、暹羅人勢力的興起與擴張

關於暹羅民族，十二世紀初期的吳哥寺第一迴廊南面的浮雕中，有提到由當地首長指揮的「暹羅（syām）」軍隊以傭兵的身分加入高棉軍隊。從史料上來說，闍耶跋摩七世時代將領域擴展到現在泰國中部的素可泰，卻遭逢暹羅勢力的興起而不得不撤退。闍耶跋摩七世去世時泰地的土侯開始叛變，創建了素可泰王朝，繼之一二九六年孟萊王在北方建立了清邁王國。

四、彰顯印度教三神的巴戎寺

吳哥王朝有不使用前任國王所蓋的寺院的慣例，新王即位後皆努力建設新都城、新國廟及新王宮，也就是所謂的三項一套的建設。因為王有神的加持，不是凡人，沒有使用前王伽藍的道理，新王為了彰顯其「存在」（法語：raison d'être），必須實踐這三項一套的工程。但是也有無法實現、被迫中途放棄的統治者，即使如此，這些王的努力也會被看見。

那麼，闍耶跋摩八世和牽涉其中的激進派高官們如何強調王的合法性，進而編寫一套可行的劇本，以期讓印度教再興呢？具體做法有：第一、改建既有的佛寺，變造及改裝成新的神廟；第二、破壞佛像並掩埋，或削去佛像浮雕，以宣示國王的領導權威；第三、整修國廟巴戎寺，在浮雕中嵌入印度教苦行僧的雕像，並祭祀訶里訶羅神[2]；進而，第四、將原來的四面佛尊顏塔替換成有四張臉和四隻手的毗濕奴神像。如此一來，透過巴戎寺被整修成印度教三神的國廟，新王在形式上就容易達成三項一套目標。雖然僅是形式上的三項一套，周達觀卻在都城大改造和大整建的現場裡感同深受，做為唯一的證人，將吳哥王朝光輝繁榮的景象忠實地呈現在著作裡。

一二九五年，闍耶跋摩八世因政變而退位，室利因陀羅跋摩（又譯因陀羅跋摩三世，在位期間一二九五～一三〇八年）強勢即位取而代之。室利因陀羅跋摩是闍耶跋摩八世的女婿，他是首位承認上座部佛教的統治者，在位時，都城一如往常執行著日常宗教祭祀活動。考古學者在吳哥城遺跡裡發現了六十處以上，被認為是十四世紀左右上座部佛教庭園的地基。會有這麼多處地基存在，應是屢次回收使用吳哥時代的石材建造之故。

這些佛教庭園出現在吳哥都城，最早應是自室利因陀羅跋摩開始至十四世紀中葉左右。如果這個說法正確，附近上座部佛教的信徒們再回到吳哥都城，與家族居住在庭園和佛教小祠堂附近，自由地使用舊都城。此外，考古學者發現了一個一三〇九年讚美室利因陀羅闍耶跋摩的巴利語碑文；塔普倫寺入口處的小碑文裡也清楚地記載這是十四世紀初期的物品；聖劍寺中央塔供奉了此時期建立的上座部佛教佛塔，這座佛塔至今仍然看得見等，都是十四世紀時期上座部佛教曾在吳哥都城興盛一時的證明。

◎引發廢佛騷動的原因是什麼？——利用多方線索進行假設

在此之前的吳哥王朝，闍耶跋摩七世以四十年的時間建造大型佛寺，造成社會的疲弊和衰退，十五世紀之後被阿瑜陀耶王朝滅亡。

如前所述，三位研究吳哥思想的法國學者，認為是因為建寺的社會疲勞，導致了王朝的衰退。這裡我想整理目前為止收集到的片段史料，重新檢討目前的說法。

佛像被大量破壞是在十三世紀中葉左右，推斷剛好是闍耶跋摩八世治世初期。闍耶跋摩八世是濕婆神的篤信者，在其一聲令下，濕婆神激進派和瑜珈修行者共同執行了這場廢佛行動。幾位男性將佛像的頭部用布疋或者是樹葉包裹，施力扭斷後任其散落境內。現場的村民見狀，便撿拾、集中佛像的破片，挖了一個洞埋進去……。以上是根據我在班迭喀蒂寺挖掘的結果所釐清的事實。破壞佛像和削除坐佛浮雕的痕跡在都城及周邊地區（至孔蓬思維的大聖劍寺）皆可看見。

在此之前的王們朝著建立自己的國廟而努力，雖然不是全部的王都辦到，但的確建立起來了。闍耶跋摩八世改造了巴戎寺，將主神的佛陀改為濕婆神和毗濕奴神合體的訶里訶羅神；佛陀四面尊顏以梵天神取代；巴戎寺改建成印度教三神的神廟。實際上這樣的改建工程不用多少時間便容易完成。

詳細閱讀周達觀的記錄，可知闍耶跋摩八世不僅改造了巴戎寺，還整修了都城內原有的印度教神廟，使這些廟看起來像新的一樣。例如：整修並擴充當時已有二百三十年歷史的巴蓬廟、一百年歷史的吳哥寺、周薩神廟（Chau Say Thavoda）、班迭桑雷廟（Banteay Samre）、聖皮度寺（Preah Pithu）、班梅雷雅廟（Beng Mealea）等寺院的庭園和參道。從佛寺變成神廟的整建痕跡，從建材、樣式、技法、圖像及題材就可清楚判斷。

巴蓬廟參道的圓柱　改建後增設。

周達觀走了一趟都城和附近郊區，忠實地記錄了都城繁華的景象。他記載了城內裝飾了金塔（巴戎寺，Bayon）、金獅子、金佛（上座部佛教）、銅像、銅牛、銅馬等物品，指出在興建於一二九六年，在當時已有二百三十年歷史的巴蓬廟中見到了「銅塔一座」，對於眼前這座雄偉壯觀的高塔感到無比讚嘆。巴蓬廟時代已然結束（一〇六六年）的二百年後，考慮到熱帶氣候的條件，如果沒有經過改建，廟況一定頹圮不堪。假設周達觀的記事是正確的，巴蓬廟應該進行過某些大型修復工程，並使用回收建材。再者，法國學者也根據不同時代的美術風格與建築技法，指出巴蓬廟曾經改建的事實。那麼，若是以前巴戎寺的中央塔供奉的大佛被破壞並埋入地底，為什麼寺院裡的四面佛尊顏塔卻沒有被破壞呢？

透過在巴戎寺內迴廊的浮雕圖像來找尋答案。這個內迴廊浮雕並不是闍耶跋摩七世時代的浮雕，可能是闍耶跋摩八世將佛寺改建成印度教神廟時，將舊浮雕削除之後，再覆蓋新的浮雕。或者這個內迴廊是巴戎寺被放棄時，仍未完成的壁面也說不定。不論原因是哪一個，事實都指出：一、內迴廊牆面上的浮雕是淺浮雕；二、雕刻的題材以印度教的內容居多；三、以圖像學來考察的話，與巴戎寺建立時的深浮雕並不相同，可知內迴廊的淺浮雕是在被改建成印度教神廟時所雕入的作品。

進而，四、雕刻在內迴廊西北方浮雕牆壁中央的山脈上有濕婆神，左右有毗濕奴神，還有四面臉的梵天神鎮坐其中。為什麼要特別將梵天神的四面臉刻進去呢？筆者提出了一個假說，就是以梵天四面顏取代四面佛尊顏塔。進一步以此圖像為依據來說明，五、巴戎寺佛像被破壞的痕跡相當明顯，壁面的佛陀浮雕被削去，由苦行僧像浮雕所取代。

印度幾乎沒有梵天神的信仰，相較於濕婆神和毗濕奴神，梵天神的身影相當薄弱，但是柬埔寨全盤接受了印度教三神的說法，梵天神像用四張臉來表現，從九世紀末開始到十一世紀為世人所篤信。碑文也敘述著王是梵天神的化身。不過附近的居民近來開始接受以濕婆神四面顏像來表示四面佛尊顏塔的作法。

進而，因為四面佛尊顏祠堂的破風處很明顯雕刻了自在王佛，但改造時被完全隱藏在地板下。

總之，從這次發現大量的廢佛可以判斷的史實（假說）是：在闍耶跋摩八世的治世下，王的統治威信和日常政治充分地發揮功能，政治發揮機能，王命可號令全國，基層的村落也能夠發揮機能，物資皆能貨暢其流，吳哥都城金碧輝煌而燦爛。

一二九六年時訪問柬埔寨的中國人周達觀撰寫的《真臘風土記》中，並沒有描繪王朝末期的危機和社會的疲弊，反而報告了無比繁盛的景象。那麼，這次的挖掘傳達了怎樣的故事呢？

簡而言之，對於東南亞史中的吳哥王朝研究，我們希望基於法國遠東學院的研究成果，對於廢佛的問題能有再進一步的研究發現。

◎重寫王朝末期的「歷史」

十三世紀後半開始到十四世紀前半，柬埔寨的政治和社會狀況是怎樣的呢？我們來考察看看。第一、王命可以號令全國，闍耶跋摩八世在位的五十二年間，除了元朝軍隊曾經小規模入侵，大致上是一個長期安定的政權。王以吳哥都城為中心，對全國佛寺發佈廢佛令，進行將佛寺改建印度教神廟的工程。我們在班迭喀蒂寺挖掘出二百七十四尊廢佛，雖然還沒確認完畢，但已可知全國有龐大數量的佛像被當作廢佛處理。

第二、周達觀傳達了吳哥都城繁華活躍的景象，因巴戎寺被改裝成印度教三神的神廟，而有了光輝燦爛的「金塔」，他對此無比讚嘆。不過，這個繁華的都城代表著什麼意義呢？闍耶跋摩七世之後經過約八十年，因建寺工程所導致的人力疲勞還在社會中繼續瀰漫著嗎？

周達觀的報告中看不出當時社會有疲弊的徵兆，也沒有提到任何因建寺疲弊所應有的社會衰退現象。但十三世紀末期，因為暹羅人的擴張，居住在昭披耶河流域和東北泰地的高棉人相繼被迫撤退到吳哥，作為王朝中心的都城難道沒有被波及嗎？

第三、室利因陀羅闍耶跋摩王之後繼任的兩任統治者，只知約至一三五三年為止，留下來的資料卻很少。僅有：一、一三〇九年柬埔寨最早的巴利語碑文（對國王功績的稱讚）；二、一三二七年王朝最後的梵語碑文有提到供奉濕婆神；三、一三三〇年派遣使節到中國；四、一三三五年派遣使節到越南陳朝。

這些片段的史實，加上如前所述從吳哥城內挖掘出相當多上座部佛教庭園，可以斷言當時的社會應相當有活力。因此，二百七十四尊廢佛的出土，稱得上是世紀大發現的，讓我們得以重新檢驗當時的吳哥社會，成為再次建構歷史輪廓的新契機。

尋求王朝滅亡的真相

◎被遺忘的光榮史

「放棄吳哥都城」是一個具代表性的事件，代表著一個時代的結束。據說王朝滅亡的主因是十四世紀中葉之後約八十年間，與阿瑜陀耶王朝的幾次戰爭，使得具有六百年歷史的吳哥都城最終成為一片焦土。

除此之外，葛羅利耶博士認為導致王朝滅亡的原因還有一個，就是過度開發水利灌溉設施導致農業經濟衰敗，其他還有諸如：王權弱化、苛捐雜稅、地方叛亂、印度教思想的停滯和瓶頸，以及上座部佛教的滲透等因素。

吳哥時代的人們建設了許多巍峨華麗的大型宮殿，奠定了水利灌溉設備，具有高度的農業生產，並以此感到自豪。放棄吳哥都城之後，吳哥地區有何改變？這裡的居民有何改變？遺跡和灌溉網有何改變？無論如何，一四三〇年時，吳哥都城遭受阿瑜陀耶王朝軍隊攻擊，在連續七個月的包圍作戰中被徹底摧毀，王朝因而於一四三一年左右滅亡。

王朝滅亡後柬埔寨變成怎樣呢？反倒是上座部佛教利用河川水路，深入各個村莊中建立寺廟並紮根。地方的村落以向來的經濟型態為基礎，先是藉由河川開始了小型的物流網，上座部佛教傳入的文化核心價值逐漸發揮了功能，形成了緩慢的自給自足生活體制。

村莊裡寺院的僧侶們勵行輪迴轉生的修行，村人們的認同也幫了大忙。這種近在眼前可以解救魂魄的修行，提供了人生的前進方向，對村民來說有很大的渲染力。僧侶們一方面秉持著本願修行，另方面在村莊中展示著人從搖籃到墓地以至於來世的情景。同時，村莊就是一個圓滿的世界，提供村民一個自力救濟的場所，並全面關照從誕生到死亡的生命循環。

（參照第一章）

吳哥王朝全盛時期的十二世紀左右到十三世紀前半，闍耶跋摩七世創造了一個幾乎可以統治中南半島的大帝國，並在吳哥建設了吳哥城，這樣絢爛豪華的都城卻在一四三一年時化為一片焦土。

日本在沙勿略來到鹿兒島傳布基督教的同時（一五四九年），葡萄人和西班牙的宣教師拜訪了舊吳哥都城。他們心中對仍然留有繁華餘韻的吳哥城的壯麗感到膨湃。這是誰建造的呢？他們問了附近的居民，但是村民和僧侶們卻忘記了這一段光榮的歷史。

傳教士和跟隨傳道士來到此地的人們猜想著，或許是：一、亞歷山大大帝（西元前三三六～三二三年）建立的吧？二、曾經的羅馬帝國（西元前二七～四七六年）建立的吧？三、猶太人建立的吧？等等……許多充滿想像的記錄存留了下來。而且，對於建造這樣大廢墟到底是怎樣的王朝、又是何種的高度文明等疑問，傳教士們也寫進報告中。

◎吳哥王朝的財寶到哪裡去了？

在吳哥王朝的全盛時期，金碧輝煌的佛寺和造型華麗的樓閣在吳哥都城中林立，雖說是受到印度教的宇宙及世界觀影響，也宛如仿造出一個「神的世界」。吳哥王朝將征服鄰近國家帶回來的戰利品放置在王宮前廣場，被稱為王的倉庫的克亮（khleang）祠堂群中。雖說是當時最有價值的財寶，但其實也僅是以金箔塗裝的神像或佛像而已，此外也有閃耀的青銅製雕像被帶回安奉在佛寺中。

吳哥都城因阿瑜陀耶的攻擊而淪陷，當時中南半島的戰爭一向都是徹底的消耗戰。以繁華自豪的都城在這場充滿殺戮及破壞的戰役下化為焦土。那麼，都城的寶物和財產都到哪裡去呢？

一九三四年，法國遠東學院的建築家特魯惟曾進入吳哥寺的中央塔正下方進行調查，附近的村民們都相信那裡埋藏著寶物。特魯惟向地底挖掘至二十八公尺的深處時，出土的是三十公分左右的金屬圓盤和幾個奉獻品，這是安座儀式時埋藏在地下的「鎮物」而已。這次的挖掘證明吳哥城的財寶並沒有被埋在那裡，那麼，財寶到哪裡去了？

在法國的集美東洋美術館、金邊國立博物館及暹粒的普利諾羅敦施亞努吳哥博物館裡，都可以看到吳哥王朝時期的精緻雕像。金邊國立博物館入口處的櫥窗展示了青銅製的雕像，物件雖然小但也是精品；同一樓層的盡頭有一個青銅製的大型毗濕奴神橫臥像。這些被安置在博物館中各種尺寸的青銅雕像，每件都是偉大的作品。十五世紀，阿瑜陀耶王朝發動戰爭的目的是要擴大統治領域，以強調王的權力和主從關係。一四三一年，阿瑜陀耶軍隊消滅吳哥王朝之後，從吳哥帶回大多數的戰利品，並俘虜了數萬名高棉人。由這個事例也清楚知道，吳哥時代供奉在寺院中的金箔和金泥神佛像，幾乎都在這場戰爭中被帶走了。

中南半島的戰爭一直有把金屬製雕像、器具、祭祀用具及裝飾品等當作戰利品的習慣，但石製雕像很重無法帶走，阿瑜陀耶軍隊則是帶走閃耀著光芒的青銅製神佛像。現在小型的青銅雕像被展示在金邊國立博物館，前述的毗濕奴神像被掩埋在柬埔寨西巴萊湖梅蓬寺附近的泥土裡，沒有被帶走。

◎在曼德勒發現的吳哥王朝神像

一九八一年我到緬甸進行文化遺產調查時，在曼德勒市區佛塔的鐵架子裡發現了兩尊吳哥時期青銅製的雕像及數個獅子像。我從沒想過居然會在曼德勒發現吳哥時代的雕刻，嚇了一大跳。這是真的還是假的？為了確認我伸手摸了一下。來參拜的信眾們也摸了這個雕像的胸、手及腳部等部位。我詢問了同行曼德勒大學的教授，據說這個雕像相當靈驗，參拜者只要摸這個雕像跟自己疼痛部位一樣的位置，就可以解除病痛。

這些雕像正是吳哥時代印度教門衛神的雕像，為什麼這些雕像會出現在曼德勒？一開始我完全摸不著頭緒。後來才得知，這個寶物應該是一四三一年左右吳哥王朝陷落時，被阿瑜陀耶軍隊帶走的一部分戰利品；但一五六九年時緬甸東吁王朝第三任王勃印囊（King Bayinnaung，在位期間一五五一～一五八一年）為了搶奪阿瑜陀耶王朝的財寶及爭奪孟加拉灣的貿易權，而對阿瑜陀耶王朝發動攻擊。結果，阿瑜陀耶王都被東吁王朝占領，這些雕像被當作戰利品，帶回東吁都城白古。進而，一五九九年，阿拉干王國（Arakan）的船隊攻擊白古，這些雕像又被當成戰利品帶走。我們無從查證，他們是否知道這些原本是吳哥都城的財寶，但這些雕像之後又被帶往實兌。

之後，一七八四年，貢榜王朝的第六任君主波道帕耶（Bodawpaya，中國史稱孟雲；在位期間一七八二～一八一九年）征討實兌，將這些寶物帶進曼德勒附近的阿瑪拉補羅。一八八四年，又在第十一代君王的錫袍（Thibaw Min，在位期間一八七八～一八八五年）治理下，被移到現在的瑪哈穆尼佛寺。往昔在榮光的吳哥王朝被多數高棉人崇拜的神像，現在被緬甸人供奉著，也終於找到可以安居的地方。

中南半島各民族皆曾建立過王朝，於不同時期活躍在歷史舞台，這些王朝互相連接，也有讓物資流通和人民往來的道路。來自吳哥王朝的寶物從東到西，又從南到北不停移動，成為中南半島各王朝的寶物。從柬埔寨人手中轉到暹羅人，再到孟族人、阿羅漢人，進而到緬甸人手中，最後終於在曼德勒落地安居。追溯吳哥王朝寶物的行蹤，不正是一部東南亞興亡史的溯源之路嗎？

◎吳哥王朝的歷史定位——始終不安定的王朝

揭開東南亞興亡史的同時，列舉吳哥王朝的歷史發展作為例子。閱讀到這裡的讀者們心中有何感想呢？透過解析吳哥王朝歷史，可以讓各位感受到多少東南亞的特質呢？

一般認為要理解東南亞史是相當困難的事，該如何解讀東南亞世界的歷史呢？特別是建造吳哥寺的吳哥王朝政治如何運作？在本書第二章到第九章，我們討論了目前關於吳哥王朝的政治、經濟、社會及宗教等的研究成果，也檢討了廢佛問題。就一般國家形成的理論而言，該如何詮釋吳哥王朝的歷史比較適當？這真是一個困難的問題。

東南亞國家中的統治者被定位為神聖的絕對君主，一九八二年沃爾特斯（Oliver W. Wolters，一九一五～二〇〇〇年）在大作《從東南亞看歷史、文化與宗教》中提到了「曼荼羅論」。他對東南亞地區論點是：一、王權一直不穩定；二、並非以血緣而是以武力來獲得王位；三、王是特別被挑選的人。以下以沃爾特斯的論點為基礎來說明吳哥王朝史。

首先，關於追溯歷代統治者的系譜，並沒有由特定家系世襲的情形，幾乎僅限於一代，這點已獲得學界確認。就史實來考察，吳哥王朝的統治者有以下幾個特點：統治範圍受限，版圖的擴大及縮小不斷地重複上演；後繼者多陷入王位爭奪戰，勝利者即位為王，王權相當不穩定；有才能的國王即位之後，窮盡三十幾年的光陰營造寺院；也有因身體因素或被篡位而短命的王國；成為統治者後必須一直注意身邊是否有潛在的敵人，若發現覬覦王位者必須制敵機先，先下手為強。

吳哥王朝的統治者中，以建造吳哥寺的英才蘇利耶跋摩二世和興建吳哥城的佛教徒闍耶跋摩七世最有名氣。以他們的動向和個人特質來看，兩人長期掌握著政權，皆是活動力充沛之人，果然是當時代的強者。至於若是談到王朝創立者闍耶跋摩二世則是受到神明加持者，創造出「王即是神」的信仰，他是以現人神的名號出現在世人面前。

這樣的強人王者們是連接人界和神界的現人神，國內需要這個精神庇護的臣民們集結到都城。有抗衡實力的首長們拜跪在王的權威面前，在國王的許可下任官，並獲得國王賜予的權勢及州（前文已提及，為吳哥的地方行政區劃）等級以上的土地作為領地。像這樣妥協於這樣精神的、物質的誘惑的地方首長是否很多呢？或者這些首長如果可能的話也會想著篡位，在這樣的理由下地方上常常會有叛亂發生。

王在婆羅門祭儀官的援助下，藉著轉輪聖王的名義即位，同時用印度教裝扮在地守護神，將存在於高棉大地的在地精靈信仰合併，成為「守護精靈的王中之王」。在此概念之下，王是大地的統治者，比誰都傑出，想要受到庇護的地方首長們必須心甘情願俯首稱臣。歷史上也有即使具有武力優勢，最後也只能選擇臣服於王權一途的例子。

東南亞雖然受到來自印度和中國文化的影響，但接受方有絕對的取捨權和選擇權，可以用自己的方式自由地解釋，創造出更獨特的建築、圖像或是裝飾道具。統治者的統治權和支配權並不徹底也不成熟，為了誇耀君主的威儀，創建了如同吳哥寺這樣，印度所沒有的大伽藍的雄偉建築物，藉此彰顯國王的偉大權勢，以達到威嚇世人的目的。巨大的建築物成為君王示威的道具，讓臣民抱持著敬畏的心態，實際感受現人神的存在並臣服。

再者，在制度上國王並未擁有強而有力的官僚組織和常備軍隊，而具有王族血統的貴族們又不知何時會篡奪王位，無法令王信賴。在這樣的狀況下，血統和身分絕對不會是王統治地位的保證，必須誇張地演出宗教的威儀和神祕，藉此強調卓越不凡。吳哥王朝的統治者們透過繁複的宗教祭儀，主張自己是濕婆神、毗濕奴神及佛陀等轉世再生，或者是主張權力的合法化，讓統治力有效地渲染，以視覺效果取得民眾的信任，增加現人神的效果。曾看過這類祭儀活動的周達觀就提到：「這就是神的世界。」並對此感到相當敬佩。

王的統治力首先從巨大的石造伽藍開始，即位後立刻著手建設國廟，在位時親手建造比前任王還要更巍峨壯觀的寺院建築，讓敵對勢力或民眾感到佩服。相較於官僚體制，王更善加利用寺院的功能，向人民灌輸輪迴轉生和現世利益的說法，強調建設寺院與功德的連結，並提議建設寺院可以免除部分賦役，以動員農民。

只有長期統治的王有能力建造大型宗教建築。寺院可說是一種政治藝術的產物。在寺院興建的過程中，吳哥的人們盡情地揮灑了民族特有的文化、信仰及技術，而遺跡研究就是讓後代之人能夠看穿吳哥人們埋藏在寺院建築裡的訊息的科學性作業。

在東南亞獨特歷史之中

◎奠基於森林、水田及海的歷史

東南亞型的歷史具有怎樣的特徵呢？在這裡概略性的歸納一下。

東南亞型的歷史是以「森林、水田及海」為基礎，人類與自然和諧的生活史。這是多元文化的地區，作為前文的複習，以下列舉幾項：一、自然環境為山岳、平原及三角洲地形；二、有各種語言和種族，形成多元文化社會；三、擁有佛教、伊斯蘭教、基督教、在地化的印度教等，多種各樣的宗教信仰。而地理環境具有共通的性質是：一、雨季和旱季的交替；二、以農耕為基礎的「植物文明社會」（序章提及，地理學者對於東南亞居民以農業為中心的說法）；三、女性社會地位的優越；四、即使信仰佛教、印度教等大型宗教，檯面下仍有精靈信仰的存在。

第一、根據當地史料的解讀，吳哥王朝及其結構的部分輪廓逐漸清晰。解析王朝的工具是碑文、寺院的修復和挖掘、出土文物、雕像及圖像等當地史料，此外，雖然僅是斷簡殘編，但中國史料中也有一些關於柬埔寨的歷史記錄。再者，擁有自己國家的文字比什麼都還重要，當外來的文字被引進當地社會，經過反芻及改變表現手法之後，發展成古高棉文字，這也是研究王朝發展的線索。

高棉文字就像人類的血液，掌管著傳達和記錄，為在地社會的發展和自立扮演了重要功能。檢視這些以自己國家文字書寫而成的幾種史料，可以了解當時社會的一般想法，也可以清晰看出此時期的精神價值體系。其中，碑文是史料價值很高的文字資料，但內容偏重宗教事務，記錄也頗為片段，這一點雖然很遺憾，但它的有效性和侷限性也是事實。

因為吳哥時期沒有紙，主要文件書寫在椰葉做成的貝葉上，遺憾的是因蟲害和時間，貝葉已經全部消失。相對來說，值得一提的是，近年來現代歷史考古學的角色。一九九五年，上智大學吳哥遺跡調查團在吳哥東北十七公里處的塔泥（Tani）村，發現了柬埔寨最早的大規模黑釉陶器窯跡，確定吳哥時代有窯業生產，負責挖掘工作的年輕學者根據此結果提出了博士論文。進而，大規模的發現就是大家所知道的二〇〇一年上智大學調查團在班迭喀蒂寺挖掘出的二百七十四尊廢佛，廢佛的研究使得新的歷史學說得以被提出。

◎地區間的交易和物流形成了王朝——得天獨厚的立國條件

第二、亞洲地區間的交易和物流使得吳哥王朝得以形成。柬埔寨透過與印度和中國進行交易，經由港口城市喔吠帶進羅馬硬幣、高價的珍品和物產，以及文化核心價值。因此，在亞洲很早就興起的海上絲路交易和物流造就了吳哥王朝。吳哥王朝雖然受到印度文化影響，但是選擇性的接收了想要的宗教禮儀和王權概念，並進一步發展和構築，成為王的行動價值標準（包括興建國廟等）。在政治方面，為了強化脆弱的王權，也為了更強健的制度，政教一致的傾向強烈，經由華麗、繁複的儀式增加王的神秘色彩，使王的地位變得崇高。闍耶跋摩七世將國家版圖拓展到以西到越南，以北到寮國的永珍、馬來半島、越南南部的占婆，至少在這個地理範圍中形成了交易圈。吳哥地區當時有船商到來，連結外洋和湄公河及洞里薩湖的物流通路，成為人們往來的通路，而被評為「富貴真臘」。

第三、吳哥王朝在肥沃的扇形地平原中發展成內陸農業國家。位於平坦地區的吳哥王朝於九世紀末開始持續開發農耕地，人口不斷地增加，開始了都城的建設。十二世紀初期，人口增加了四十到五十萬人，也建立了吳哥寺。為了維持都城的營運，展開大規模的集約農業，都城周圍配置了貯水池，提供大面積稻田的用水，進而獲得建設吳哥寺工人的糧食。大貯水池同時也是日常用水的來源，因此，吳哥都城堪稱是一座水利都市。

◎脆弱的王權、巨大的伽藍——在地化的印度文化

吳哥寺歷經三十多年建立而成，各地的農民被動員執行佛寺的建設以作為賦役。就我們上智大學吳哥寺西參道的修復工程經驗來說，往時農民在雨季中從事稻作勞動，乾季時進行寺廟建設，說不定這樣的假說是正確的。因為雨季中有大量的降水量，讓人覺得現在從九月

開始到十月初為止，可實施耕田作業。再者，被動員的農民們對於為印度教和佛教僧侶們建設寺廟，可以得到輪迴轉世的功德的說法深信不疑，在建寺現場即是修行場，結果使得大型的伽藍得以順利興建。

第四、為什麼吳哥寺會有巨大的紀念建築物，是因王要對當時人們進行一種政權的誇示。吳哥王朝登位的二十六位王中，即位之後都會興建新的寺院、都城及王宮，朝著三項一套的建設邁進。沒有什麼比建設大寺院更能作為彰顯王的力量的大工程了，使得每一任王都競相全力投入這三項一套的建設。由此可知王的統治力並不是制度化和組織化地被保護著，而是脆弱的，必須透過用巨大的建築物以彰顯統治的正當性，而農業生產也必須持續推行，確保可以養活建設寺院的人力。

第五、柬埔寨版的印度教和佛教，作為立國思想上也發揮功能。印度文化進入東南亞各地後，對各個原具特色的在地文化產生刺激，輸入的宗教變裝之後成為在地化的宗教再輸出。外來文明改變原貌與在地化，對於各地文化的形成和發展的「精粹」具有相當大的作用。結果導致東南亞的王權為了自我擁護和自我強化，用自己的方式擴大解釋，將外來文化轉換成看似與原來相同又不太相同的形式。這就是我一直在說明的，柬埔寨的「神王信仰」並非印度教，而是利用印度教和梵語，將在地守護神的神王信仰儀式改造及擴大，使其在地化之後形成的產物。

◎吳哥王朝衰退的原因是什麼？——立國思想機能不健全

吳哥王朝衰退的徵兆是在十四世紀後半期顯露，慢慢地陷入立國思想不健全的陰影中，事件之一就是廢佛騷動的發生，進而上座部佛教的思想滲透並扎根於村落。

上座部佛教向村民們傳達了通往極樂淨土的道路，村民們在皈依的同時也被其擄獲。賽代斯提出了因元朝軍隊攻擊的直接因素，使印度教和大乘佛教的立國思想崩壞，導致了王的威權墜落的論點。由此導致了王朝十三世紀的危機，加上泰族興起和擴張的歷史，使得上座部佛教和伊斯蘭教得以進入當地，成為王朝時代區分的分水嶺。

但是，從經濟史的角度來看，在交易和物流的發展中，原有的印度教及大乘佛教無法應對，導致了更能應對世俗的、小規模經濟的上座部佛教和伊斯蘭教到來。最近有這樣的研究結果發表，且相當的有說服力。（石井米雄、櫻井由躬雄的說法）

另外，授予領地的制度助長了地方獨立的傾向。對吳哥王朝諸王來說，如何統治及掌握屬臣是政權能否長期穩定的關鍵。這個制度建立在授予領地的封地制度之上，在當時給予高官一個州大小的「授予領地」作為報酬，便是從臣制的基礎。例如，某位戰勝的將軍可以被國王授予土地。蘇利耶跋摩一世給予忠心歸順的高官們封地，保障了他們的生活。被授予的土地是世襲制，代代相承，高官們可以自由買賣、捐贈或讓渡。但是這樣的制度卻招致土地的過度讓渡，對地方上有勢力的官吏來說，促進了獨立地區的形成。可以說這是吳哥王朝瓦解的一個內在要因。

1 周達觀《真臘風土記》：「為儒者呼為班詰，為僧者呼為苧姑，為道者呼為八思惟。班詰不知其所祖，亦無所謂學舍講習之處，亦難究其所讀何書。……八思惟正如常人打布之外，但於頭上戴一紅布或白布，如韃靼娘子罟姑之狀而略低，亦有宮觀，但比之寺院較狹，而道教者亦不如僧教之盛耳。所供無別像，但止一塊石，如中國社壇中之石耳。亦不知其何所祖也。卻有女道士。宮觀亦得用瓦。八思惟不食他人之食，亦不令人見食，亦不飲酒，不曾見其誦經及與人功果之事。」文中「班詰」，學者考證認為是婆羅門學者。「苧姑」是暹羅人稱呼上座部佛教的僧侶，這一叫法當時已傳入柬埔寨。所謂「道者」即八思惟，是指婆羅門濕婆教派的一支。道者供奉「一塊石」，一塊石象徵林伽信仰。文中又提及「有女道士」，可能是指婆羅門教的「聖女」。現今之說「聖女」是婆羅門教高級僧侶或長老的性奴隸。

2 訶里訶羅神（Harihara），是印度教濕婆與毗濕奴合二為一的形態。訶利是毗濕奴的別名，訶羅則是濕婆的別稱。

第十章

與歐洲基督教社會相遇

百多祿　幫助越南阮朝建立的法國天主教神父。

在中南半島的傳教活動

◎與當地人的期待有落差的福音

約從十六世紀中葉開始，基督教在東南亞展開傳教活動。傳教士們來到當地以後，立刻進行各種社會運動，建立學校、庇護工作所、孤兒院等，並引進當時歐洲最新的技術和醫學。他們用當地語言翻譯基督教典籍，學習當地民族傳統文化並介紹至國外，也努力透過宗教活動與當地住民融合與對話，在文化交流上起了極大作用。只是，傳教士進行傳教活動時，期待獲得信徒的認同，與當地人想追求外國事物的企圖，兩者的想法經常有極大的落差，最終引起爭執和反基督教行動。

面對傳教士的福音訊息，東南亞世界既有的宗教體系和宗教組織該如何回應呢？對基督教的接受或拒絕，又是依照怎樣的論點來進行呢？這是必須深刻探討的重要課題。

如果要歸納東南亞各地或各民族面對基督教時的反映，大略可分為：對異質文化抱有好感；為了自己的利益部分接受；不知如何應對或極度抗拒；訴諸武力。本章以基督教在東南亞的傳教活動為中心，考察近代東南亞的歷史，讓歐洲、日本與當地的關係史更為清晰。

◎對傳統村落的艱難傳教——在上座部佛教四國的初期傳教

以基督教傳教史的角度來探討四個以上座部佛教為主的國家與基督教的關係，在傳教初期有幾個明顯的特徵：

第一、改變信仰者多是居住在山區和邊境地帶的少數民族，以及從其他地區遷移到都市的亞洲人或混血者。也就是說，傳教初期的改變信仰者並不是多數居住在平原地帶的越南、泰國、柬埔寨及寮人。

第二、這些在上座部佛教圈傳教的傳教士及牧師來到此地，建立以地方或民族為中心的教會，並設立神學院以培育神學人材，學生大多是少數民族或來自其他地區的亞洲人。

第三、偉大的文人傳教士或文人牧師，努力學習當地的語言、社會、文化等，幫助傳教順利。例如：對越南語的羅馬字化貢獻良多的辭典作者A・羅德神父（Alexandre de Rhodes，一五九一～一六六〇年）；為了越南阮朝的成立而組織戰鬥志願兵的百多祿代牧[1]（Pigneau de Béhaine，一七四一～一七九九年）；在泰國拉瑪四世（在位期間一八五一～一八八六年）許可下，編寫泰語文法的帕勒瓜克斯神父

（Jean-Baptiste Pallegoix，一七九五～一八六二年）；在越南頃其畢生心血編纂辭典的耶德遜（Adoniram Judson，一七八八～一八五〇年）；以及雖然基於愛國心，但以流利的柬埔寨語勸說柬埔寨王與法國簽訂保護條約的米施代牧等皆為其例。他們流利的使用在地語言，在傳道上發揮影響力，他們的著作至今仍享有高度評價，是研究當時東南亞社會重要的一手資料。

第四、傳道活動剛開始雖然因外國人傳教士進行的社會活動得以進行，但在社會階層和出身背景相當敏感的東南亞世界，少數民族出身的神父和牧師傳教活動仍然有著侷限性。現今亦然，外國人神父無法進入泰國，最後僅能提供「教牧關顧」（Pastoral Care）。其他三國因為是社會主義國家，不允許外國人神父傳教，入境受到很多限制。

第五、東南亞的村落中，村人的日常生活與上座部佛教融為一體，從誕生到死亡都有僧侶照顧著。僧侶對村民們傳達救贖的概念，並展示以涅槃為目標的出家人們的修行現場，以今世的功德承諾更好的來生。另一方面，基督教初期的傳教活動受到政治影響曾被禁止，長期無法進入傳統村落，最終只能在周邊地區或都市進行傳教活動。

基督教傳教士所見到的東南亞社會

◎最早來到柬埔寨的傳教士

一五五五年，道明會傳教士達克魯斯（Gaspar da Cruz，出生年月日不詳；一五四八年從里斯本出發，一五六九年返回里斯本），從麻六甲轉到柬埔寨傳遞福音，但無疾而終，於一五五六年移居廣東。達克魯斯滯留柬埔寨時，曾經聽到柬埔寨僧侶間的談話，當地人深信柬埔寨有二十七處極樂淨土，那裡所有的生物，甚至連跳蚤和蝨子都能輪迴轉世。

柬埔寨世界中的極樂淨土分為三種：第一種離地面最近，是人們可以去的地方，那裡有食物、飲水以及充滿魅力的天女。第二種的極樂淨土相當廣闊，是僧侶可以去的地方，還可以按照功德高低依序往上提升，那裡可以給予「在酷暑的大地中生活的聖僧」回報，讓他們享受「吹著涼爽和煦的風休息的幸福」。最上

達克魯斯所撰《中國誌》初版的封面　藏於葡萄牙科英布拉大學綜合圖書館。

層且離天界最近的第三種極樂淨土，是將全部的慾望捨去之人的歸處，到哪裡之後，身體會變成「向毬果一樣圓」，就像是梵天神體內的生物。柬埔寨人至今仍然相信著三種極樂世界的存在，並且與極樂淨土並存的是十三層地獄。據說會根據人們罪惡深重的程度，來決定會墮到哪一個層的地獄。

一五八三年，在達克魯斯之後，同為道明會傳教士的卡達爾索和馬德拉也嘗試來到柬埔寨傳教，但受到佛教僧侶強烈反彈，於一五八四年同樣無功而返。之後也有其他傳教士奉派來傳教，其中一位叫做阿賽韋多的神父於一五八〇年開始，與當地暹羅人、爪哇人、中國人、日本人及葡萄牙人等往來，十五年間使五百人改變宗教信仰。

一五八五年，哲塔王（King Sattha，又譯薩塔王；在位時間一五七九～一五九五年）改變以往方針轉而承認基督教，同年八月，兩位道明會成員和四、五位方濟會成員自麻六甲被派遣到柬埔寨。只是他們一抵達當地，哲塔王卻突然改變心意，將這些傳教士全部放逐，只有阿賽韋多神父千方百計地留了下來。一五九三年，哲塔王遣使到馬尼拉請求派遣傳教士，但這僅是為了與阿瑜陀耶備戰，要求軍隊救援的策略而已。一五九四年，阿瑜陀耶大軍在攻陷了柬埔寨都城隆韋克（Longvek），之後繼承王位的巴隆·拉嘉二世（在位時間一五九七～一五九九年）先是限制基督教的傳教自由，不久又向麻六甲和果阿（又譯臥亞，

Goa）要求派遣道明會、耶穌會及方濟會的傳教士，但同樣僅是與阿瑜陀耶對戰的外交戰術，目的是想要買進火器和請求救援軍。

◎日本基督教徒們與十七世紀的柬埔寨

一六〇三年，從馬尼拉來的瑪力耶、貝倫及柯拉魯等三位道明會傳教士抵達柬埔寨，他們得到王的許可，得以自由傳教及建立教堂。這個時期傳教士們雖致力於傳教，但對當地的高棉人的傳教並沒有成果，最後僅設立了當地葡萄牙社區為中心的「教牧關顧」（Pastoral Care）機構。

柬埔寨有著世界文化遺產的吳哥寺，如同之前所提及，吳哥寺的牆壁和石柱上，留有十七世紀前半期搭乘朱印船到此地的日本人的字跡，其中十四處已獲得確定。

此時的日本，正逢一六〇三年時德川家康的江戶幕府時代，當時海外交流興盛，只要遞出朱印狀就可以搭朱印船遨遊海外。現在東南亞各地仍然有許多日本村，即是當時所建立。當時的柬埔寨吳哥王朝的末裔哲塔二世（在位期間一六一八～一六二五年）在距離金邊北方三十一公里的地方，建立了烏棟王都。岩生成一所著《南洋日本村的研究》中指出，日本村位於現在首都金邊及通往王都道路的洞里薩湖二十四公里的河岸兩處，這兩個村加起來共有三百至四百位日本人。

根據《東埔寨荷蘭商館記》（一六三六年）中所記錄的史料，當地的日本村人口約有一百位，其中有五十位是教徒，非常熱心援助葡萄牙人，也有興建教堂。但因村內缺乏宣教士，而於一六一八年向澳門的天主教總會控訴：「我們七十名基督教徒沒有教父，感到無比的悲嘆。」由於日本在一六三七年發生了島原之亂，不久之後開始鎖國，許多日本人教徒趁著夜晚搭船逃出日本。這個事件，使得耶穌會等天主教各教派也時時刻刻關注著日本教徒的動態，致力於教化傳道。

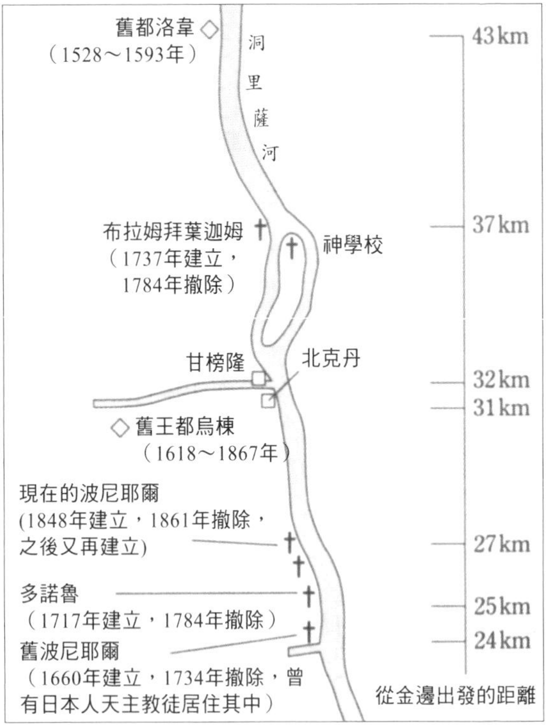

王都烏棟近郊的天主教會與信徒的據點

一六六〇年左右，一群由葡萄牙人和混血者天主教徒組成的團體，與司祭一同被荷蘭籍的改革派教會驅離，從印尼望加錫（Makassar）一起逃難到柬埔寨，住在金邊北方二十四公里處，那裡至今仍留有天主教徒的墓地痕跡。一六六五年，逃離迫害的越南基督教徒定居在金邊對岸的湄公河東岸，在柬埔寨組織了亞洲基督教徒的最早團體。

一六五八年，教宗亞歷山大七世任命朗伯爾（Lambert de la Motte）等三人作為中南半島地區的代牧。一六六四年，朗伯爾派遣同行的司鐸（priest）謝弗勒伊前往南圻（今越南南部及柬埔寨東南部）的河內。謝弗勒伊在那裡對逃來的三百多位日本教徒傳教，後因當地住民抗爭及受到迫害而離開，轉而來到柬埔寨，但因不會講柬埔寨語，也找不到好的翻譯者，只好再回到越南。

一六八二年，代牧拉諾派遣一位巴黎外國宣教會（又譯巴黎外方傳教會）司祭及一位方濟會司鐸（priest）到柬埔寨。當時有三位耶穌會的日本人已經在柬埔寨居住三年，通曉柬埔寨語，幫助了這兩位司鐸。傳教士們在柬埔寨王宮受到熱情招待，之後他們在在洞里薩湖附近的葡萄牙人社區建立教堂和醫院，當地很多柬埔寨人也接受洗禮，未料最後卻遭到與柬埔寨王敵對的越南暴徒焚燒的命運。

◎朝向在地化的十八和十九世紀的傳教活動——受不穩的政情影響

十八世紀前半期，在柬埔寨的基督教各派被捲進葡萄牙國王和西班牙國王爭奪教會保護權的漩渦中，教會內部因各種紛爭而宣告分裂，代牧的任命也受到影響。

到了一七五〇年，受暹羅和越南侵略柬埔寨的影響，約二十五位歐洲傳教士全部從南圻被放逐。一七五一年，法國傳教士比蓋爾來到柬埔寨，在王都烏棟近郊培養基督教徒司牧和當地人司祭，於一七七一年設立十字架愛姊會，並編寫高棉語祈禱書及高棉語拉丁語辭典。

一七七五年，法國籍百多祿神父（一七四一～一七九九年）被任命為南圻和柬埔寨的代牧。百多祿也援助了和義勇兵一起戰鬥的阮朝首任皇帝嘉隆帝（阮福映）。這個時期，暹羅對柬埔寨的侵略更為積極，柬埔寨的基督教社區屢屢遭到破壞。一七九〇年，約三百位柬埔寨信徒與十字架愛姊會的修女、一位方濟會司祭逃到西北部的城市馬德望（Battambang）。

一八四一年時，國力愈來愈弱的柬埔寨終於被越南阮朝合併，但柬埔寨人的反越活動風起雲湧，也達到效果。一八四五年，安東王自暹羅回到柬埔寨即位為王，重新建國。

一八五〇年，代牧區分為兩區，列斐伏爾神父負責南圻的代牧，米施神父負責柬埔寨（包含寮國）的代牧。米施神父受到安東王（在位期間一八四七～一八五九年）重用，國王的本意是想透過米施開啟與法國通商的道路，但米施拒絕成為政治的仲介。一八六三年，繼任的諾羅敦王與法國簽訂保護條約，承認天主教傳教士有傳教、建立神學院、學校、醫院、修道院的自由。一八六六年，金邊成為柬埔寨首都，同時波紐魯的天主教徒得到布雷庫魯昂（位於金邊北邊）的土地，在那裡建立了稱為賀蘭德或布雷阿美阿塔（意思為聖母）的小教區。至於馬德望也有信眾到來，信徒大部分是葡萄牙系高棉人或者是來自南圻的越南人。米施和傳教士們不滿意高棉人的改宗人數，一八五七年在巴羅神父的積極傳教下，柬埔寨人信徒終於增加，也在金邊南部湄公河沿岸的墨得庫拉薩斯建立小教區。接著，一八六一年到一八六五年間，許多在越南受到迫害而逃離的南圻基督教徒移入，並在金邊近郊形成三個社區。

一八六七年，暹羅基於與法國的協定，占領了吳哥、馬德望及美羅普瑞三地。一八六五年到一八六七年，柬埔寨發生反法國暴動，因法國人擁有的保護權也包含保護基督教之故，進而演變成對基督教的迫害運動。至一八七〇年，柬埔寨當地的基督教徒人數約有兩千八百人，大多數屬於越南系。柬埔寨成為法國的屬地前，僅有少數中國的教徒。在相關的記錄上，一八五〇年在馬德望有五位中國人受洗；一八六〇年時，貢布州（Kampot）小教區的兩百人中，也有幾名中國信徒；磅湛（Kampong Cham）附近也有八至十位中國信徒居住。

◎最初的高棉人司鐸晉升禮——在典禮中使用高棉語

第一次世界大戰前夕，柬埔寨國內的基督教徒人數約有三萬六千人，其中柬埔寨人有三千人，越南人有三萬兩千五百人，中國人有五百人，此外還有十三位外國籍司牧和約十三位越南司祭。

一八五〇年，米施主教（Bishop）企圖讓十字架愛姊會復會，將四名女性送到南圻研習，四名女性結束研習之後，在波紐魯設立修道院。一八六七年，發生反法國暴動，修道院被燒毀，遂將修道院移往金邊北部，以越南人為主的小教區。一九〇六年，基督教教育修士會在馬德望設立學校，一九一〇年時因法律限制，不得已閉校並將校區轉移至金邊，一九一一年開設第二校，一九二二年學生總數有一千人。一九一九年，卡魯眉魯會修女（越南人八人、歐洲人兩人）來到金邊，之後急速地擴展到東南亞各地。一九五二年，來自法國的四位聖本篤會員，在金邊南方七十五公里的白馬市建立修道院，立刻吸引了越南人、中國人、柬埔寨人等願意入會。

一九五七年十一月，金邊的司教座聖堂為第一位高棉人執行司鐸（priest）晉升禮（ordination），之後雖然人數有限，但持續有包含高棉出身的柬埔寨人晉升為司鐸。一九六四年依照第二梵蒂岡公會議的方針，寮國、柬埔寨的主教團（Episcoporum Conferentia）成立，一九六六年開始在典禮中使用高棉語。一九六八年柬埔寨代牧區被劃分為金邊代牧區（信徒數三萬兩千人、司祭數二十人）、馬德望司牧區（信徒數一萬人、司祭數八人）、磅湛知牧區（信徒數二萬人、司祭數十五人）三區。一九六九年，三教區長在正式的佈告中向信徒宣告：因為教會在人種、地理、文化上微弱的存在感，開始反省教會政策，期待在尊重柬埔寨習俗同時，讓教會從孤立中脫離。

1 「代牧」是在「宗座代牧區」負責管理教務者。「代牧區」設立於尚不足以達到成立教區資格的傳教地區。

第十一章

作為祇園精舍的吳哥寺

吳哥寺的日出

五百年前日本與柬埔寨的交流

◎十六、十七世紀初的柬埔寨與日本

一四三一年，興建了吳哥寺等世界文化遺產的吳哥王朝，被西邊鄰國阿瑜陀耶王朝攻擊，導致擁有六百年歷史的吳哥都城化為一片廢墟。[1]之後的都城從桑多（Srey Santhor）、金邊、一五二八年時的隆惟克、一六一八年時的烏棟，不斷地遷移，一八七六年時又遷回金邊，直到現在。

隨著都城的遷移，吳哥舊都城和周邊的佛寺就這樣被埋藏在叢林中，被世人所遺忘。根據最近的研究證實，一五四六年到一五七六年間，吳哥王朝末期的統治者們曾經短暫收復吳哥城、修復都城並獎勵人民移住。也正好在同一時期，來到柬埔寨的傳教士們也寫下了舊都城的樣子。吳哥寺在距離都城不遠的地方，並沒有遭到破壞，王朝崩壞後被改建成上座部佛教寺院，成為佛教的聖地，直到現在附近居民仍然會前去朝拜。

日本在豐臣秀吉統一全國（一五九〇年）後，經過關原之戰（一六〇〇年），德川家康於一六〇三年建立了德川幕府，此時許多外國人來到日本進行基督教的傳教和貿易活動，日本人民與國外往來頻繁，他們利用朱印船前往各地進行貿易，渡航地點遍及現今的東南亞，並建立了幾個日本村落。當時的日本人將東南亞地區視為南天竺。

吳哥寺的十字形中迴廊壁面和柱面上，留下十四處日本參拜者的墨跡，可以判定的下筆年代是慶長十七年（一六一二年）到寬永九年（一六三二年）的二十年間。這個中迴廊在一九七〇年柬埔寨內戰開始之前，供奉了超過三百尊的大小佛像，是一個相當莊嚴的千佛洞。

◎日本人至少參拜了四次：十四處的墨跡

在日本，最早研究吳哥寺的日人墨跡的是伊東忠太博士。一九一二年，明治天皇訪問東京大學時，伊東博士以「祇園精舍與吳哥寺」為題進行演說。祇園精舍的繪圖之後將會介紹。一九三〇年代，黑板勝美、岩生成一及尾高鮮之助等三位博士到柬埔寨進行實地調查，並公布調查結果。最新的調查成果是一九五八年二月，清水潤三造訪吳哥寺，並有進一步的詳細研究。本文受到清水的研究極大的啟發。

日本人遺留在吳哥寺的墨水字跡共有十四處，其中十三處在十字形迴廊被發現，還有一處在第一層迴廊內院的北藏經閣的南面入口的牆面上。書寫者選擇在平坦的石柱面上，先用紅色的塗料塗在石面上，再用墨水書寫在離地板二到二點五公尺高的位置，因此文章的下緣距離地面約一點五公尺左右。

據推測日本人應是架著小台子或是梯子進行書寫，幸好因為如此，距離地面較高，參拜者無法直接用手碰觸，這些字跡才得以留傳後世。如果以一般人的視線高度進行書寫，恐怕早就被破壞了。這些文章的面積寬約四十公分，有的是三至四行的短文，其中長篇文章則是森本右近太夫一房的字跡。有些通常會自述是日本人或是表明居住地，如「日本」、「堺」、「肥後」等，並記錄書寫者或同行者的名字，有些則無法判定書寫者的出身。以下引用清水的報告，舉出十一例：

慶長十七年（一六一二年）七月十四日　一例
年不詳七月（日不明）　一例
年不詳（日月不明）　四例
年不詳（日月不明）　一例
寬永九年（一六三二年）正月二十日　一例（森本右近太夫一房的筆跡）
寬永九年（一六三二年）正月二十日　（第一迴廊內院北藏經閣，與前文相同）

寬永九年（一六三二年）　十月十五日　一例
寬永九年（一六三二年）　正月（日不明）　一例

年代消失無法判定者有五例。從分析結果可以確定的是，日本參拜者在慶長十七年（一六一二年）七月十四日、寬永九年（一六三二年）正月二十日及同年十月十五日來到吳哥寺參拜過三次。最後，寬永九年（一六三二年）的參拜年月不詳，只從殘留文字看得到「正月」二字，由此可見，日本人至少來到此地參拜了四次。

◎搭乘朱印船在海外歷險的日本人

這些航行到東南亞的人究竟來自日本哪裡呢？肥後嘉右衛門尉的家號是安原屋，是一位商人，搭乘朱印船來到柬埔寨進行貿易。根據清水的報告，字跡中的「肥後農某」、「肥前農孫左尉門尉」中的「農」應該是日文平假名的「の」的音近字，也就是「的」之意。

從字跡中可以判讀的地名為「泉州堺」、「肥前」及「肥後」，還有很難辨識但像是「大坂」字樣的地名，可以看出渡航者以平戶、長崎及肥前出身者最多，來自堺和大坂的商

朱印船　長崎的貿易商荒木宗太郎根據德川秀忠授與的朱印狀所持有之船隻。

人也很活躍。這些標示出身地名的字跡還留著，加上新發現的例子，使字跡的數目變成十四例。當然這些字跡也有幾處剝落或消失，內容過於片段難以判讀，將來先進的數位技術或相機，或許能把不清楚的部分解讀出來。

朱印船是十六到十七世紀前半期，攜帶如同海外渡航許可證的朱印狀進行貿易的日本商船。最早的朱印狀是在文祿元年（一五九二年）時由豐臣秀吉發出。至德川幕府時也持續發給商人朱印狀，讓商人們能夠順利到海外進行貿易。慶長六年（一六〇一年）起開始鎖國後的三十多年間，計有三百五十到三百六十艘朱印船航行在東南亞各地。這些船舶是七十噸到六百噸的航海船，順著初冬的北風往南方航行，再利用初夏的南風返航日本，渡航地有菲律賓的呂宋、柬埔寨的波紐魯、暹羅的阿瑜陀耶、越南的河內、印尼的爪哇、馬來半島的北大年（Patani）等十九個以上的都市，並在各地建立日本村落，總計約有七千多位日本人居住在東南亞各地。

◎搭乘松浦藩商船的森本右近太夫：加藤清正重要部屬之子

日本人在吳哥寺的石柱上遺留字跡中，有載明清楚紀年的是慶長十七年（一六一二年）和寬永九年（一六三二年），皆是朱印船活躍的時代，這些書寫者恐怕就是搭乘朱印船而來的。例如，慶長十七年時的字跡中，很多寫著「日本堺」字樣，是不是該地的商人集體搭船旅行呢？侍奉平戶松浦藩的森本右近太夫一房在寬永八年末到寬永九年初來到柬埔寨，說不定也可能是搭乘松浦藩的便船。

搭乘朱印船的人，除了船隻行駛必要的船員以外，搭便船的商人也不少，他們到目的地進行獨立貿易，與船上商品的囤貨和卸貨沒有直接關係，在下一次出航前利用空擋到吳哥寺參拜的可能性也很高。肥後國的安原屋嘉右衛門是不是這些客商中的其中一位呢？第一號字跡中所寫的「同行九人」字樣，或許是團體旅行也說不定。森本右近太夫的字跡寫著：

森本右近太夫的墨寶　在記上生國日本與名字之後，寫著「不遠千里渡海而來，志在朝拜佛堂，祈求一願，為能洗去世間俗事罣礙特來供奉四佛」。

寬永九年正月初來此地，出身日本肥州之住民藤原之朝臣森本右近太夫一房，不遠千里渡海而來，志在朝拜佛堂，祈求一願，為能洗去世間俗事罣礙特來供奉四佛。攝州北西池田之住民森本儀太夫，右實名一吉善魂道仙士所寫之書，尾州之國名谷之都後世所寫之書。

寬永九年正月二十日

就如同森本右近太夫是為了修行佛道及替父母行善而來，渡航者並非全部都是商人，也有一些是武家出身者。這時候正好是朝鮮之役和關原合戰發生，大名興亡的重要關頭。在局勢不安定的時期，浪人和武士在亂世中無法派上用場，且因德川幕府成立，立身處世之道受到阻礙，遂放手一搏，而將目標放在新天地，如被阿瑜陀耶王朝的頌曇王（膺陀羅闍二世）重用的山田長政就是代表性的例子。說不定森本右近太夫因感嘆無法在亂世中有所作為，想藉由參拜吳哥寺求得心靈平靜。再者，有的日本人藉由武術，成為當地首長的保鑣，也有人成為國王的守備隊指揮官。

另一方面，在日本國內屢屢遭受悲慘鎮壓的日本基督教徒，為了尋求安居之地，也轉往東南亞避難。據說柬埔寨洞里薩河邊的日本村落的波紐魯教會，就是日本信徒一手建立，教徒在當時是日本人移居者的主要分子。這種以居住為目的的渡航者，滯留柬埔寨的時間很長，有可能找到機會去參訪吳哥寺。

◎發現森本右近太夫一房回國的事實

寬永十年（一六三三年），森本右近太夫參拜吳哥寺後的隔年，發布日本人的海外渡航歸國禁令。在此之前，搜查基督徒的「踏繪」[2]已經在寬永五年（一六二八年）開始。因此，森本右近太夫究竟是參拜完吳哥寺之後回國，或是一直留在當地的日本村落，直到最近的研究仍無法得到答案。

一九九三年，在右近太夫的第十四代子孫森本謙三（岡山縣津山市）努力下，在京都乘願寺裡發現了儀太夫父子的墓碑和牌位這個發現，也驗證了幾個史實。

一、墓碑寫著「月窗院殿光譽道悅居士」。

二、牌位寫著：

月窗院殿光譽居士森本儀太夫：慶安四年（一六五一年）六月十一日卒。

月窗殿應譽道感一信森本左太夫：延寶二年（一六七四年）三月二八日卒。

三、細川藩家臣森本儀十郎於「嘉永二年（一八四九年）四月二五日前往祭祀並修墓」。

不過，這裡有幾個問題點：一、墓碑和墓誌上僅刻有法號，卻沒有記載森本的本名；二、牌位上為什麼寫著「左太夫」這樣的名字呢？三、儀太夫的第八代儀十郎，為什麼要在左太夫去世一七五年後的嘉永二年，將其合葬並且修墓呢？

右近太夫一房在鎖國前後，慌亂的社會氛圍下回到日本，當時加藤家的封地已被沒收（一六三二年）；肥後（熊本）變成細川藩；德川幕府對基督徒的鎮壓更為強烈；寬永十四年到十五年（一六三七～三八年）年間，肥前的島原和肥後的天草發生了因基督教信仰而起的農民起義；寬永二年（一六三五年）時，滯留海外的日本船被禁止回航，歸國者一律處以死刑。

森本家在細川藩任官，右近太夫的海外經歷必須被掩蓋，不然會使森本家全族被調查海外經歷，也會被懷疑是否為基督徒；加上右近太夫對細川藩也存有疑慮，乾脆隱姓埋名藏身鄉里間。右近太夫和儀太夫一起移居到父親的出生地京都山崎附近。儀太夫一五六三年出生於京都山崎，享年八十八歲。當時的海外渡航者顧忌鎖國的對外政策，不得不隱瞞渡航的經歷，這段史實也已經得到證實。

《甲子夜話》闡明圖畫的秘密

◎「祇園精舍圖」究竟是誰製作的？仍是一個謎

水戶市的彰考館德川博物館收藏了一幅名為「祇園精舍圖」的畫，畫的是吳哥寺的平面圖，被畫在縱六十八點四五公分，橫七十五公分的紙面上，畫裡的建築物是黑色，水是綠色，雕像則是黃色，是一幅相當氣派的圖。伊東忠太博士很早以前指出這幅畫描繪的就是吳哥寺。

祇園精舍原意指的是印度中部釋迦（約西元前五六六～四八六年間）修行的禪房。從前的日本人將吳哥寺誤認為祇園精舍並非不可能，但一開始誤認的不是右近大夫也不是那些留下字跡的人，而是更早時期來到東南亞的日本航海者。在朱印船貿易開始之前，日本人不知什麼時候聽聞了吳哥寺的莊嚴，很早就溯湄公河而上，渡過像海這麼寬廣的洞里薩湖，進入叢林之中，從地理上自我感覺吳哥寺附近就是南天竺。

這幅圖有一個「此君堂藏本」印，此君堂就是立原翠軒，後來成為彰考館的總裁，文政六年（一八二三年）三月十四日以八十歲高齡去世。再者，藤原忠寄在畫的內側寫著：安永元年（一七七二年）。當時立原翠軒四十三歲。我們不能斷言兩人沒有見過面或透過訊息交流，推測現存的祇園精舍圖面及其內側的由來和說明的抄寫者就是立原翠軒。這幅圖是藤原忠寄的祖父藤原忠義在長崎從某人（或許是通譯？）手中抄寫取得，至少經過兩次轉抄。祇園精舍圖首先由伊東博士披露並加以介紹，但很早就受到法國學者注目，刊載在培里（Peri Noël）論文中。還有提到祇園精舍圖還有《甲子夜話》。《甲子夜話》是平戶松浦藩主松浦靜山的隨筆集，文政四年（一八二一年）一月十七日甲子夜晚開始動筆，到天保十二年（一八四一年）六月松浦靜山死去之前，共花費二十年的歲月書寫而成。《甲子夜話》政篇卷第二十一，其中有這樣的一節說明：

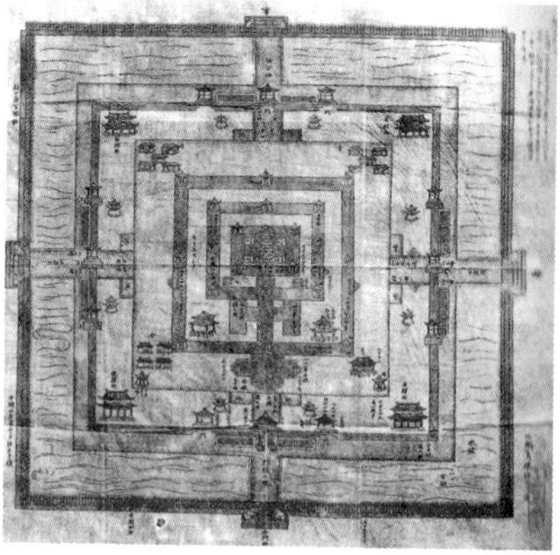

祇園精舍繪圖　描寫吳哥寺的繪畫。（財）水府明德會彰考館德川博物館藏。

（加藤）清正之臣森本儀大夫之子稱為宇右衛門。儀大夫為浪人之後，宇右衛門在吾天祥公時常常被聽見言出咄咄。此人曾經渡航至明國，後前往天竺，涉過天竺國界的流沙河時看到蝦子，據說有數尺之大。其後登上檀特山，也參觀了祇園精舍，將伽藍的樣子畫下來帶回國（現今其子孫在吾處正確地將此傳達。而此為臨摹版）。

祇園精舍圖的存在應該有被記錄，《甲子夜話》中森本儀大夫之子宇右衛門與右近太夫一房為同一人。《甲子夜話》有標註：「現今其子孫在吾處將此正確地傳達。此為臨摹版」，或許並非原圖，但模擬圖存松浦家中，這點是可以確定的。

另一方面，保存於彰考館的祇園精舍繪圖內側記錄了這個繪圖的由來，概略來說，這幅圖是藤原忠寄的祖父藤原忠義於正德五年（一七一五年）時在長崎由某人（或許是通譯？）手中收藏的原圖臨摹繪出，這是可以確定的。再者，繪圖沒有銘記年號，口譯官島野兼了奉德川幕府三代將軍德川家光（在職期間一六二三～一六五一年）之命渡海來到祇園精舍並臨摹了繪圖。右近太夫一房留下手跡是在一六三二年，比那時還要晚，這是為什麼呢？當時日本實施著嚴格的徹底鎖國，島原之亂方興未艾，有這樣的可能性嗎？島野兼了真的到了天竺嗎？渡海的真相令人心存疑惑；再者，與藤原忠義碰面的長崎某人是誰？可能為松浦家工作的森本家族中的哪一位子孫也說不定。沒有森本的家名的其他原因，或許是被藤原忠義掩蓋了也說不定。

《甲子夜話》提示了幾個有趣的問題：第一、右近太夫一房實現了參拜的心願之後回國，繼續在松浦家服務，這在《甲子夜話》中清楚載明；第二、島野兼了難道是同時期擔任通譯而停留長崎嗎？雖然考察了各種資料，哪裡都找不到這個名字；第三、藤原忠義和藤原忠寄兩人是怎樣的人物呢？在島野兼了所繪，被稱為祇園精舍繪圖的內側，看到的藤原忠義和藤原忠寄兩個名字，可以判斷是長崎奉行或是類似的職務。但這兩位在其他史料皆沒有見過，可能是地方的基層吏員，或是土地的所有者也說不定。

第四、祇園精舍的繪圖面的右下角，有一個註記：「這裡開始是往檀特山（祇園精舍，也就是吳哥寺）的道路。」《甲子夜話》中，宇右衛門（右近太夫）記載著：「從這裡登上檀特山，觀賞祇園精舍。」但繪圖的內側沒有這樣的記載。此外也有「這個伽藍是自己繪圖之後歸還」這樣的標記，加上在京都的墓所發現的結果，右近太夫一房歸國、卒年（一六七四年）的時間也得以判定。《甲子夜話》是可以信賴的記錄，記載了可以擷取的史實。同時，就繪圖右下角的註記和內側的書寫內容來比較檢討，藤原忠義、藤原忠寄這兩個名字的存在如果有疑慮，可能也表示這裡揭示的島野兼了並非真實人物，使用變造名字的可能性相當高。

◎考察森本家史料：探問日本史的黑暗面

以上新發現的史實和考察結果，該怎麼證明可留待日後探究，不過可作出如下結論、疑問。

一、京都乘願寺中發現了右近太夫的卒年（一六七四年）與其父儀太夫的卒年（一六五四年）的墓和牌位，顯示右近太夫的確有回國，在此之前有幾個不為人所知的史實得到了解釋。

二、通常俗名一定會被記載，但為什麼京都乘願寺墓碑中俗名森本姓會消失？而且，牌位記載的「森本左太夫」和「森本右近太夫」是同一號人物。

三、做為另一個參考，《熊本森本家法名帖》中記載的「右京之助一為（一俊）」＝「左太夫」和「右近太夫」，可以證明是同一人嗎？

四、《細川家侍帖》中，可以看出害怕「曾祖父右近太夫」有搭船到過海外的嫌疑，而意圖抹去證據嗎？

五、細川家家臣森本儀十郎為什麼會在一八四九年前往京都，重修「儀太夫」和「左太夫」的墓並且合葬？理由是什麼？

六、《甲子夜話》中，宇右衛門（右近太夫）實現了參拜吳哥寺的願望，回國後繼續在松蒲藩下工作。從這個史實來考察的話，記載著「自己臨摹之後返還」的祇園精舍圖的作者會是右近太夫本人嗎？

七、圖面的內側記載藤原忠義和藤原忠寄這兩個名字，但兩者來歷皆不清楚，也不知道所載的口譯鳥野兼了是何許人物，難道是化名嗎？又是誰的化名呢？

八、祇園精舍圖的正面右下角記述內容和《甲子夜話》一樣，這代表什麼意義？與《甲子夜話》中出現的宇右衛門有關係嗎？

◎透過佛教與柬埔寨的交流——鎖國時代的處世原則

右近太夫因前往吳哥寺參拜，進而遭遇了各種事件，事件的內容雖然無法全然了解，但是大概可以判斷出大概：

一、因鎖國政策實施，嚴格取締海外渡航，隱埋經歷是必要的。
二、右近太夫自己受過踏繪等社會制裁的可能性很高。
三、如果被發現曾經渡航到海外，恐怕會給在松蒲藩工作的右近太夫、在熊本任官的森本家一族，甚至他們工作的細川家也會有麻煩。
四、因此右近太夫改名，去世時也沒有俗名就這樣埋葬，子孫們將這個存在的人物從族譜上抹去，在墓碑中也不刻上森本姓，並刻意地隱藏其海外渡航的經歷。
五、不僅如此，一八二〇年代的《甲子夜話》中提及渡航前往吳哥寺的事實，最近也發現了儀太夫和右近太夫的墓。
六、森本家直系的子孫在一八四九年時重新翻修了墓和牌位。京都的墓和牌位在其去世一七五年後進行翻修，距離鎖國政策已經約兩百年，時間點上思考過時效的問題也說不定。
七、祇園精舍作圖者使用了鳥野兼了的化名，會是右近太夫嗎？圖面右下角的註記和《甲子夜話》記載著相同的內容，是否有什麼關聯呢？

不論如何，吳哥寺裡留下來的日本人的字跡，可以證明十七世紀的日本和柬埔寨有著商業交流和頻繁往來。日本人的字跡究竟要傳達什麼訊息？真相並不清楚，但當時的日本人將柬埔寨想像成有祇園精舍的國度，透過前往參拜尋求心靈平靜。除了商業活動之外，也有以佛教作為共通基礎進行交流，唯一的證明就是日本人在吳哥寺裡留下的字跡。我之所以關心十七世紀的日本及柬埔寨關係史，是為了讓東南亞和日本曾經在同時代一起生活的史實得到驗證，這也是為連結東南亞史和日本史所進行的課題。

---

1 素可泰（Sukhotai），《元史》稱為「速古台」或「暹國」。第三代王拉瑪甘亨，本書稱蘭甘亨（Rama Khamheng，在位期間一二八三～一三一七年）時已擺脫吳哥而獨立建國。在這之前素可泰是吳哥的附庸，經常出兵協助吳哥王朝的對外戰爭。不過素可泰屬下臣民很多孟族人和吉蔑人（高棉人），因此形成一種寬厚的包容性格，為泰國種族和文化開創新紀元。在拉瑪甘亨時期，素可泰人已征服孟人的羅斛國，且經常用兵吳哥。拉瑪甘亨逝世後素可泰開始衰落。而南方孟人烏通地區羅斛國國王之女與清邁泰族王子結婚，平衡素可泰的壓力。烏通王去世後，清邁泰族王子繼承為羅斛王位，孟人勢力逐漸由泰人取代，並從烏通遷都至阿瑜陀耶城，自稱泰王國。並以暹羅斛國向明中國朝貢，洪武皇帝賜予「暹羅」一名，自後不斷對吳哥用兵，至一四三一年迫使吳哥王朝往東遷回金邊。吳哥地區成為阿瑜陀耶的荒郊野外。及至近代，才歸還給法國殖民時期的柬埔寨。

2 江戶時代為了抵制基督教進行的思想檢查，要求疑似信教者將腳踏在有耶穌或瑪麗亞像的木板或金屬板上。

第十二章

來自東南亞的訊息

東南亞國家協會（ASEAN）雅加達總部

從戰後的發展期到全球化時代

◎點燃獨立之火的萬隆會議

東南亞的地理位置位於中國和印度之間。一九一九年，日本小學的地理教科書稱「東南亞」為「東南アジヤ」（櫻井由躬雄言及）。一九四三年八月，英國在斯里蘭卡設置東南亞總司令部，首次將此區稱為「東南亞」（東南アジア）。於此，「東南亞」作為一個地理區域為世人所知，也被記載在書籍中。若思考「東南亞」一詞的形成過程，其實這個地理區域的出現，有著特別的意義。因為，東南亞很長一段時間並不被認知為「東南亞」，而是分別被冠以所屬的殖民國家，如荷屬東印度（印尼）；英屬緬甸、馬來亞、新加坡、渤泥（即今汶萊）；法屬印度交趾（越南、寮國、柬埔寨、廣州灣），或是菲律賓相繼被西班牙、美國（一八九八年開始）所占領。

這是為什麼呢？儘管東南亞是特定而完整的地區，但在印度和中國兩大地區的陰影下，一部分地區以「外印度」之名，被包含在印度世界；另一邊與中國相接的地區，則是被納入「華南」的範疇中。

一九五〇年代之後，多數的殖民地成為獨立國家，在自然、社會及文化的調查和研究上有了進展。東南亞不是印度也不是中國，而是一個完全獨立的特定地區，並以這樣的姿態在政治、經濟、文化等領域逐漸被世人所知。

但是，為什麼東南亞地區長年以來沒有被鄰近的中國及印度所重視呢？如果以世界史的脈絡來思考，傳統上中國將東南亞視為「南蠻」。日本方面，從十六世紀末開始的朱印船貿易時代稱之為「南洋」，並建立日本人村；江戶時期的地理認識是「南天竺」；第二次世界大戰時則將其稱為「南方」或「南海」。從這個地區的意義，在發展過程中帶有妾身不明的情況，就可以發現，無論是歷史上所發生的大事，或是當地能夠大量輸出的物產等，對於當時其他國家來說，所發揮的影響力有限。再者，東南亞地區鮮少有能夠對外代表全體的情況，多只是局部的，各自以所屬的文化向外發聲。

我從一九六〇年起來到東南亞，關注東南亞世界五十年之久，並第一線參與東南亞各國的政治獨立和地方經濟的自主性。我也是一位東南亞研究者，除了持續關心新獨立的國家柬埔寨至今日的發展過程，並挖掘各種問題。此外，在第二次世界大戰後，除了泰國，東南亞其他各國紛紛有了獨立的自覺，並展開行動。越南至一九七五年為止，不放棄地戰鬥以尋求完全獨立。美國和越南的戰爭受到世界注目，這樣的政治行動喚起了輿論注意。一九六〇年代的東西冷戰時期，南北越、寮國、柬埔寨的獨立問題，印尼的九三〇事件（一九六五年）、緬甸尼溫的軍事政變（一九六二年）等，東南亞各國企圖訴求政治的獨立，並意氣風發地向世界發聲。

◎從戰亂時代到全球化時代

一九五五年四月，作為東南亞政治行動的前哨站的萬隆會議在印尼萬隆召開。萬隆會議是史上第一個亞、非新興諸國的首領會議，包含日本，有來自二十九個國家的元首或首相級的人物參加，代表日本出席的是高崎達之助。這個會議也象徵當時的亞洲及非洲人尋求從世界的壓迫中解放的希望。即使參與會議的各國對於決議內容沒有共識，但在印度尼赫魯、印尼蘇卡諾及中共周恩來的努力下，仍促成包含「和平十原則」等決議。「和平十原則」也稱為「萬隆十

萬隆會議　進行演說的蘇卡諾總統（左）。一九五五年四月於印尼萬隆。

原則」，其理念貫穿了反帝國主義、反殖民地主義及促進獨立方針等，也被納入第一回萬隆會議的「最終結論」當中。

一九六〇年代，在東西方冷戰的對立中，因著越戰及之後的柬埔寨動亂，人民被無情的戰火波及，也看到貧窮的村民從戰亂中逃離的悲慘畫面。

進而，一九七〇年代到一九九〇年代，南北越經歷越戰之後邁向統一；寮國結束內戰；因柬埔寨紛爭而起的中越競賽結束後，受惠於和平努力柬埔寨王國終於誕生。

此外，一九七〇年代，因應「從戰爭到市場」的呼聲，東南亞各國開始循著全球化的模式，急欲追求經濟的成長，例如：海岸邊的熱帶樹林成為蝦子的養殖場；尋求便宜勞力的日本企業在各地設廠；日本年輕人也紛紛來到東南亞，為了體驗便宜的旅行。

日本企業為尋求豐富的天然資源，大舉投資，在各地的工業區不斷蓋工廠，並將製成品帶運回日本。在泡沫經濟時期，仍大量的購買當地的原物料。但伴隨著經濟發展，隨之而來的是對自然環境的破壞，原先毫無人煙的森林不知何時變成一片光禿。

雖然東南亞各地受到全球化的影響，舊有的農村仍然存在，不過村民都爭相去當都市近郊的外資工廠的勞工。而且東南亞被視為物超所值的度假勝地，吸引許多來自世界各地的觀光客。

◎難以決定前進方向的東南亞諸國

如何在現代史的脈絡中定義東南亞世界史？可以從國家獨立到亞洲金融危機來概略地思考看看。當我們在講述東南亞的興亡史時，可以從古代、中世紀、近代、近現代等不同時代的脈絡來考察。了解向來的民族關係史和國際政治情勢，從歷史的教訓中學習，尋求現代史發展課題的解釋，或是提示方向性，東南亞有許多特有的區域理論及多元文化史可以學習。從一九五〇年代到一九七五年，東南亞各國克服來自國內外的障礙完成獨立事業，基本上除了泰國，其他國家皆照樣援用殖民地時期的建設，朝向脫殖民地化及建設民族國家的目標而努力，希望將經濟體制從脫殖民地化經濟轉向國民經濟發展。

各國在經過國內外激烈的鬥爭之後獨立，但緬甸則殘存著軍事政權，越南和寮國的獨立是在一九七五年，柬埔寨的再出發是在一九九三年，獨立後各國衍生新的課題，在嘗試錯誤中，朝向政治及社會安定的目標前進。東南亞各國在建國過程中得到的震撼教育是，如何避免東西兩陣營的抗爭和對立，以及怎樣建構地域的政治和經濟的自立等課題。儘管東南亞各國在民族、社會及文化有著差異，政治獨立的過程也不同，但體驗了共通的苦惱和痛苦，於是一九六七年八月催生了「東南亞國家協會」（ＡＳＥＡＮ），這是東南亞史上首次在共同的傘下所集結的組織。

ＡＳＥＡＮ原加盟國是印尼、馬來西亞、菲律賓、柬埔寨及泰國，一九八四年一月尼泊爾加入，加盟國逐漸擴大到東南亞全境。東南亞人民希望以ＡＳＥＡＮ為平台，處理民主化和人權等議，並具體確立鄰近友好政策，增進彼此的理解和信賴，朝向更幸福的未來。作為東亞地區多國合作的組織，ＡＳＥＡＮ的重要性與日俱增，特別是一九九四年ＡＳＥＡＮ開啟東盟地區論壇（ASEAN Regional Forum，ＡＲＦ），對於冷戰後亞洲太平洋地區的安全保障協議發揮了功能。至一九九九年四月，共有十個國家加入ＡＳＥＡＮ，之後衍生包含日、中、韓三國在內的東協十加三（ASEAN Plus Three）及東亞首腦會議（East Asia Summit，ＥＡＳ）等組織。

現在東南亞共有十個國家加入ＡＳＥＡＮ，加上二〇〇二年獨立之後加入的東帝汶，範圍更為擴張。這十一個國家，除了始終維持獨立的泰國，其他十國是在舊殖民母國的手中完成獨立。獨立意味著自己親手建立一個沒有束縛的國家，而這基本上是實現人類尊嚴的條件之一。

但是，只有獨立並不能解決所有的問題，以下提出四點關於這些民族或國家所存在的問題。

一、向國際社會爭取成為獨立國家之後，怎樣決定立國的方針？這是新國家的課題。國家實施強而有力的中央集權，同時必須寬鬆地容許地方自治，但這是一個理想。實際上也有少數民族問題而因而白熱化，甚至導致分離獨立爭端的例子，特別是菲律賓的莫洛民族解放戰線，至今仍然征戰不休。

二、除去社會的不公不義和貧困，以建設和平的國家。國內經濟以滿足人民生活為目標，在各個生產領域裡，取得平衡的經濟發展是必要的，但如何展開是個問題。東南亞各國在世界經濟的脈絡下，想要邁向經濟自主和互相合作的道路仍有許多困難，走得相當艱辛也無法齊頭並進。

眾所周知，規模小的國家只有狹小的國內市場，為了發展經濟必須越過國境，尋求國際間的合作和調整，結果就是組織東南亞國家協會（ASEAN），克服各國的利害和對立，創造互依互存及協調體制，並且期待最終能邁向持續的安定生活。只是人民能感受到怎樣的幸福感，關係著這個協會的成敗。

第三、包含教育在內，如何創造新的民族文化，包含民族認同等課題。關於文化課題，歷史悠久的多元文化、舞蹈、民謠及民間故事等傳統寶藏，必須加以保存。發揚獨特的東南亞風格文化同時，也必須具有可以同化外國文化和新核心價值的民族利器及深度，晉升成為二十一世紀的新民族文化。關於教育課題，則是在銜接義務教育的高等教育課程，必須可以培養出具備貢獻世界能力的人才。

第四個重要問題是，必須建立真正意義上的自由，擁有政治自由同時，也必須擁有社會自由。政治的目的是使「人」擁有基本人權，這點不能忘記。雖然大家都明白，人類並非僅有米或麵包等食物就可以生存，例如在國家獨立後過了數十年，受教育的人口增加，要求改善生活條件的聲音也會增多。人民期望透過政治力的介入，展開經濟改革。相對的，人們也會揭櫫民主化和人權問題，並批判違反社會公平正義的大規模開發，成為反對獨裁政府的抵抗力量，如印尼獨裁者蘇哈托政權就在一九九八年垮台。

◎ASEAN該何去何從？

一九九七年七月，從泰國開始發生亞洲金融危機，原因有好幾個，但主要歸因於亞洲市場經濟的脆弱及金融體系的不發達。東南亞各國經歷過這樣的痛苦經驗之後，回歸市場機制，斷然實施貨幣貶值政策，經濟才慢慢復甦。

進入一九八〇年代的東南亞各國，因全球化而產生激烈的社會變化和環境破壞，同時也逐漸擴大階層和地區間的落差。二〇〇七年，ASEAN利用成立四十周年的契機，宣布採用ASEAN憲章，作為未來地區共同體前進的依據。

蘇哈托總統的辭職發表　一九九八年五月於新加坡。

實際上，當參與ASEAN的各國揭櫫民主化和人權的同時，國內問題頻傳，內部矛盾層出不窮，政治體制也是如此。如越南的共產黨一黨專政；柬埔寨等是議院內閣制；泰國是君主立憲制；印尼是大總統制；緬甸是軍政府等。更進一步說明，如泰國、菲律賓及印尼等國的政治混亂；緬甸的軍事政權和颱風的天災問題；馬來西亞政治領導者的交替等，讓東南亞似乎看不到光明的未來。

特別是進入二十一世紀之後，受到來自中國和印度經濟及政治的影響，新的地區共同體應該如何進行，這樣的議題又開始被檢討。在此要因下，ASEAN納入日本、美國、中國、印度、韓國等國家，期待能強化彼此間的合作。在未來，ASEAN自己也致力於經濟成長和政治安定，思考著具有ASEAN風格的機制該如何運作。

ASEAN是歷史上最早的國家共同體，有好幾個政治體制並存，不僅存在著經濟差異，還必須相互接受各種民族、宗教、文化。今後共同體要採取怎樣的步調前進，效果要怎樣累積檢驗，也存在著疑問。

◎讓差異不再擴大的嘗試：孟加拉鄉村銀行

相對來說，東南亞各國經歷了一個階段的全球化，地方傳統社會崩壞，被納入世界經濟當中。這個全球化的現象與日本一樣，勝利組和失敗組的差異日漸擴大，為了不讓這樣的差異過大，撤下安全網是必要的。在此介紹一下二〇〇六年諾貝爾獎得主孟加拉人穆罕默德．尤納斯教授，他是一名全力投入杜絕差異和貧困的經濟學者。

尤納斯教授知道在孟加拉每年颱風來襲時，總會帶來許多傷亡和持續性的饑荒，而

獲得諾貝爾和平獎的尤納斯教授

農村裡也有許多一直和貧困拼鬥的女性。他以自己的經濟學研究領域，思索該如何解決這樣的問題。因此，尤納斯教授在一九七六年，開始提供無擔保的小額借貸給農村女性。得到貸款的女性創造出如飼養及繁殖豬仔，這類新型態的小型經濟，等到賺取收入後在期限前歸還貸款。為此尤納斯教授在一九八三年建立了鄉村銀行，以小型信用貸款的名義，幫助約五百萬名的女性及其家族脫離貧困，現在有六十個以上的國家成立了鄉村銀行。

現今混沌世界經濟中，呈現著弱肉強食的局面，而東南亞各國的視野狹窄，眼界不開闊也沒有元氣，只是喪氣說著ASEAN十國結束算了。儘管各國政府盡力回應人民看似理所當然的要求，卻無法達成目標。在這樣的情形下，鄉村銀行的活動因此受到注目。

以日本立場看東南亞

◎從超越膚色和語言的互信關係來談國際貢獻

這裡來思考一下，對我們日本人來說，東南亞是怎樣的存在呢？我想回溯太平洋戰爭的時代。日本在一九四〇年七月時，為了美化侵略中國和東南亞各國的正當性，發表了建設「大東亞共榮圈」的口號。簡單的說，這並不是為了建立亞洲的連帶感，而是為了讓對美、英、荷等國的戰爭順利，確保資源發展的口號。實際上過去日本軍在東南亞掠奪了物資和人力等各項資源，給當地居民帶來許多痛苦，並導致許多人的犧牲。舉例來說，慰安婦等問題至今仍然訴諸國際輿論，也正在究責戰爭責任。

戰後，日本與緬甸的戰爭賠償交涉在一九五四年得到解決，之後陸續與菲律賓、印尼、南越南等國簽訂賠償協定。日本對東南亞居民的痛苦表示謝罪的同時，不應只是賠償，也應該彌補戰爭帶來的損害。但是日本卻透過賠償協定，再度開展了經濟活動，獲得豐富的資源和充滿魅力的市場。特別是一九六〇到一九七〇年代，日本支付完賠償金後，便以通商之名展開經濟活動。

日本以經濟合作的名義，在當地設置工廠與拓展商品通路。那麼原來抱持著要賠償因戰爭造成損害的謝罪心情，難道不會漸漸地消失嗎？我想隨著時間流逝，日本人也逐漸被淡忘了對於東南亞，所抱持的戰爭責任和謝罪意識。

一九七〇年代投資自由化時期，日本在東南亞各地建造工廠，將商品銷往日本和世界各地。剛好此時是日本國內的高度經濟成長期（一九五五〜一九七三年），生產和僱用持續擴大，一九六八年時GNP（國民生產毛額）是世界第二位。躊躇滿志的日本人下了「面前沒有敵人」這樣的豪語。

當地的人們，對於只會追求經濟利潤而不惜豪擲千金的經濟動物（economic animal）的我們，難道不會想要打一巴掌嗎？日本過去帶給東南亞諸多麻煩的事實完全忘記了嗎？我想要以曾發生過的例子，來做說明。

石澤先生篤定的說：「有意識的開國什麼的，根本就不可能嘛！」去泰國的學生看到流動廁所時說：「哇哇哇！泰國根本就是一個落後的國家嘛！」說出這種話的時候一副無所謂的樣子。在緬甸的日本技師一副天真的對政府高官問了這個問題：「這個國家什麼時候才會有日本的經濟水準？」因而引發對方的怒氣。

「日本人是外國，只能以外國人的經濟尺度進行各項事業，不知道錢和貨品以外還有別種價值存在。會向經濟高度發展的歐美國家看齊，也會覺得亞洲只要有錢什麼都辦得到。因此，從來沒有想過要了解他們的歷史和文明，不是嗎？」

「追求超越」是明治維新以來，日本在面對歐美時一心努力的目標。結果，日本在經濟上成功了。日本是偉大的國家，這樣的自我滿足不知道什麼時候開始，變成了唯「日本」史觀。在無意識之下，對日本人以外的人，特別是亞洲人的差別待遇及排斥感變強了。

相關的事情很多，東南亞人外出工作的同時，能幫忙的農家媳婦變少了，連菲律賓都出現「找媳婦之旅」。被誘拐的三井物產的年輕馬尼拉分店長被救出時，現場歡聲雷動，但同時，當地的住民又用什麼眼光看待此事呢？這讓人無法想像。

四十年前，憲法的前文中高調地宣示：「我們致力於維持和平，將專制和屈從、壓迫和偏狹永遠從土地上除去，在國際社會占有名譽的地位。」這樣的精神內容對比現在世界，特別是亞洲人們對日本人所抱持的印象落差，絕對不小吧！（一九八七年五月五日朝日新聞、山下靖典記者）

◎前日本士兵S的眼淚

前文已經提及，我在一九六一年開始前往柬埔寨，調查散在東南亞各地的大小遺跡。我在那裡當背包客，住在便宜的民宿，搭乘公車轉乘，也雇用牛車來到了位在叢林中的遺跡。

當我前往泰國東北的四色菊府（Sisaket）近郊時，在調查吳哥時代一處的小遺跡之後，經過一個村落裡的小型市場，村民們告訴我附近有日本人。經詢問住處，我在黃昏時前往日本人的家。見到面的S氏當時已經超過五十歲，原來是日本士兵，戰後打算從緬甸的戰線取道泰國，回到日本，白天躲在樹蔭下，夜晚才移動。後來，因S氏得到嚴重的霍亂在中途病倒，被當地的華裔泰籍家族解救。S氏在戰後十六年來，由於沒有說過一句日文，已經完全忘記日文，但是他聽得懂我講的日文。S氏的故鄉在秋田，那裡還有親戚。由於抵達時已經天黑，我就在街上找到一家便宜的民宿度過一晚。

隔天要離開了，我再度前往打聲招呼。他是以採取樹脂為生，所以我一大早就得起床，然後在高床式家屋的樓梯下站著。第二次見面，S氏大致上已經回復了日語能力，能用隻字片語介紹自己。我問他，等我回到日本要不要跟他的家人說你還很健康地活著呢？「這是我希望您絕對不要說的唯一一件事，我現在在這裡生活的很幸福，希望您什麼都不要說。」他這樣回答我，臉頰掛滿了淚水。我從沒想到居然會在泰國的山中遇到日本人，在這裡戰爭的傷痛仍然持續了十六年。我明白這件事情的真正意義在於，日本的謝罪仍然沒有結束。至今我仍無法忘記那位日本兵S氏的淚水。

◎從國際合作相互信賴開始——學習「知的遺產」

我進行柬埔寨研究已經超過五十年，在柬埔寨學習到的是「知的遺產」和「生活文化」，並且學習日本人無法知道的，關於柬埔寨人對生活的智慧及對自然的感性。在柬埔寨，我一定會介紹的是日本的「知」（例如：日本的歷史和日常生活的樣貌等等）的概念。那麼，如果要說明關於柬埔寨的「知」是什麼呢？簡單來說，就是雨季和乾季這樣與日本迥然不同的自然環境條件；雖然貧困但人們的優閒生活文化；他們的感性和寬容的對待關係；物質上絕對不豐裕，但心靈上卻很富足等等……要舉例的話真是說也說不完。

再者，要一起介紹兩國共通卻不同的日常生活特點，真是有趣。對我們來說重要的是，如何跨越亞洲人的膚色和語言障礙，用不同的標準建立沒有國境的信賴關係。

這樣基本的信賴關係，從相互尊敬開始，以互相承認作為「人」為共識。沒有電，沒有水，沒有冰箱，並不代表文化遲滯或「知」的低落。這個意義上，我以吳哥寺的研究來說明，尊重東南亞各地的文化和社會，及強調平等對話的重要性。

還有一個事例，是我在柬埔寨人才（保存官等）培育的實習現場，持續了十七年之久。二〇〇一年，有二百七十四尊約八百年前的佛像被挖掘出來，為了能夠保存與展示這些佛像，在日本永旺（ＡＥＯＮ）株式會社的幫助下建立了博物館，我們在博物館開幕當天就送給了柬埔寨政府。我們透過吳哥寺研究尊敬柬埔寨，並以之為典範學習。我們被吳哥文明偉大的佛像奪去了魂魄，對於一千年以前的人可以製作出這樣栩栩如生的佛像而感到敬佩。這樣的國際合作和貢獻最重要的是，基於互信的關係以維繫最單純的合作，沒有什麼比與對方站在對等立場來對話更重要了。

我想對因經濟的優勢地位感到自負，而不尊重對方國家文化和生活的日本人提出指責。結論是，日本人因為勤勉而創造出經濟優勢，有了價值感和著力點，卻以金錢作為衡量所有的價值的基準。我們在泡沫經濟敗壞之初，忘記了這樣重要的事情。

◎面臨日本修正亞洲觀的中國和印度

日本作為從明治時代開始登場的強國，追趕歐美的腳步並與之爭奪霸權，而受到世界得注目，卻最後在第二次世界大戰慘吞失敗的苦果。

明治時代日本亟欲實踐「脫亞入歐」的願望。敗戰之後日本從美國擷取資本主義和民主主義，以近乎奇蹟急速地復甦，促進經濟發展，往世界第二的經濟大國前進。

在亞洲首次進行奧林匹克運動會是在一九六四年的東京，之後一九八八年的首爾，然後是在二〇〇八年的北京。日本在首爾奧運中獲得的獎牌數連韓國也為之遜色。一九八八年以前，日本是亞洲唯一舉辦過奧林匹克的國家，日本人以身為亞洲大國而自豪。

但是，一九九〇年代初期日本遭到泡沫經濟影響，長時間景氣持續呈現低迷，就如同「迷失的十年」這樣的代表性名詞。因長期間的物價低迷和鉅額的不良債權等問題無法解決，使日本人自信心喪失。

如果以數字來看，一九九四年，日本的國內總生產額（GDP）是百分之十七點九，是經濟合作開發機構（OECD）加盟國家中的第二位，平均一人的GDP是第二位。但是到了二〇〇六年，日本的比例是百分之八點一，大約變成一半，二〇〇六年時每人的GDP下滑到第十八名。

加上一九九〇年代同時期亞洲新興工業經濟體系國家（ANIES：新加坡、香港、台灣、韓國等）的經濟發展，中國、印度的抬頭改變了原先日本在亞洲的優勢地位。

特別是一九九七年的亞洲金融危機，日本的經濟優勢全然潰敗。進而邁入全球化的時代，日本如何跟東南亞各國合作成為一個重要課題。同時面臨了一個分歧點，那就是日本人不得不重新思考在亞洲的使命，然而思考這個定位的同時，也迫切需要重新修正日本人的亞洲觀。因此，回歸亞洲的意識再度在國內引發議論。

日本的經濟援助確實對亞洲的經濟發展有著莫大貢獻，也使得日本人得到滿足感。這樣與亞洲各國的往來，在日本的社會中也冒出了不安的氣氛。

在現實的亞洲世界中，日本人是否留下了什麼？以前以經濟實力為背景的能量也沒有了。進入二〇〇〇年代，中國和韓國的抬頭在東南亞舉目可見，是日本再度修正自己的任務和相互關係的時候了。

如此一來，當我們再度面對東南亞史時，又該如何介紹早期的東南亞興亡史呢？現在，日本的經濟成長受到限制，美夢不可能再來一次。進入全球化的新時代浪潮中，日本必須重新思考和檢驗自身在亞洲的定位。日本在增加與亞洲各國的認同感的同時，亞洲各國對日本大幅度的轉變是可以確定的（邱淑婷，〈亞洲中的日本人〉，《UP》二〇〇八年七月號）。

◎建構東南亞興亡史的問題點：日本學者的課題

以我的研究為例，試著從評論家的觀點對東南亞的研究者的立場提出觀察。日本的東南亞研究者從宏觀的政治及經濟議題開始，到取材地區性的小型祭典，本著現場研究，致力於挖掘更寬廣的研究課題。因為現場調查是解析珍貴歷史和文化重要步驟，我想給予這樣的努力高度評價，當然這與當地年經研究者的覺醒也有關係。

包含我，對於東南亞的研究始終有著「見樹不見林」的感嘆，對於自己研究的領域雖然很清楚，但對於其他領域的研究卻毫無所悉。雖然抱持著不同領域間具有共通基礎的想法，但各國也有各自的歷史進程與結構問題。

我的研究課題在東南亞的架構下，或在亞洲地區，甚至是全球規模中，具有怎樣的地位？這樣的研究又具有什麼意義？我對自己研究自我評估，就像是被稱為「燈台下的黑暗」一樣，當研究向前推進的同時，也擴大研究領域，並進行比較研究，讓研究成果的歷史定位更為明確。即使如此，我對東南亞興亡史的分析，仍然有許多無法解開的謎團。

我不禁又要問，這樣的東南亞研究是否有著根本性的障礙呢？總之，如前所述，東南亞地區有不同的民族、語言、生活文化、經濟及信仰等，不同地區與村落各自兼具在地性與獨特性，且每個文化都有著深度及廣度的意義。這樣的多元社會在時間遞嬗中持續地存在著。因此，或許可以運用其他學科的方法論和手法，如文化人類學、形成地區史基礎的生態學、包含日常生活的自然環境學、理解艱深物質文化的考古學、農業等地區技術史等，將向來東南亞史學研究無法深入挖掘的部分，予以突破。

歷史上的東南亞，土地雖然廣大但人口卻很少，勉強來說，不用掠奪他國的土地，在物質上就可以過著不虞匱乏的生活。事實上，想要以一個人的力量去研究這個地區的全部課題，幾乎是不可能。我在介紹東南亞的時候，如同我先前的研究方法，是利用各自的國別史和民族史的方式來考察。要進行東南亞全體的研究是一大挑戰，近乎不可能，因為至少必須熟悉主要民族的語言。因此在此之前介紹東南亞史時，不論如何都是以國別史的方式呈現。但結果變成，不僅無法詳盡地介紹個別形成的各國歷史，也無法明確地描繪東南亞世界的全體輪廓。

換句話來說，東南亞世界是複雜且多樣的，要以一個地區為對象來清楚歸納是不可能的任務。明白的說，東南亞史是後來才發展的研究領域，原本是殖民地學的一部分，在日本學界則屬於東洋史領域。一九六七年，日本研究者們創設的「東南亞史學會」（二〇〇六年改稱為東南亞學會），與ASEAN同一年誕生。

當時東南亞研究傾向分析與殖民地統治密切關聯的政策內容，進入一九七〇年之後，當地年輕的研究者摸索著新的方法論，從不同的角度出發，批判了舊有的東南亞史觀，而且隨著不斷發現各種史料，也歸納出好幾個關於後殖民化的研究論點與理論架構。

◎在東南亞活著就充滿喜悅：向東南亞學習

描述東南亞史的時候，如前所述，多是以國別史或民族史出發，對於進行史料批判等，關於各個國家的相互關係的論證是一件困難的事情。就連東南亞的研究者，在這之前也很少對鄰國或是東南亞國家協會（ASEAN）中其中一國的歷史和文化進行研究。

要理解東南亞的歷史是相當困難，以下以豐田集團的活動為例。一九九五年開始的「東南亞研究地區交流會，是因東南亞的人民不了解鄰國的歷史和文化，並欠缺問題意識而開始的研究會。造成此現象的最大的原因是，以前殖民地時代被強迫研究宗主國的歷史和文化。在這個研究會中，東南亞的研究者會出訪周邊國家，直接學習該國語言，進而研究當地的歷史和文化。

例如，泰國派遣六名大學生到菲律賓，在菲律賓的學者那裡直接學習菲律賓的歷史、文化等課程，並與當地的學生訪問和交流。在此之前，即使東南亞各國有著共通的生活基礎，卻因走向不同的歷史道路，也欠缺通盤理解與思考東南亞固有的歷史與文化，以至於與周邊國家的交流，始終存在著屏障。

即使是ASEAN十個國家的研究者同好也不能理解鄰國的歷史，只是多多少少有概念而已，就這樣直到今日。這就是事實。

以我的柬埔寨遺跡研究為例子，以SPAFA（東南亞文部大臣機構）的遺跡問題為契機，自一九八五年開始「亞洲文化遺產再發現研究」（二十一世紀文化財團獎助金），是以日本、泰國、印尼、緬甸等四個國家的遺址研究者為主，透過互相訪問的方式進行的討論會。在研究會上，泰國的素可泰研究者和印尼的婆羅浮屠保存修復者，在緬甸的巴孔遺址進行首次交流，兩人互相以雨水、苔蘚、植物等，或是遺跡的保存修復問題進行討論，是很有意義的會議。會議中也發現，即使是東南亞各國的研究同好，不知道彼此的歷史文化的也是大有人在。會後的成果以英文刊行（*Culture Heritage in Asia*, Vol.1-7, 1987-1992, Sophia University）。

由於篇幅的關係，與前述相似的例子還很多，無法一一說明。但我也從東南亞史學習到許多知識。首先，「東南亞」是一個同床異夢的多文明世界，這個情形，可以用二十一世紀的世界史脈絡來解讀，但即使有歧異，也組織了ASEAN。第二，在今日變遷激烈的社會中，什麼才是對人類友善的生活和文化價值，是相當值得學習的課題。第三，向東南亞不同文化背景的人，學習如何朝著共存的目標前進。第四，在落後且貧困的文化和生活環境中，學習謙虛的姿態（桃木至朗氏語，二〇〇九年）。第五，學習與自己不同背景的文化，或是從生活在雨季和乾季不同的自然環境之下，誘發和喚起新的想法。第六，在日常生活中學習與嚴酷的熱帶自然共存；學習以信仰作為心靈糧食，各信仰都有其定位的生活體系。第七，學習以自己的方式改造外來的異質文化，並有著融會貫通的能力；學習建設巨大伽藍吳哥寺時爆發而集中的能量等等……。總之，例子舉都舉不完，對我來說展開對東南亞史和日本史研究的連結，進而在世界中找到這個連結的定位，這樣的作業是必要的，我希望東南亞史能夠復興。

東南亞是個桃源鄉。以我常常拜訪的柬埔寨為例，讓人感到活著就充滿喜悅。雖然物質生活貧乏，但為什麼人們卻意氣軒昂地生活著？沒有其他原因，只因為內心是充實的。換言之，柬埔寨的人們因信奉上座部佛教，而能夠安定內在精神，並與大自然有著相同的生活節奏，保持健全的思考方式，可以得到滿足是理所當然的事。

我每年都會帶日本學生到柬埔寨的遺跡現場，希望他們能夠體驗當地人的友善和體貼。我希望他們能夠理解，絕對不是只有物質豐盈才是幸福，將來也希望透過這些學生能將日本和東南亞連接，並成為連接亞洲諸國的一座橋樑。

Bangkok,1999.
- Dagens, Bruno. *Les Kbmers*, Paris, 2003.
- Groslier, B.P., "La Cite` Hydraulique Angkorienne: Exploitation ou Surexploitation du Sol?,"*BEFFO*, 66, 1979, pp.161-202.

史料（碑文、漢籍）

- 小川博編『中国人の南方見聞録——瀛涯勝覧』馬 選 吉川弘文館 1998 年
- 坂本恭章訳、上田広美編『カンボジア　王の年代記』Nava Rataneyya 編纂 明石書店 2006 年
- 周達観著、和田久徳注『真蠟風土記——アンコール期のカンボジア』平凡社 1989 年
- 藤善真澄訳注『諸蕃志』趙汝适撰 関西大学出版部 1991 年
- Barth, Auguste and Abel Bergaine, *Inscriptions sanscrites de Campa` et du Cambodge,* 2fsac, Paris,1885.
- Coede`s, George, *Inscriptions du Cambodge*, 8vols, Hanoi-Paris,1937-1996.
- Jacques,Claude,"Supple'ment au Tome VIII　des inscriptions du Cambodge", *BEFEO*, 63, 1971、pp.177-194.

- 石澤良昭『アンコール・ワットー大伽藍と文明の謎』講談社 1996 年
- 石澤良昭『アンコール王朝の王道を行く』田村仁撮影 淡交社 1999 年
- 石澤良昭『アンコール・ワットへの道――クルーメ人が築いた世界遺産』内山澄夫撮影 JTB 2000 年
- 石澤良昭『アンコールからのメッセージ』山川出版社 2002 年
- 石澤良昭『アンコール・王たちの物語――碑文・発掘成果から読み解く』日本放送出版協会 2002 年
- 石澤良昭『アンコールの仏像』大村次郎撮影 日本放送出版協会 2007 年
- 石澤良昭『文化遺産の保存と環境』（講座・文明と環境１２）朝倉書店 1995 年
- 石澤良昭編『おもしろアジア考古学』連合出版 1997 年
- 石澤良昭『アンコール・ワットを読む』連合出版 2005 年
- 遠藤宣雄『遺跡エンジニアリングの方法――歴史・文化資源をどう活かす』鹿島出版会 2001 年
- 片桐正夫『アンコール遺跡の建築学』（アンコール・ワットの解明３）石澤良昭監修 連合出版 2001 年
- 北川香子『カンボジア史再考』連合出版 2006 年
- 笹川秀夫『アンコールの近代―植民地カンボジアにおける文化と政治』中央公論新社 2006 年
- ジャン・デルヴェール『カンボジアの農民――自然・社会・文化』及川浩吉訳、石澤良昭監修 風響社 2002 年
- ジャン・ボワスリエ『クメールの彫像』石澤良昭、中島節子訳 連合出版 1986 年
- 田畑幸嗣『クメール陶器の研究』雄山閣 2008 年
- 坪井善明編『アンコール遺跡と社会文化発展』（アンコール・ワットの解明４）石澤良昭監修 連合出版 2001 年
- 東京国立博物館ほか編『アンコールワットとクメール美術の 1000 年展』朝日新聞社 1997 年
- 中尾芳治編『アンコール遺跡の考古学』（アンコール・ワットの解明４）石澤良昭監修 連合出版 2000 年
- ブリュノ・ダジャンス『アンコール・ワットの時代――国のかたち、人々のくらし』石澤良昭、中島節子訳 連合出版 2008 年
- ベルナール・P・グロリエ『西欧が見たアンコールー水利都市アンコールの繁栄と没落』石澤良昭、中島節子訳 連合出版 1997 年
- 盛合禧夫編『アンコール遺跡の地質学』（アンコール・ワットの解明２）石澤良昭監修、連合出版 2000 年
- ルイ・ドラポルト『アンコール踏査行』三宅一郎訳 平凡社 1970 年
- Briggs, Lawrence Palmer, *The Ancient Kbmer Empire*, First published in 1951,

- 村井吉敬『スラヴィシの海辺から』同文館出版 1987 年
- 桃木至朗『歴史世界としての東南アジア』山川出版社 1996 年
- 桃木至朗『わかる歴史・面白い歴史・役に立つ歴史——歴史学と歴史教育の再生をめざして』大阪大学出版会 2009 年
- 桃木至朗『海域アジア研究入門』岩波書店 2008 年
- 森弘之『インドネシアの社会と革命』森弘之先生論文集刊行会 2000 年
- 加島彦一『海域から見た歴史——インド洋と地中海を結ぶ交流史』名古屋大学出版会 2006 年
- 山崎元一、石澤良昭『南アジア世界・東南アジア世界の形成と展開——15 世紀』（岩波講座世界歴史 6）岩波書店 1999 年
- 山田憲太郎『東亜香料史研究』中央公論美術出版 1976 年
- 山多達郎編『東南アジアにおける権力構造の史的考察』竹内書店 1969 年
- 山本信人ほか『東南アジア政治学——地域・国家・社会・ヒトの重層的ダイナミズム』成文堂 1997 年
- レイ・タン・コイ『東南アジア史』石澤良昭訳 白水社 1970 年
- N・J・クロム『インドネシア古代史』有吉巌訳、天理南方文化研究会監修 天理道友社 1985 年
- Wolters, O.W., *History, Culture, and Region in Southeast Asian Perspectives*, Singapore, 1982.
-

参考書

- 石井米雄、吉川利治編『タイの事典』（東南アジアを知るシリーズ）石井米雄監修 同朋社出版 1993 年
- 京都大学東南アジア研究センター編『事典東南アジア一風土・生態・環境』弘文堂 1997 年
- 桜井由躬雄、桃木至朗編『ベトナムの事典』（東南アジアを知るシリーズ）石井米雄監修 同朋社出版 1999 年
- 鈴木静夫、早瀬晋三編『フィリピンの事典』（東南アジアを知るシリーズ）石井米雄監修 同朋社出版 1992 年
- 土屋健治、加藤剛、深見純生編『インドネシアの事典』（東南アジアを知るシリーズ）石井米雄監修 同朋社出版 1991 年
- 桃木至朗ほか編『（新版）東南アジアを知る事典』石井米雄ほか監修 平凡社 2008 年。

柬埔寨、吳哥王朝的歷史

- 青柳洋治、佐々木達夫編『タニ窯跡の研究——カンボジアにおける古窯の調査』連合出版 2007 年
- 石澤良昭『古代カンボジア史研究』国書刊行会 1982 年

書 1989 年
- 加藤剛編『変容する東南アジア社会——民族・宗教・文化の動態』メコン 2004 年
- 北原淳編『東南アジアの社会学——家族・農村・都市』世界思想社 1989 年
- 倉沢愛子編『東南アジア史の中の日本占領』早稲田大学出版部 1997 年
- クリフィード・ギアツ『ヌがラー 19 世紀バリの劇場国家』小泉潤二訳 みずす書房 1990 年
- 肥塚隆編『世界美術大全集　東洋編第 12 巻　東南アジア』小学館 2001 年
- 斉藤照子『東南アジアの農村社会』山川出版社 2008 年
- 坂井隆ほか『東南アジアの考古学』（世界の考古学８）同成社 1998 年
- 桜井由躬雄『東南アジアの歴史』放送大学教育振興会 2002 年
- 桜井由躬雄『前近代の東南アジア』放送大学教育振興会 2006 年
- 桜井由躬雄ほか『東南アジア』（地域からの世界史）朝日新聞社 1993 年
- 上智大学アジア文化研究所編『新版　入門東南アジア研究』メコン 1999 年
- ジョルジュ・セデス『インドネシア文明史』辛島昇、内田晶子、桜井由躬雄訳 みずす書房 1969 年（第２版 1980 年）
- 新谷忠彦『タイ族が語る歴史——「センウィー王統紀」「ウンポン・スィーポ王統紀」』雄山閣 2008 年
- 杉原薫『アジア貿易の形成と構造』、ミネルヴァ書房 1996 年
- 杉本直治郎『東南アジア史研究　第１』巌南堂書店 1968 年
- 高谷好一『東南アジアの自然と土地利用』勁草書房 1985 年
- 千原大五郎『東南アジアのヒンドゥー・仏教建築』鹿島出版会 1982 年
- 鶴見良行『海道の社会史——東南アジア多島海の人びと』朝日新聞社 1897 年
- 鶴見良行、山口文憲『越境する東南アジア』平凡社 1986 年
- 寺田勇文編『東南アジアのキリスト教』メコン 2002 年
- 長澤和俊『海のシルクロード史——四千年の東西交易』中央公論社 1989 年
- 永積洋子『朱印船』吉川弘文館 2001 年
- 長谷部楽爾『東洋陶磁史研究』中央公論美術出版 2006 年
- 早瀬晋三『海域イスラーム社会の歴史——ミンダナオ・エスノヒストリー』岩波書店 2003 年
- 早瀬晋三『未来と対話する歴史』法政大学出版局 2008 年
- 早瀬晋三『歴史空間としての海域を歩く』法政大学出版局 2008 年
- 早瀬晋三『未完のフィリピン革命と植民地化』山川出版社 2009 年
- 広末雅士『東南アジアの港市世界——地域社会の世界秩序』岩波書店 2004 年
- 藤田和子『モンスーン・アジアの水と社会環境』世界思想社 2002 年
- ベネディクト・アンダーソン『想像の共同体——ナショナリズムの起源と流行　増補版』白山さや、白山隆訳 NTT 出版 1997 年

參考文獻

關於本書之參考文獻主要列出可取得之日文書籍，西文則以內文提及之著作為主。

東南亞關係史通論

- 青柳洋治先生退職記念論文集編集委員会編『地域の多様性と考古学——東南アジアとその周辺』雄山閣 2007 年
- 秋道智弥編『図録メコンの世界——歴史と生態』弘文堂 2007 年
- アンソン・リード『大航海時代の東南アジア』I・II 平野秀秋、田中優子訳 法政大学出版局 1997-2002 年（原著：Anthony Reid, *Southeast Asia in the age of commerce 1450-1680,* Yale University Press,1993）
- 生田滋『大航海時代とモルッカ諸島——ポルトガル、スペイン、テルテナ王国と丁字貿易』中公新書 1998 年
- 池端雪浦編『東南アジア史II　島嶼部』（新版世界各国史６）山川出版社 1999 年
- 池端雪浦ほか編『岩波講座　東南アジア史』全９巻＋別巻 岩波書店 2001-2003 年。
- 石井米雄『タイ近世史研究序説』岩波書店 1999 年
- 石井米雄、辛島昇、和田久徳『東南アジア世界の歴史的位相』東京大学出版会 1992 年
- 石井米雄、桜井由躬雄『東南アジア世界の形成』（ビジュアル版世界の歴史１２）講談社 1985 年
- 石井米雄、桜井由躬雄編『東南アジア　大陸部』（新版世界各国史５）山川出版社 1999 年
- 石澤良昭、生田滋『東南アジアの伝統と発展』（世界の歴史１３）中央公論社 1998 年
- 石澤良昭、樺山紘一『東洋の心　西洋の心』ユウーラシア旅行社 2002 年
- 石田幹之助『南海に関する支那史料』生活社 1945 年
- 今永清二『東南アジアのイスラーム』渓水社 2000 年
- 岩生成一『南洋日本町の研究』岩波書店 1966 年
- 大野徹編『東南アジア大陸の言語』大学書林 1987 年
- 大林太良編『東南アジアの民族と歴史』（民族の歴史６）山川出版社 1984 年
- 小倉貞男『朱印船時代の日本人——消えた東南アジア日本町の謎』中公新

葛羅利耶

（Bemard-Philippe Groslier，1926～1986）

法國人，考古及歷史學泰斗，吳哥遺跡保存局的高級顧問。一九七〇年柬埔寨內戰進行時與軍政府進行交涉，得以執行遺跡的巡察工作，卻遭到狙擊受重傷。之後一面與後遺症纏鬥，一面進行研究，卻因傷口惡化於一九八六年去世。著名作品為關於吳哥的「水利都市論」。

帝瑪魯耶

（Jacquse Dumarcay，1926～）

法國建築家，擔任法國遠東學院的保存修復官，帶動許多研究，特別是在西巴萊的梅蓬中發現「水位計」的痕跡。此外也參加中爪哇婆羅浮屠的修復事業，並擔任顧問。現已於法國遠東學院退休，專心培育後進。

葉摩尼耶

（Etienne Aymonier，1844～1929）

法國人。印度支那殖民地政廳行政官，一八七〇年代起開始收集碑文，與法國研究者合作，進行吳哥碑文學的基礎研究。一九〇三年完成大作《柬埔寨》三大巨冊，搜羅和記載了吳哥王朝的遺跡和風土，即使到現在也是吳哥研究的必讀經典。

柯梅爾

（Jean Commaille，1868 ～ 1916）

法國人，第一任吳哥遺跡保存官，一八九八年初次造訪吳哥，一九〇八年起擔任保存官，吳哥寺參道附近的茅草小屋是他的辦公室兼住所。一九一六年在前往吳哥寺的途中被強盜殺害。

莫夏凱

（Henri Marchal，1876 ～ 1970）

法國人，第二任吳哥遺跡保存官，一九〇六年造訪柬埔寨，柯梅爾死後接續其工作，曾經利用「原物歸位法」修復班迭絲雷廟，之後也使用這個技術修復過其他神廟。

賽代斯

（George Coedés，1886 ～ 1969）

法國的東洋史研究泰斗。一九一一年實為法國遠東學院研究生，一九一七年起擔任泰國國立圖書館長（～一九二六年），一九二九年擔任法國遠東學院院長（～一九四七年），之後成為法蘭西公學院（Collège de France）教授及法國學士院會員。賽代斯解讀了東南亞各國的碑文和複製本，因為有他，世人才知道東南亞曾經有墮羅鉢底、素可泰及室利佛逝等國家的存在。

史泰倫

（Philippe Stern，1895 ～ 1979）

法國美術史家。在法國的印度支那美術館、集美美術館進行高棉美術的編年研究，一九二七年完成《吳哥時期的巴戎和高棉美術變革》一書。

帕曼提耶

（Henri Parmentier，1871 ～ 1949）

法國考古學者。頻繁來到吳哥，代理遺跡保存官工作，精力充沛地進行現場調查。

戈鷺波

（Victor Goloubew，1878 ～ 1945）

法國遠東學院的考古學者，出身於俄羅斯貴族。一九三〇年時在吳哥執行航空調查，發現了吳哥最早的都城耶輸陀羅補羅及中心寺院巴肯寺。

索林那旺薩

（Soulinyavongsa，1613～1694，在位期間1637～1694）

寮的南掌王朝的國王。統治期間長達五十七年，是南掌王朝在位最久的國王，為王朝帶來安定和繁榮。寮國代表性的古典文學著作也是誕生於此時期。由於他還來不及指定繼任者就去世，引發王位繼承戰爭，王國在十八世紀時分裂成琅勃拉邦、永珍（萬象）及占巴塞三個國家。

◎吳哥王朝的研究者

亨利．穆奧

（Henri Mouhot，1826～1861）

法國人博物學者。在英國受到暹羅相關資料啟發，遂投入私人經費對中南半島展開四次探險旅行，卻在寮國旅行途中因過度勞累而去世。調查筆記被出版後，被世人喻為吳哥的「發現者」。但穆奧本人有載明，自己並非吳哥遺跡的第一位發現者。

阿道夫巴斯蒂安

（Adolf Bastian，1826～1905）

德國的地理學者及民俗學者，同時也是一位旅行家，留下許多遊記。在吳哥遺跡進行踏查時，畫下許多遺跡地圖，是第一位指出遺跡內的碑文具有重要性的學者。但本人無法解讀碑文。

拉格雷

（Doudart de Lagrée，1823～1868）

法國海軍上尉，一九六三年前往新加坡，交涉諾羅敦王接受保護條約，並且擔任條約簽訂後的履行監督。一八六六年到一八六八年間，他帶領調查團溯湄公河而上，企圖勘查通商道路，雖因沿途布滿瀑布和淺灘，無法成為航路而放棄計畫，該調查卻成為日後法屬印度支那成立的契機。調查團的成員葛魯尼耶將調查經過寫成了《印度支那探險旅行》一書。

德拉波特

（Louis Delaporte，1842～1925）

法國人，以畫家身分參加拉格雷的調查隊，對於吳哥遺跡具有強烈情感，而對吳哥遺跡展開調查，並將雕像及浮雕帶回法國，在法國傾全力介紹高棉文化，留下許多關於遺跡的素描作品。

波布

（Pol Pot，1928 ～ 1998）

本名桑洛沙，出身於磅斯威縣的農家，一九四九年時到法國公費留學，傾慕共產主義，一九五三年回國後加入共產黨組織，是紅色高棉奪取政權的理論指導者，也是大量虐殺無辜百姓的主謀。東埔寨進入和平時代之後，權力鬥爭失敗，在泰國國境附近的鄉村中去世。

◎東南亞地域的關係者

法顯

（339 左右～ 420 左右）

中國人求法僧。從長安經由陸路前往印度、斯里蘭卡，收集許多佛教典籍，並且利用海路經過東南亞回到中國，著有《佛國記》。

義淨

（675 ～ 713）

中國人求法僧。六七一年到六九五年時，利用海路往返中國和印度之間，回程時長時間停留室利佛逝。著有《南海寄歸內法傳》及《大唐西域求法高僧傳》，記錄了當地佛教興盛的樣貌。

室利膺沙羅鐵

（Sri Inthraditaya，在位期間 1239 左右～ 1259 左右）

泰的素可泰王朝的建國者。素可泰在十三世紀以前是吳哥王朝的地方據點之一，泰人土侯放逐高棉太守之後獨立建國。土侯坤邦鋼陶被擁立為首任國王，室利膺沙羅鐵為其稱號。

蘭甘亨大帝

（Ramakhamaeng，在位期間 1279 ～ 1298 ／ 1316）

泰的素可泰王朝的第三任王，室利膺沙羅鐵三子。根據標記為一二九二年的泰語碑文，蘭甘亨大帝南征北討，建立了北到龍坡邦、永珍，南到洛坤府（馬來半島中部），西到印度洋海岸為止的廣大帝國。但此碑文也被懷疑是偽造。

安贊王

（Chan Reachea，在位 1529 ～ 1567）

後吳哥時期的王，也稱安贊一世（Ang Chan I）。他最著名的事蹟是將首都遷往洛韋，也進行了吳哥寺北迴廊和東迴廊北側部分壁面雕刻的追加工程。

哲塔王

（Satha，在位期間 1579 ～ 1595）

安贊王之孫。有時住在吳哥城，他修復了吳哥寺和巴肯寺，為了向西班牙請求對抗阿瑜陀耶軍隊的派遣軍，接受了葡萄牙和西班牙的傳教士。

森本又近太夫一房

（？～ 1674）

服侍平戶松浦藩的武士，曾經於一六三二年（寬永九年）造訪吳哥寺，在柱面上留下墨寶。墨寶中記載是為了替父母積福，並且尋求內心平靜而來，並捐贈了四尊佛像。回國後繼續在松蒲藩服務，因日本實施鎖國政策改名為森本左太夫，並隱匿曾經到訪國外的事實。後與父親一太夫搬遷至京都山崎附近，在那裡終老。

安東王

（Ang Doung，在位期間 1847 ～ 1860）

從曼谷王宮回到柬埔寨，與暹羅軍隊並肩作戰攻打越南阮朝。他對暹羅和越南兩國提出和平條約，於一八四七年即位，承認暹羅和越南兩國對柬埔寨的宗主權。家系在「柬埔寨王國憲法」中被認可。

諾羅敦·施亞努

（Norodom Sihanouk，1922 ～）

柬埔寨前國王。一九四一年時即位。是諾羅敦和西索瓦兩大家族的後裔，經過一九四五年的三九政變後掌握大權，一九五三年十一月國家獲得完全獨立。一九五五年將王位讓給其父，以政治家的身分組織社會主義人民共同體（Sangkum），並擔任總裁。他花費十五年的時間執行佛教社會主義和外交中立政策，致力於維持柬埔寨的和平。一九七〇年時親美派將軍龍諾發動政變，施亞努被迫流亡海外，柬埔寨政權被紅色高棉掌握後，他被軟禁在王宮。一九七九年，施亞努在越南軍隊攻進前夕逃離柬埔寨，逃亡中國和法國。流亡期間致力於和平協議的交涉，擔任最高國民評議會長，協助聯合國駐柬埔寨臨時權力機構（UNTAC），直到一九九三年柬埔寨實施君主立憲制，施亞努得以復位，二〇〇四年時讓位給其子西哈墨尼。

主要人物一覽

◎吳哥王朝和柬埔寨相關者

蘇利耶跋摩二世

（Suryavarman Ⅱ，在位期間 1113 左右～ 1150 以後）

諡號帊拉馬毗濕奴羅迦，據說「統整了兩個國家」，一手掌握大權，在國師帝瓦凱拉帊帝達協助下即位。在位期間篤信毗濕奴神，興建了巨大伽藍吳哥寺，同時也積極東征西討，曾經遠征占婆及大越國（越南）。

陀羅尼因陀羅跋摩二世

（Dharanindravarman Ⅱ，在位期間 1150 左右～ 1165）

諡號瑪哈帕拉瑪尼努維那帕達，闍耶跋摩七世之父，為虔誠的佛教徒，在位期間興建了班梅雷雅廟及孔蓬思維的聖劍寺。有一說謂其繼承表兄蘇利耶跋摩二世之位為王，但蘇利耶跋摩二世之後繼任王位者應是耶輸跋摩二世（一一六五年逝去），也沒有足以證明陀羅尼因陀羅跋摩二世曾經在位的碑文出土。

闍耶跋摩七世

（Jayavarman Ⅶ，在位期間 1181 ～ 1219 左右）

諡號馬哈帊拉馬薩烏卡達帊達，是一位信仰虔誠，熱心的佛教徒。曾擊退入侵的占婆軍隊，一一八一年時正式掌權。一一九〇年開始不斷地遠征各地，一二〇三年將占婆納入屬地。在位期間建設了塔普倫寺、神牛廟、吳哥城及國廟巴戎寺。還設立了一百零二處治療院、一百二十一處驛站，並且在洞里薩湖北邊興建橋樑水壩，帶來了吳哥商業貿易的活絡。

周達觀

（1264 左右～ 1346）

中國人，奉元世祖忽必烈之命擔任使節訪問柬埔寨，一二九六至一二九七年為止滯留一年，回國後將所見所聞撰寫成《真臘風土記》一輸，詳述當時柬埔寨的人物、風土、物產、語言及曆法等，是關於吳哥王朝的第一手史料。

迪亞哥・德・科托

（Diego de Couto，1543 ～ 1616）

是一位居住在葡領印度的作家，將一五八五至一五八八年滯留在吳哥的方濟嘉布遣會修道士的言論予以記錄，並撰寫成年代記。原預定在一六一四年出版，但原稿不知所蹤，直到一九五四年時才被 C・G・博克夏發現，並於研究會中發表。

西元	東南亞	日本與世界
1982	柬埔寨反越南 3 派成立民主柬埔寨聯合政府	
1984	汶萊建國，加入 ASEAN	
1986	越南提出革新開放政策。寮國採行市場經濟計畫和對外開放路線的新經濟政策	1989年，昭和天皇逝去。柏林圍牆倒塌。冷戰結束。
1990	緬甸進行大選，國民民主聯盟（NLD）獲得壓倒性勝利，但軍政府不承認選舉結果	東西德統一
1991	簽訂柬埔寨和平巴黎協定	波斯灣戰爭。蘇聯解體
1992	東協自由貿易區（AFTA）締結	自衛隊以聯合國維和部隊（PKO）身分派遣至柬埔寨
1993	施亞努重登王位，柬埔寨王國誕生	日本「55年體制」崩壞。以色列與巴勒斯坦解放組織（PLO）相互承認
1994	作為地區安全保障協議的場所，東盟地區論壇（ARF）召開第一次會議	
1996	第一屆亞歐會議在曼谷召開	
1997	泰國發生通膨危機，波及其他國家 寮國、緬甸加入 ASEAN	香港回歸中國
1998	波爾布特去世	
1999	柬埔寨加入 ASEAN。「東盟 10」體制終告實現 東帝汶進行公投，獨立派勝利，因印尼合併派滋事，暫時由聯合國托管	歐盟實施歐元單一貨幣制。NATO軍隊對南斯拉夫進行轟炸 澳門回歸中國 2000年，南、北韓展開首腦會談 2001年，美國同時發生多起恐怖攻擊（911）
2002	東帝汶獨立	美國攻打阿富汗 2003年，美國攻打伊拉克，海珊政權崩潰
2004	泰國南部北大年發生穆斯林住民的武裝暴動 蘇門答臘海域發生地震。以亞齊為中心，泰國、馬來西亞、緬甸等印度洋沿岸造成慘重災情	
2005	緬甸宣布將首都遷至奈比多（以前的彬馬那）	
2006	審判赤色高棉的柬埔寨特別法庭成立。泰國發生政變，塔克辛政權崩潰。印尼爪哇中部發生地震	以色列攻打黎巴嫩
2008	緬甸遭受大型颶風襲擊	

西元	東南亞	日本與世界
	賠償協定包括：「日泰特別圓問題」妥協（1955）；與菲律賓（1956）、印尼（1958）、南越簽訂賠償協定（1959）；對柬埔寨和寮國進行無償經濟技術合作（1959～1977）	
1955	第一屆亞非會議在萬隆召開，確定和平十原則。吳廷琰在美國支持下就任越南共和國（南越）總統（～1963），拒絕舉辦南北統一選舉	華沙公約組織成立。日本「55年體制成立」 1956年，批判史達林。匈牙利動亂
1957	馬來亞聯邦從英國獨立	
1959	柬埔寨自治政府開始	古巴革命
1960	南越南組織解放民族戰線	中蘇論爭檯面化。60年日本安保鬥爭和所得倍增計畫。「非洲之年」（17個國家獨立） 1961年，第一次不結盟諸國首腦高峰會議
1962	緬甸尼溫發動政變，實施軍政	古巴危機
1963	馬來亞聯邦中的新加坡、北婆羅洲、砂勞越統合，成立馬來西亞	
1964	北部灣（東京灣）事件	
1965	美國直接以軍事力量介入越南（～1973） 新加坡脫離馬來西亞獨立	1966年，中國文化大革命（～1977）
1967	ASEAN（東南亞國家協會）成立	EC（歐盟）成立
1970	柬埔寨龍諾發動政變。施亞努逃亡北京	
1971	ASEAN 召開外相會議，發表東南亞中立宣言	美元危機。中國加入聯合國，中美開始親近 1972年，沖繩歸還日本。日本、中國兩國外交正常化
1973	簽訂巴黎和平協定，美軍從越南撤退	第一次石油危機
1975	柬埔寨、越南全面「解放」，越戰結束。寮國人民民主共和國成立	
1976	民主柬埔寨、越南社會主義共和國成立。「越南勞動黨」改稱為「越南共產黨」。泰國發生「血之星期日」（10月14日）事件	毛澤東去世
1977～79	柬埔寨波爾布特政權崩潰，韓桑林政權成立	1978年，第二次石油危機
1979	中越戰爭	中美外交正常化。伊朗革命。蘇聯攻打阿富汗

西元	東南亞	日本與世界
		1921年，中國共產黨成立 1922年，蘇維埃社會主義共和國聯邦（蘇聯）成立
1925	胡志明在廣州組織越南青年革命同志會	蘇聯史達林政權開始（～1953）
1927	暹羅與歐美各國修正不平等條約	1929～1930年，經濟大恐慌
1930	英領馬來亞和菲律賓共產黨成立	1931年，九一八事變
1932	暹羅發生人民黨立憲革命	1933年，希特勒政權成立。日本、德國退出國際聯盟
1935	修改後的緬甸統治法公布	1936～1939年，西班牙內戰
1937	暹羅廢止治外法權。緬甸、印度分離	中日戰爭爆發（～1945）
1939	緬甸共產黨成立。暹羅改國名為泰國	第二次世界大戰爆發（～1945）
1940	日軍進駐法屬印度支那北部	
1941	越南獨立同盟會（越盟）成立。日軍進入法屬印度支那南部	
1941～42	日軍占領東南亞各地並實施軍政，並與泰國締結同盟協約	
1943	緬甸獨立（巴莫政權）。菲律賓獨立	
1945	3月，日本執行「法印處理」（日本稱明號作戰，即三九政變）。8月，日本無條件投降。9月，越南民主共和國發表獨立宣言	波茨坦宣言。投下原子彈，日本投降。聯合國成立
1946	第一次越戰（～1954）。馬來亞聯邦成立。菲律賓共和國獨立	東西冷戰開始 1947年，日本國憲法實施
1948	緬甸聯邦獨立。馬來亞聯合邦成立	
1949	越南、柬埔寨、寮國從法國聯邦獨立。印尼聯邦共和國成立（隔年解散，以單一的印尼共和國再出發）	以色列共和國成立。朝鮮南北分裂 NATO（北大西洋公約組織）成立。德國東西分裂。中華人民共和國成立 1950～1953年，韓戰
1951	越南共產黨改組，越南勞動黨成立	《舊金山和約》、《日美安保條約》簽訂
1954	東南亞條約組織（SEATO）成立（1977年解散）。日本與緬甸簽訂和平條約，其他	

西元	東南亞	日本與世界
		配，英國開始帝國主義政策
1873～1912	蘇門答臘亞齊戰爭	1876年，日朝簽訂《江華條約》，日本開始侵略朝鮮
1883	法將李威利死於黑旗軍之手。越南成為法國的保護國（第一次《順化條約》，隔年簽訂第二次）	
1884～85	中法戰爭，根據《天津條約》清國放棄對越南的宗主權。黑旗軍撤退	
1885	第三次英緬戰爭。貢榜王朝滅亡	印度召開第一次國民會議
1887	法屬印度支那聯邦成立	
1888	英國將汶萊、北婆羅洲及砂勞越三地列為保護領土	1889年，大日本帝國憲法公布 1890年，俾斯麥被罷免，德國帝國主義政策開始
1893	法國與暹羅之間發生北欖事件，之後將湄公河東岸（寮國）納入保護領土	1894～1895年，甲午戰爭
1896	基於英法協約，暹羅成為緩衝地區。菲律賓革命開始。馬來聯邦成立	
1898	菲律賓發表獨立宣言。西班牙和美國簽訂《巴黎條約》，菲律賓成為美國領土，菲律賓和美國經過戰爭之後，接受美國統治	清朝戊戌變法失敗 美西戰爭 1899～1901年，清朝發生義和團事件 1904年，日俄戰爭（～1905） 1905年，俄羅斯第一次革命
1909	在英國和暹羅的協定下，吉打等四洲成為英國保護領土（並未納入馬來聯邦）	1910年，日本併吞朝鮮 1911年，辛亥革命。隔年中華民國成立 1914年，第一次世界大戰爆發（～1918）
1917	暹羅在第一次世界大戰時加入同盟國	1919年，朝鮮三一運動。中國五四運動。共產國際成立。各國成立共產黨。《凡爾賽條約》簽屬
1918～21	越南和寮國境內的赫蒙（苗）族人起事	
1920	印尼共產黨成立（亞洲最早的共產黨）	國際聯盟成立

西元	東南亞	日本與世界
	（拉瑪一世，在位至 1809 年）	1789年，法國大革命爆發
1794	阿瑜陀耶併吞柬埔寨馬德望、詩梳風及暹粒三地	
1799	荷蘭東印度公司解散	拿破崙戰爭（～1815）
1802	阮朝建立並以越南為國號	1814～1815年，維也納會議
1819	英國領有新加坡。1826 年時與檳城和麻六甲合稱為海峽殖民地	
1820	阮朝明命帝即位（在位至 1841 年），以中國典章制度為模範實施中央集權，1838 年定國號大南	1823年，美國發表門羅宣言
1824	根據《倫敦條約》，確定馬來半島為英國勢力範圍、蘇門答臘為荷蘭勢力範圍	
	第一次英緬戰爭（～ 1826 年）	
1828	永珍王國（萬象）被暹羅軍攻陷而滅亡	
		1830年，七月革命。比利時自荷蘭獨立
1832	暹羅和越南因爭奪湄公河流域寮人和柬埔寨的勢力而發生戰爭	1839～1876年。土耳其「坦齊馬特」（仁政改革）近代化失敗
		1840～1842年，鴉片戰爭爆發。清朝開港通商，華僑劇增
		1848年，法國爆發二月革命，德國爆發三月革命；共產黨發表「共產黨宣言」
		1850～1864年，太平天國之亂
1852	第二次英緬戰爭	
1855	暹羅基於與英國的《鮑林條約》，廢止王室壟斷貿易	
1858	法國拿破崙三世開始侵略越南，並於 1867 年占領交趾支那	1857～1859年，印度發生大叛亂。1858年時英國東印度公司解散
1860～80年代	中國人的匪賊集團（黑旗軍、黃旗軍）入侵越南北部	
1863	柬埔寨的諾羅敦王承認柬埔寨為法國保護國，並於 1867 年遷都金邊	
1868	暹羅拉瑪五世（朱拉隆功）即位，實施近代化	明治維新
		1869年，蘇伊士運河開通，隨著對運河的支

西元	東南亞	日本與世界
1592	黎朝奪回河內。莫氏逃往高平（鄭氏和阮氏對立爭奪黎朝統治權）	
1599	反東吁王朝的勢力攻陷白古	
17世紀前半	東南亞各地的日本人村發展興盛	1600年，英國東印度公司成立。日本關原之戰展開 1602年，荷蘭東印度公司設立 1603年，江戶幕府開始
1618～1625	柬埔寨的哲塔二世建都烏棟，發展海外貿易而繁榮	
1623	黎朝（廣南國）攻打柬埔寨屬地西貢（現胡志民市附近）	
	因安汶島事件，英國自中南半島撤離	1639年，日本完成鎖國
1637～94	索林那旺薩王創造南掌王國的黃金時代	1644年，清朝統治中國
1641	荷蘭占領麻六甲	1662～1683年，台灣鄭氏政權時期
1658	南明永曆皇帝逃往緬甸	
1666	荷蘭占領望加錫	
1680	最早記載阿瑜陀耶（暹羅）歷史的《王朝年代記》（Luang Prasoet 版本）完成	
1680年代	荷蘭擴張在東南亞海域的統治範圍	1683年，第二次維也納包圍失敗，鄂圖曼帝國衰退
1688	阿瑜陀耶發生政變，放棄親法政策	英國完成光榮革命，確定議會政治 1689年，英法爆發第二次百年戰爭。北美、印度等地展開殖民地爭奪戰（～1815）
1692	越南中部的廣南王國（阮氏）確定對占婆殘存勢力的宗主權	
18世紀初	南掌王國先是分裂為永珍（萬象）和琅勃拉邦，之後占巴塞也分裂，成為三國時代	
1752	孟族攻陷阿瓦，東吁王朝滅亡	18世紀中葉，英國開始工業革命
1767	因為緬甸軍的進攻，阿瑜陀耶滅亡	1776年，美國發表獨立宣言
1777	荷蘭確立對爪哇全島的統治權	1780～1884年，第四次英荷戰爭
1782	卻克里見達信大帝已死，故建立卻克里王朝	

西元	東南亞	日本與世界
1438	阿瑜陀耶併吞素可泰王朝	
1442～87	蘭納的滴洛拉王造就了內陸貿易的黃金時代	
1448～88	阿瑜陀耶的戴萊洛迦納王確立了「薩克迪納」等法制及官制	1453年，鄂圖曼帝國滅亡拜占庭帝國
15世紀中葉左右	因為對印度洋輸出香料，伊斯蘭化的麻六甲成為世界的貿易中心而繁榮，成為東南亞海域伊斯蘭化的開端	1467～1477年，應仁之亂
1470	東埔寨承認阿瑜陀耶的宗主權	
1471	大越黎朝攻打占婆	
		1489年，銀閣寺建立 1492年，哥倫布抵達西印度群島 1498年，達伽馬經由海路抵達印度
16世紀初	《名史》（Yazawin Kyaw）完成（現存最古老的緬甸編年史）	1510年，葡萄牙占領果亞
16世紀前半	東南亞海域各地持續伊斯蘭化	1517年，鄂圖曼帝國消滅埃及的馬木路克王朝，將其變成伊斯蘭世界的中心地。宗教改革開始
1521	麥哲倫死於菲律賓宿霧	阿茲提克帝國滅亡
1526年左右	萬丹王國在爪哇西部建立	蒙兀兒帝國興起（～1858） 1534年，耶穌會成立
1539	東吁王朝德彬瑞蒂王建都勃固（白古）	
1551～81	東吁王朝勃印囊王統一上、下緬甸，並遠征清邁、阿瑜陀耶及占婆	1567年，明朝階段性海禁弛禁
1560	南掌王朝遷都永珍	
1565	西班牙開始殖民菲律賓	
1580年左右	馬打藍王國在爪哇西部建國	1580年，西班牙、葡萄牙合併（～1640） 1581年，荷蘭發表獨立宣言，並於《西伐利亞合約》中獲得承認（1648） 1588年，英國攻破西班牙無敵艦隊
1590～1605	納黎萱王中興阿瑜陀耶。阿瑜陀耶成為國際貿易都市而繁榮	1590年，豐臣秀吉統一日本

西元	東南亞	日本與世界
1181～1220？	闍耶跋摩七世統治時期，占領占婆（1203-20），遠征西方，完成吳哥城的建設，是吳哥王朝最後的黃金時代	1206年，蒙古帝國興起。北印度伊斯蘭王朝興起
1220	陳朝興起（～1440）	
1220年左右	最早的泰人獨立國興起	
1222	爪哇的新柯沙里王朝興起（～1292）	1285年，蒙古旭烈兀占領巴格達，阿拔斯王朝滅亡
1282～1300	元朝遠征東南亞各地，攻擊占婆（1282～1284）、陳朝大越（1284～1288）及蒲甘王朝（1287／1300）	1271～1368年，中國元朝時期 1274、1281年，元朝遠征日本（文永、弘安之役）
1292	素可泰出現蘭甘亨碑文（最早的泰語碑文？）	
1293	滿者伯夷王國取代新柯沙里王國興起	
1296	元朝周達觀來到真臘。泰地北方蘭納王國興起，建設清邁	
1330	加查馬達就任滿者伯夷的宰相（～1364），創造了爪哇印度教勢力的黃金時代	
		1333年，鎌倉幕府滅亡
1345～46	伊本·巴圖泰經由薩穆德拉來往中國	1336～1573年，室町幕府建立；與明朝展開勘合貿易
1351	阿瑜陀耶王朝建國	
1352	阿瑜陀耶攻打柬埔寨領地東北泰	
1353	南掌王國興起	14世紀中葉左右，因蒙古帝國瓦解而引發的動盪及霍亂大流行等混亂，造成橫跨歐亞大陸的大混亂
1364	阿瓦王朝興起（～1555）	
1365	《爪哇史誦》出現（爪哇語宮廷詩）	1368年，明朝興起。實施海禁政策，國家獨占貿易
1371年左右	阿瑜陀耶攻擊吳哥，吳哥都城淪陷	1398年，金閣寺建立
1401～06	滿者伯夷王朝發生王位繼承戰爭	15世紀，香料需求增加。琉球王國因中繼貿易而勃興
1405～33	明朝鄭和七次下西洋，鄭和船隻的補給地港市國家麻六甲因而繁榮	
1428	黎朝興起（～1789），朝向小中華的體制發展	
1431	阿瑜陀耶圍攻吳哥	

西元	東南亞	日本與世界
7世紀初	真臘興起。（8世紀時分裂為柬埔寨到東北泰的陸真臘，與湄公河流域下游的水真臘兩部分）爪哇中部出現的Sojomerto碑文是最早的馬來語碑文	604年，憲法十七條制定
611	柬埔寨出現吳哥博瑞碑文（是最古老的高棉語碑文）	
		618年，唐朝興起
		622年，伊斯蘭勢力擴大
		645年，大化革新
671～694	義淨搭乘波斯船往來中國和印度之間，並曾滯留室利佛逝	
679	安南都護府設置	
		710年，遷都平城京
770年左右	中爪哇的夏連特拉王朝興起並興建婆羅浮屠（～820年左右）	
		794年，遷都平安京
		800年，查理大帝成為西羅馬帝國皇帝
802年左右	闍耶跋摩二世即位	
832年左右	達耶其達亞城（室利差呾羅）遭到南詔國侵略而滅亡	
		905年，「古今和歌集」成立
9世紀中葉	「三佛齊」出現在中國文獻當中。緬甸人開始移居上緬甸	
9世紀末	耶輸跋摩一世興建耶輸陀羅補羅城	10世紀，日本實施攝關政治。出現國風文化及武士。
929	爪哇的古馬打藍國東遷，開始爪哇東部時代	
10世紀後半～11世紀前半	三佛齊和占城等港市交易繁榮，阿拉伯商人大為活躍，中國商人也來到此地	960年初，宋朝成立
		11世紀初，紫式部完成「源氏物語」
1009	李朝興起（～1225）	
1017	南印度的朱羅王朝遠征三佛齊，並於1025年再度進攻	
1019	愛爾陵加（Airlangga）王復興爪哇國	1096～1270年，十字軍戰爭。西歐世界擴大。
1044～77	阿努律陀王統治蒲甘王朝	
1112	緬甸出現謬則帝碑文（最古老的緬甸語碑文）	1124年，中尊寺金色堂建立
12世紀前半	自斯里蘭卡傳入的上座部佛教（大寺派）在蒲甘王朝傳播，並滲透到中南半島各地 蘇利耶跋摩二世興建吳哥寺	
1177～81	占婆人占領吳哥	1192年，鎌倉幕府開府

年表

西元	東南亞	日本與世界
前2000年代後半	出現金屬器文化	
前500年左右	南洋群島進入金屬器時代早期。越南北部（東山文化）和東北泰地開始使用鐵器	西元前5世紀，佛教創立 彌生時代開始 前268～232年，阿育王建立帝國。佛教傳播到斯里蘭卡 前221年，秦始皇統一中國
前214	秦始皇征服華南，設立三郡	
前111～109	武帝向南方出兵	
前2？～後1？	漢朝與黃支國（印度的甘吉布勒姆）雙方使者利用海路展開交流	
116	大秦國王安敦（羅馬帝國皇帝馬可奧里略）使者來到日南郡	西元1世紀，船隻已可利用阿拉伯海的季風航行到南印度
2世紀末	占婆人在越南中部自立。扶南國力繁盛	
3世紀	陀羅缽地王國在昭披耶河下游興起（～7世紀）	3世紀前半，邪馬台國和中國展開交流
229	吳國使者康泰和朱應來到扶南	
		320年，印度笈多王朝興起
4世紀後半	越南中部出現 Vo Canh 碑文（為東南亞最早的梵語碑文）	375年，日耳曼民族大遷徙
4世紀末左右	婆羅門的僑陳如登上扶南王位，實施天竺法律	
5世紀左右	印度的影響力滲透到東南亞各地	
412	中國的求法名僧法顯經由東南亞，自印度回到中國	
5世紀初	婆羅洲出現 Kutai 碑文（南洋群島發現最古老的梵語碑文）	
6～7世紀	扶南國衰退，昭披耶河流域的陀羅缽地王國和下緬甸的直通王國取而代之而興盛。孟族文化圈擴大	552年左右，日本傳入佛教 589年，隋朝統一中國 593年，聖德太子攝政

興亡的世界史12

亦近亦遠的東南亞

夾在中印之間，非線性發展的多文明世界

東南アジア 多文明世界の発見

亦近亦遠的東南亞：夾在中印之間，非線性發展的多文明世界
石澤良昭著／林佩欣譯／
初版／新北市／八旗文化出版／
遠足文化發行／二〇一八年六月
譯自：東南アジア 多文明世界の発見
ISBN 978-957-8654-13-6（精裝）

一、文明史 二、東南亞

738.03
107005647

作者 石澤良昭
日文版編輯委員 青柳正規、陣內秀信、杉山正明、福井憲彥
譯者 林佩欣

總編輯 富察
責任編輯 穆通安、張乃文、鄭天恩
編輯協力 洪源鴻
企劃 蔡慧華

封面設計 莊謹銘
排版設計 宸遠彩藝
彩頁地圖繪製 青刊社地圖工作室（黃清琦）

社長 郭重興
發行人兼出版總監 曾大福

出版發行 八旗文化／遠足文化事業股份有限公司
地址 新北市新店區民權路108-2號9樓
電話 〇二~二二一八~一四一七
傳真 〇二~八六六七~一〇六五
客服專線 〇八〇〇~二二一~〇二九
信箱 gusa0601@gmail.com
臉書 facebook.com/gusapublishing
部落格 gusapublishing.blogspot.com

法律顧問 華洋法律事務所／蘇文生律師
印刷 成陽印刷股份有限公司

出版日期 二〇一八年六月（初版一刷）
二〇二〇年四月（初版六刷）

定價 五五〇元整